法律专业学位教育案例研习系列教材

立法学
案事例研习教程

主　编　胡弘弘

撰稿人（以撰写章节先后为序）：

江登琴　王秀才　靳海婷　陈　新

胡弘弘　张德淼　王　丹　周智博

郭丽萍　阿力木·沙塔尔

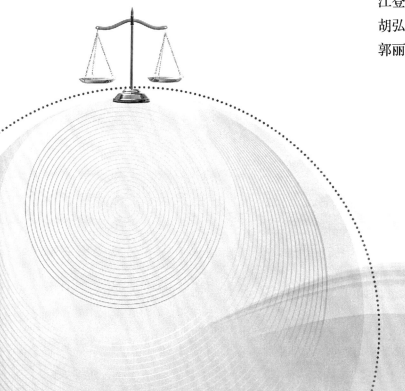

WUHAN UNIVERSITY PRESS
武汉大学出版社

图书在版编目(CIP)数据

立法学案事例研习教程/胡弘弘主编.—武汉:武汉大学出版社,
2023.12
法律专业学位教育案例研习系列教材
ISBN 978-7-307-24198-5

Ⅰ.立…　Ⅱ.胡…　Ⅲ.立法—案例—中国—高等学校—教材
Ⅳ.D920.5

中国国家版本馆 CIP 数据核字(2023)第 244890 号

责任编辑:胡　荣　　　责任校对:汪欣怡　　　整体设计:韩闻锦

出版发行:**武汉大学出版社**　　(430072　武昌　珞珈山)
　　　　　(电子邮箱:cbs22@whu.edu.cn 网址:www.wdp.com.cn)
印刷:武汉邮科印务有限公司
开本:787×1092　1/16　印张:16　字数:348 千字　　插页:1
版次:2023 年 12 月第 1 版　　2023 年 12 月第 1 次印刷
ISBN 978-7-307-24198-5　　定价:58.00 元

前　　言

新时代党和国家事业的发展对立法学提出了新要求。党的十八大以来，以习近平总书记为核心的党中央高度重视立法工作，多次对"科学立法"作出重要论述，强调"全面推进依法治国，必须坚持科学立法"。党的二十大擘画了强国建设、民族复兴的宏伟蓝图，对新时代坚持全面依法治国、推进科学立法民主立法依法立法、完善以宪法为核心的中国特色社会主义法律体系，作出战略部署。立法学是一门理论与实际紧密相连的法律科学，始终伴随中国社会改革开放的时代背景以及不同时期法治建设重点的转移而发展。面对新形势新要求，强化立法学研究以完善立法知识体系，通过立法教学培养德才兼备的立法人才，成为新时代立法学发展的应有之义。

加强立法教学是当下法律硕士专业学位研究生教育的重要目标。一方面，法律硕士专业学位教育以培养高层次、复合型、实务型法律人才为定位，以培养法学基础理论素养、法律职业素养和职业技能以及法律实务能力为方向。立法学囊括立法理论、立法实务以及立法技术等方面内容，以立法现象、立法规律以及立法相关的诸多事务为研究对象和范畴，加强立法教学有利于协助法律硕士更好地认识法律、理解法律、运用法律。另一方面，长期以来我国法律硕士培养模式侧重于培养司法人才，对立法学缺乏应有的关注。在新的法治背景下，国家不仅需要专业的立法人才，更需要懂立法的全能型法治人才。加强立法教学是提高法律硕士教育质量，回应法治人才需求的必然之举。

案例教学模式是立法教学和实践教学的有效融合路径。立法本身是一种实践，立法教学必然要求引入实践教学，而实践教学又是法律硕士培养的主要方式。通过案例教学模式的"阅读个案、把握论据、寻求文本、确定焦点、综合判断"五部曲，能有效将立法教学与实践教学一体化。将案例融入课堂，将学生代入案例，增强学生问题意识，提高解决实际问题的能力，培养学生的当事人思维与法律人担当。

中南财经政法大学于1997年12月获准法律硕士专业学位教育试点权。2017年，我校法学学科成功入选"双一流"建设高校及建设学科名单。在法律硕士培养领域具有较长的办学历史和丰富的办学经验。同时，我校早在2003年便与湖北省人大常委会联合组建学术研究机构——湖北地方立法研究中心。2018年我校与湖北省人大挂牌成立湖北省地方立法研究和人才培养基地（中南财经政法大学）。一大批专家教授长期在立法理论与实践领域深耕。为响应国家高层次法律人才培养要求，发挥法律硕士教育与立法研究两大领域的结合优势，推动课堂教学理论与实践相融通，学校组织长期扎根立法教学、科研及学科建设一线的教师编写了本书，以期帮助学生学好案例"活教材"，激发案例"大作用"，提供一把打开立法学理论与实务之门的"钥匙"。

本书坚持以习近平新时代中国特色社会主义思想特别是习近平法治思想为指引，全面贯彻党的二十大精神，强调理论与实际相结合。以案例为导入，对立法原则、立法主体、立法权限、立法规划、立法草案设计、立法程序、立法监督、地方性法规清理、立法技术、立法队伍等专题进行了理论剖析与实务适用。为学生全面了解立法实践、理解立法理论、提高立法素养提供帮助，培养学生思辨能力、规范分析能力、类案适用能力，助力学生成为新时代中国法治的合格建设者。

小智治事，中智治人，大智立法。衷心希望本书能够在法律硕士专业学位教育中贡献绵薄之力。尽管作者满怀诚意，但难免挂一漏万，恳请读者不吝赐教，以便今后进一步修改、完善。

胡弘弘

2023 年 10 月 1 日

目　　录

专题一   立 法 原 则

【事例介绍】

祁连山属于生物多样性保护优先区域，1988 年国家批准设立了甘肃祁连山国家级自然保护区。长期以来，祁连山局部生态破坏问题十分突出。中央对祁连山生态问题展开督查、问责之前，环保部、中央督察组曾公开约谈、开展环境保护督察，但甘肃省并未妥善解决有关问题。约谈整治方案瞒报、漏报 31 个采矿项目，生态修复和整治工作进程缓慢，截至 2016 年年底仍有 72 处生产设施未按要求清理到位。从立法层面看，甘肃省片面追求经济效益，长期存在生态环境保护为经济发展让路的情况。《甘肃祁连山国家级自然保护区管理条例》（以下简称《管理条例》）历经三次修正，部分规定始终与《中华人民共和国自然保护区条例》（以下简称《保护区条例》）不一致，将国家规定的"禁止在自然保护区内进行砍伐、放牧、狩猎、捕捞、采药、开垦、烧荒、开矿、采石、挖沙"等 10 类活动，缩减为"禁止进行狩猎、垦荒、烧荒"3 类活动。"禁止进行狩猎、垦荒、烧荒"属于近年来发生频次少、基本得到控制的事项，其他 7 类恰是频繁发生且对生态环境破坏明显的事项。针对祁连山生态严重破坏问题，2017 年 7 月 20 日中共中央办公厅、国务院办公厅就甘肃祁连山国家级自然保护区生态环境问题对外发出通报，对包括分管祁连山生态环境保护工作的 3 名副省级官员以及相关责任单位和责任人进行了严肃问责。2017 年 11 月 30 日甘肃省第十二届人大常委会通过了修改后的《管理条例》，禁止破坏生态文明的行为符合上位法规定。祁连山生态立法"放水"事件的解决，推动了生态领域地方性法规的专项审查和全面清理。

【法律问题】

1. 我国的立法原则有哪些？
2. 地方立法的特有原则有哪些？
3. 地方立法"放水"的法律性质是什么？
4. 地方立法"有特色"原则的要求有哪些？
5. 如何理解地方立法中"依据"与"不抵触"的关系？

【法条链接】

《中华人民共和国宪法》（2018 年修正）

第五条 中华人民共和国实行依法治国，建设社会主义法治国家。

国家维护社会主义法制的统一和尊严。

一切法律、行政法规和地方性法规都不得同宪法相抵触。

一切国家机关和武装力量、各政党和各社会团体、各企业事业组织都必须遵守宪法和法律。一切违反宪法和法律的行为，必须予以追究。

任何组织或者个人都不得有超越宪法和法律的特权。

第六十七条　全国人民代表大会常务委员会行使下列职权：

（一）解释宪法，监督宪法的实施；

……

（七）撤销国务院制定的同宪法、法律相抵触的行政法规、决定和命令；

（八）撤销省、自治区、直辖市国家权力机关制定的同宪法、法律和行政法规相抵触的地方性法规和决议；

……

第一百条　省、直辖市的人民代表大会和它们的常务委员会，在不同宪法、法律、行政法规相抵触的前提下，可以制定地方性法规，报全国人民代表大会常务委员会备案。

设区的市的人民代表大会和它们的常务委员会，在不同宪法、法律、行政法规和本省、自治区的地方性法规相抵触的前提下，可以依照法律规定制定地方性法规，报本省、自治区人民代表大会常务委员会批准后施行。

《中华人民共和国立法法》（2023 年修正）

第三条　立法应当坚持中国共产党的领导，坚持以马克思列宁主义、毛泽东思想、邓小平理论、"三个代表"重要思想、科学发展观、习近平新时代中国特色社会主义思想为指导，推进中国特色社会主义法治体系建设，保障在法治轨道上全面建设社会主义现代化国家。

第四条　立法应当坚持以经济建设为中心，坚持改革开放，贯彻新发展理念，保障以中国式现代化全面推进中华民族伟大复兴。

第五条　立法应当符合宪法的规定、原则和精神，依照法定的权限和程序，从国家整体利益出发，维护社会主义法制的统一、尊严、权威。

第六条　立法应当坚持和发展全过程人民民主，尊重和保障人权，保障和促进社会公平正义。

立法应当体现人民的意志，发扬社会主义民主，坚持立法公开，保障人民通过多种途径参与立法活动。

第七条第一款　立法应当从实际出发，适应经济社会发展和全面深化改革的要求，科学合理地规定公民、法人和其他组织的权利与义务、国家机关的权力与责任。

第八十条　省、自治区、直辖市的人民代表大会及其常务委员会根据本行政区域的具体情况和实际需要，在不同宪法、法律、行政法规相抵触的前提下，可以制定地方性法规。

第八十二条　地方性法规可以就下列事项作出规定：

（一）为执行法律、行政法规的规定，需要根据本行政区域的实际情况作具体规定的事项；

......

制定地方性法规，对上位法已经明确规定的内容，一般不作重复性规定。

第九十八条　宪法具有最高的法律效力，一切法律、行政法规、地方性法规、自治条例和单行条例、规章都不得同宪法相抵触。

第一百零八条　改变或者撤销法律、行政法规、地方性法规、自治条例和单行条例、规章的权限是：

......

（二）全国人民代表大会常务委员会有权撤销同宪法和法律相抵触的行政法规，有权撤销同宪法、法律和行政法规相抵触的地方性法规，有权撤销省、自治区、直辖市的人民代表大会常务委员会批准的违背宪法和本法第八十五条第二款规定的自治条例和单行条例；

......

《中华人民共和国地方各级人民代表大会和地方各级人民政府组织法》（2022 年修正）

第十条　省、自治区、直辖市的人民代表大会根据本行政区域的具体情况和实际需要，在不同宪法、法律、行政法规相抵触的前提下，可以制定和颁布地方性法规，报全国人民代表大会常务委员会和国务院备案。

第四十九条　省、自治区、直辖市的人民代表大会常务委员会在本级人民代表大会闭会期间，根据本行政区域的具体情况和实际需要，在不同宪法、法律、行政法规相抵触的前提下，可以制定和颁布地方性法规，报全国人民代表大会常务委员会和国务院备案。

《中华人民共和国自然保护区条例》（2017 年修订）

第二十六条　禁止在自然保护区内进行砍伐、放牧、狩猎、捕捞、采药、开垦、烧荒、开矿、采石、挖沙等活动；但是，法律、行政法规另有规定的除外。

《甘肃祁连山国家级自然保护区管理条例》（2016 年修正）

第十条　未经国务院批准，不得改变保护区的性质和范围。

第十一条　禁止在保护区进行狩猎、垦荒、烧荒等活动。法律、法规另有规定的除外。

《甘肃祁连山国家级自然保护区管理条例》（2017年修订）

第十条 未经国务院批准，不得改变保护区的性质和范围。

禁止在保护区内进行砍伐、放牧、狩猎、捕捞、采药、开垦、烧荒、开矿、采石、挖沙等活动。法律、行政法规另有规定的除外。

【基础知识】

立法是指立法主体遵循一定的制度创造法律文本的活动，包含四个基本要素：立法主体、立法制度、立法行为、法律文本。立法基本原则是指立法主体在立法时应当遵循的基本准则和总体要求。正确理解立法原则的含义，需要明晰立法原则与立法指导思想的区别。立法指导思想是指一国立法机关所自觉遵循的、抽象的、体系化的思想与理论，往往表现为一些相当抽象的理念和观念，对国家立法活动的影响深刻。立法基本原则与立法指导思想是一脉相承的，有什么样的立法指导思想，就有什么样的立法基本原则。立法指导思想是观念化和抽象化的立法原则，立法原则是具体化和规范化的立法思想。立法指导思想需要通过立法原则来体现和具体化，立法原则须根据立法指导思想确定，两者紧密关联。从适用范围上来说，立法原则是贯穿于所有立法主体的所有立法活动的总体原则，而不仅仅是某个部门法、某个立法主体的立法原则，也不仅仅是某类形式的法（法律、行政法规、地方性法规等）或某项具体的法律、法规制定的原则。从功能上来说，立法原则是立法活动的指南，对立法主体的立法活动具有指引和规范的作用。[①]《中华人民共和国立法法》（以下简称《立法法》)除在第三条中规定了我国立法的总的指导思想外，还在第五至九条中分别规定了我国立法的国家法制统一原则、立法的民主原则、立法的科学原则、立法的价值原则、立法的改革与法治相统一原则。根据党的十九大提出的加强党对立法工作的领导，推进科学立法、民主立法、依法立法的要求，下文本书将从科学立法、民主立法和依法立法三个方面来阐释我国的立法原则。应当说明的是，鉴于法制统一与依法立法在内涵方面有相近之处，后者是对前者的进一步聚焦，应将两者放在一起，以依法立法原则加以阐释。将立法的改革与法治相统一原则置于科学立法原则下进一步加以阐释。[②]

一、科学立法原则

（一）科学立法原则的内涵

《立法法》第七条构成科学立法原则最直观的法律文本依据，规定："立法应当从实际出发，适应经济社会发展和全面深化改革的要求，科学合理地规定公民、法人和其他组织的权利与义务、国家机关的权力与责任。法律规范应当明确、具体，具有针对性和可执

---

① 黄文艺主编：《立法学》，高等教育出版社2008年版，第25~27页。
② 朱力宇、叶传星：《立法学》，中国人民大学出版社2023年版，第60~63页。

行性。"其中"适应经济社会发展和全面深化改革的要求"的规定是为发挥立法对经济社会发展的推动和保障作用，贯彻党中央的重大决策部署所作增加的要求。本次《立法法》的修改在具体制度设计上进一步体现了科学立法原则，强化了试验立法功能，使立法更加切合实际，更加具有系统性和协调性。① 综合来看，科学立法的内涵包括内容实质方面立法科学性和外在形式方面立法科学性。

1. 内容实质方面立法科学性

科学立法内容实质方面的第一层含义是针对法律调整对象"事实"的合规律性认识活动，主张立法过程中应对具体调整对象进行严格调查研究，透析作为立法展开背景之社会环境的运作规律，透析作为调整对象之社会关系本身的客观运作规律，为立法工作提供一个真实、明确的事实基础，集中表现了对"事实性"的"求真"。② 合乎规律性表现为合乎社会规律性、合乎法律规律性两方面。③ 合乎社会规律性一般是指立足我国国情，从当前社会发展的实际出发，把握发展趋势，回应社会需求，充分尊重和反映社会关系的客观规律。④ 合乎法律规律性强调注重把握立法时机，保证法律规范自洽以及从过程和结果两方面保证科学立法⑤。第二层含义强调立法过程中采取的手段有利于实现立法目的，即"合目的性"意涵。将"立法"看作立法活动本身，以"科学"来修饰立法，即立法活动或立法过程是不是科学的，"科学"成为立法活动或立法过程所应当体现的一种精神，⑥立法活动中科学原则的"合目的性"意涵也就具体化为：立法活动是否采取了最有效的手段实现了具体立法目的，并同时符合政治价值和法律规范性这两方面的要求。⑦ 通过强调立法活动、立法过程的科学性确保实现立法目的。

2. 外在形式方面立法科学性

《立法法》第七条第二款规定"法律规范应当明确、具体，具有针对性和可执行性"，从外在形式方面对科学立法原则提出了要求。科学立法不仅指向立法的内容，而且指向立

---

① 杨登峰：《关于〈立法法〉修改的几点意见———以科学立法为中心》，载《地方立法研究》2022 年第 6 期。
② 任才峰：《科学立法、民主立法、依法立法的理论与实践》，载《人大研究》2019 年第 1 期。
③ 姜明坤：《地方物流业立法：模式选择、功能定位与实现路径》，载《东北农业大学学报（社会科学版）》2019 年第 6 期。
④ 刘松山：《科学立法的八个标准》，载《中共杭州市委党校学报》2015 年第 5 期。
⑤ 高中、廖卓：《立法原则体系的反思与重构》，载《北京行政学院学报》2017 年第 5 期。
⑥ 易有禄、武杨琦：《科学立法的内涵与诉求——基于"法治建设新十六字方针"》，载《江汉学术》2015 年第 2 期。
⑦ 裴洪辉：《合规律性与合目的性：科学立法原则的法理基础》，载《政治与法律》2018 年第 10 期。

法程序和立法技术。① 其既可以指一种思维方式或指导理念，又可指一种系统的立法技术。② 可以概括归纳为成熟的立法技术，包括合乎逻辑、内容明确、语言规范严谨③以及系统的立法技术规范和立法过程中的定量定性分析④。立法技术可以细化为三个方面内容：表述适当、架构合理和内容务实。⑤ 遵循立法技术规范是实现立法科学性的内在要求。目前科学立法外在形式方面的科学性标准集中表现为立法技术问题，法律词项明晰、命题恰当、体系一致等都是立法技术的集中体现⑥。

（二）科学立法原则的要求

1. 从实际出发，充分认识和尊重事物发展的客观规律

"从实际出发"是指立法机关必须立足于中国当前仍处于并将长期处于社会主义初级阶段的基本国情，充分认识国家发展的宏观大局和各地区发展规律，因地制宜、因时制宜制定符合社会发展规律的规范性文件。充分认识和尊重事物发展的客观规律，要求立法者坚持"实事求是、一切从实际出发"的思想路线，深入调查研究，全面深入了解社会发展的客观需求。根据法律规定，立法权限可以分为中央立法和地方立法两个层次⑦：中央立法旨在解决全局性、根本性的重要问题，反映的是全局性规律，因此需要国家立法机关统筹大局⑧，准确地认识和反映社会主体的现实权利要求，努力把握社会主体权利要求的内在必然性及其发展趋势。⑨ 地方立法需要因地制宜，立足本地特色，有针对性地解决本地区发展过程中的实际问题，反映局部地区发展规律。基于各地发展需求不同，各地方立法可以相互借鉴但不应互相抄袭。立法机关应当准确了解不同时期、不同地区之间经济社会发展需要，掌握立法需求，突出重点。

2. 准确回应现实社会的立法需求

科学立法要求遵循事物发展客观规律，认识和尊重事物发展规律不意味着制定的法律必然科学。法律是由人所制定的，在反映客观规律的同时不可避免地会有主观性成分掺杂其中。在充分认识和尊重事物发展客观规律的基础上，立法者还应该发挥主观能动性，适

① 宋方青：《习近平法治思想中的立法原则》，载《东方法学》2021 年第 2 期。
② 里赞、孟甜甜：《论科学立法在地方立法中的实现》，载《地方立法研究》2018 年第 2 期。
③ 高中、廖卓：《立法原则体系的反思与重构》，载《北京行政学院学报》2017 年第 5 期。
④ 刘松山：《科学立法的八个标准》，载《中共杭州市委党校学报》2015 年第 5 期。
⑤ 姜明坤：《地方物流业立法：模式选择、功能定位与实现路径》，载《东北农业大学学报（社会科学版）》2019 年第 6 期。
⑥ 熊明辉、杜文静：《科学立法的逻辑》，载《法学论坛》2017 年第 1 期。
⑦ 宋方青：《习近平法治思想中的立法原则》，载《东方法学》2021 年第 2 期。
⑧ 任才峰：《科学立法、民主立法、依法立法的理论与实践》，载《人大研究》2019 年第 1 期。
⑨ 公丕祥：《习近平立法思想论要》，载《法律科学（西北政法大学学报）》2017 年第 6 期。

应经济社会发展需要，回应立法需求。就当前和今后一段时期内的立法工作而言，准确回应现实社会的立法需求，必须立足于经济社会发展的阶段性特征，结合推进国家治理体系和治理能力现代化的重要目标，紧密关注改革开放和社会发展中出现的新情况、新问题，把握经济、政治、文化、社会、生态、民生等各领域的立法需求，做到重大改革于法有据。

3. 科学立法要求立法工作规范化

立法技术规范与否与对立法质量具有重要影响，遵循立法技术规范是立法的必然要求。在当前立法活动中，立法语言表述不够规范的现象依然突出，因此有必要使立法语言表述规范化。① 法律条文表述模糊不清、模棱两可，实施者必然不知所从，造成有法难依的尴尬局面。立法语言规范要求法律条文表述应力求准确、严谨，同时应避免内容重复，实现各用语逻辑关系上的自洽。除《立法法》《行政法规制定程序条例》《规章制定程序条例》对少量的立法工作规范作了原则性规定外，全国范围内尚无专门性、系统性规范立法技术的法律或法规。出于实践需要，全国人大常委会法工委颁布了《立法技术规范（试行）（一）》和《立法技术规范（试行）（二）》。地方立法层面，许多地方自行制定了有关立法技术的规范性文件如《广东省人民代表大会常务委员会立法技术和工作程序规范（试行)》《临沂市人民代表大会常务委员会立法技术规范》《深圳市政府规章立法技术规范》等，这些属于重视科学立法，提高立法质量的有益尝试。

（三）科学立法原则的实现

1. "合规律性" 的实现

要达到对具体立法活动所调整之社会关系这一事实和其背后规律的"正确性"认识，需要在立法过程中借鉴自然科学和社会科学的研究方法，如可以重点通过人工智能采集社会热点、收集和筛选立法意见，将相关领域的知识、规律对接到立法领域中等。通过人工智能与立法的深度"合作"，来破解立法领域中的重难点问题，提高立法的科学性和效率。② 充分了解立法调整事态涉及的各种因素，运用定性、定量研究工具等。③ 建立与科学立法相适应的体制机制，包括完善的地方立法体制、完善的人大立法工作机制、法案起草机制、有序的公众参与机制等。④ 立法活动作为一种有目的的主观创造性活动，"合规律性"的认识与立法者的素质与能力密切相关。立法人员必须具有较高的思想政治素质，

① 任才峰：《科学立法、民主立法、依法立法的理论与实践》，载《人大研究》2019 年第 1 期。
② 江必新、郑礼华：《互联网、大数据、人工智能与科学立法》，载《法学杂志》2018 年第 5 期。
③ 裴洪辉：《合规律性与合目的性：科学立法原则的法理基础》，载《政治与法律》2018 年第 10 期。
④ 汪全胜：《科学立法的判断标准和体制机制》，载《江汉学术》2015 年第 4 期。

具有遵循规律、发扬民主、加强协调、凝聚共识的能力①才能推动"合规律性"的实现。

2. "合目的性"的实现

作为手段之"合目的性"的实现，需要在立法工作中结合具体立法目的确定各价值之间的次序或者位阶关系，对各价值的分类、顺序展开理性讨论。② 具体立法工作中一般不评价立法活动目的的正当性、合理性，通常通过规范条款的文字叙述实现此目的。③ 科学立法原则作为制度建立所必须遵守的基本原则之一，决定了立法的价值取向。反过来，立法的价值取向对"合目的性"原则的实现也具有重要意义。任何法律制度的建立都是在立法价值取向的指导下进行的，在法律中明确设定、在实践中始终贯彻立法价值取向，④ 有利于科学立法"合目的性"的实现。

3. 形式科学性的实现

法律文本的形式结构技术是法律、法规应当具备的形式要件，按照其内在规律要求，作出合理、科学的排列、组合和联结的形式，一般包括法的名称、法的题注、法的目录、法的序言、法的总则、法的分则、法的附则等。形式科学性的实现在于提高立法技术，实现立法技术科学化。当代立法技术的提高主要有三种途径：一是系统地总结本国的立法经验，从中提炼出一些规律性的知识、方法，并提升为可靠的实用的技术；二是合理地吸收其他国家成功的立法经验和技术，加以适当的改造和转化，变成为我所用的技术；三是将现代的各种高科技手段和技术，如电子计算机技术，充分运用于立法活动中，提高立法的效能。⑤ 地方立法机关在立法过程中必须建立起系统化的思维模式，指导立法工作。从微观层面来看，系统性也是立法技术水平的一项重要评价指标。⑥ 推动地方立法技术科学化对于服务地方法治建设与社会经济发展具有重要价值。实现地方立法技术科学化的合理路径包括对地方立法技术进行规范化表达、将地方立法技术规范以地方性法规的形式加以确认、将地方立法技术的运用纳入地方立法机构工作人员的引进、培训、考核、规则中。⑦

科学立法原则体现在地方立法中主要表现为立法的"可操作性"原则。内容上要符合法理、符合地方实际情况、符合客观规律；形式上要求立法语言明确、立法技术规范条款

---

① 公丕祥：《习近平立法思想论要》，载《法律科学（西北政法大学学报）》2017 年第 6 期。

② 裴洪辉：《合规律性与合目的性：科学立法原则的法理基础》，载《政治与法律》2018 年第 10 期。

③ 姜明坤：《地方物流业立法：模式选择、功能定位与实现路径》，载《东北农业大学学报（社会科学版）》2019 年第 6 期。

④ 吴占英、伊士国：《我国立法的价值取向初探》，载《甘肃政法学院学报》2009 年第 3 期。

⑤ 黄文艺主编：《立法学》，高等教育出版社 2008 年版，第 30 页。

⑥ 里赟、孟甜甜：《论科学立法在地方立法中的实现》，载《地方立法研究》2018 年第 2 期。

⑦ 魏治勋、汪潇：《论地方立法技术的内涵、功能及科学化路径——基于当前地方立法现状的分析》，载《云南大学学报（社会科学版）》2019 年第 1 期。

之间协调不冲突。① 增强地方性法规可操作性，应当着眼于树立质量立法理念、处理好条文"粗"与"细"的平衡、提高地方立法的研究水平，实现地方立法切实管用、好用，能解决实际问题。②

二、民主立法原则

（一）民主立法原则的内涵

党的二十大指出，发展全过程人民民主是中国式现代化的本质要求之一。该本质要求以"全过程"为主要特征勾勒出立体式民主立法愿景蓝图。③《立法法》第六条规定："立法应当坚持和发展全过程人民民主，尊重和保障人权，保障和促进社会公平正义。立法应当体现人民的意志，发扬社会主义民主，坚持立法公开，保障人民通过多种途径参与立法活动。"由此可见，民主立法原则的核心要义在于全过程人民民主立法。④ 在人民民主专政的社会主义制度下，人民是国家和社会的主人，国家的一切权力属于人民，人民通过各种途径参与立法活动，使法律真正体现人民的意志。⑤ 民主立法具有实质和形式的双重含义：实质上，指立法的内容必须真实地反映和体现公众意志，亦即"人民的意志"；形式上，强调立法的过程必须存在多样化的公众参与机制，亦即"保障人民通过多种途径参与立法活动"。⑥ 如《中华人民共和国地方各级人民代表大会和地方各级人民政府组织法》（以下简称《地方组织法》）第十条和第四十九条分别表述省、自治区、直辖市的人民代表大会和常务委员会可以根据本行政区域的具体情况和实际需要制定和颁布地方性法规、《立法法》第八十三条更是明确了区域协调发展可以开展区域协同立法；同时《地方组织法》第四条要求地方各级人民代表大会、县级以上的地方各级人民代表大会常务委员会和地方各级人民政府坚持以人民为中心，倾听人民的意见和建议；第四十三条要求地方各级人民代表大会代表应当与原选区选民或者原选举单位和人民群众保持密切联系，听取和反映他们的意见和要求，充分发挥在发展全过程人民民主中的作用。这些都体现了民主立法原则。

（二）民主立法原则的内容

1. 立法主体的广泛性

在我国，法定立法主体包括人大及其常委会，其中人大代表、专门委员会成员负责协

---

① 林开华：《谈地方立法的可操作原则》，载《人大研究》2008 年第 11 期。
② 李高协：《再议地方立法的不抵触、有特色、可操作原则》，载《人大研究》2015 年第 9 期。
③ 张锡汪、张奇：《区域协调立法中民主立法原则的实现》，载《人大研究》2023 年第 9 期。
④ 封丽霞：《民主立法：全过程民主的展现》，载《中国党政干部论坛》2021 年第 7 期。
⑤ 任才峰：《科学立法、民主立法、依法立法的理论与实践》，载《人大研究》2019 年第 1 期。
⑥ 邓世豹主编：《立法学：原理与技术》，中山大学出版社 2016 年版，第 52 页。

助立法机关完成相应的立法工作。法定立法主体之外还包括法律职业者团体和普通公民。对于法定主体而言，人大代表由人民选举产生，来自不同民族，可以广泛了解民情、收集民意，进而把人民意志具体、科学地贯彻落实到法律文本中。社会群体中的法律职业者团体，多数被称为广义上的学者，从专业背景角度为立法机关提供立法建议。随着对立法规律的认识和深化，尤其是当前强调全过程人民民主的立法背景下，公民参与立法的途径和渠道不断拓宽，我国立法主体呈现出广泛性特点。

2. 立法程序的民主性

民主应当是有序的，民主立法需要正当程序加以保障。立法程序的民主性可以保障立法过程的公平性，防止立法过程陷入无序状态。立法程序的民主性要求立法面向社会公众开放。立法公开包括立法信息和资料的公开、立法过程的公开、立法结果的公开。我国《立法法》第四十条规定："列入常务委员会会议议程的法律案，应当在常务委员会会议后将法律草案及其起草、修改的说明等向社会公布，征求意见，但是经委员长会议决定不公布的除外。向社会公布征求意见的时间一般不少于三十日。征求意见的情况应当向社会通报。"这一内容为贯彻落实民主立法原则提供了强有力的制度保障。当前，为了保障立法程序的民主性，我国还探索建立了多种制度，包括立法程序中的征询制度、协调制度、听证制度、多数通过制度、立法监督制度等，这些都在一定程度上保障了立法的民主性。[1] 其中，基层立法联系点的建设将进一步实现立法工作的全过程民主，以上海为例，其第一批联系点遴选和第二批扩点名单中都纳入了基层行政和事业单位。这其中包括区一级的城管局和农业农村委等基层行政管理机构，以及如开发区管委会这样的政府派出机构。同时，上海市人大常委会的布点中还包括当地代表性企业及行业协会。常委会与涉及本区域内重大战略规划的重点企业及行业协会直连，也是一个既有制度难以提供的功能。[2]

3. 立法内容的民主性

立法内容的民主性，即一切立法内容必须最终反映社会公众的最大利益和共同意志，立法内容就是基本民意的法律制度化。[3] 立法者不是在创造法律，只是在表达人民的意志。要聚焦人民群众期盼，积极回应人民群众关切，不断加强民生保障、社会治理和促进共同富裕等重点领域立法，尤其要避免立法"放水"的问题，防止地方保护主义和部门利益对立法的影响，努力使每一项立法都符合宪法精神、反映人民意愿、得到人民拥护。[4]

---

① 肖金明、尹凤桐：《论中国立法基本原则》，载《文史哲》1999 年第 5 期。

② 严行健、贾艺琳：《后发优势与制度嵌入："全过程民主"探索中的基层立法联系点》，载《人大研究》2021 年第 3 期。

③ 邓世豹主编：《立法学：原理与技术》，中山大学出版社 2016 年版，第 52 页。

④ 周佑勇：《大变局下中国式民主的制度优势与宪法保障》，载《中国法学》2023 年第 1 期。

立法的核心，在于立法为了人民、依靠人民。① 我国宪法规定的国家性质是人民民主专政的社会主义国家，在社会主义制度下，法治必须为人民群众当家做主、管理国家和管理社会事务服务，必须真正反映广大人民群众的共同意志和利益，这是立法工作的出发点和落脚点。

（三）民主立法原则的实现

民主立法既反映立法程序的公开化，也反映立法为民的本质属性，是推动建设社会主义法律体系的必然要求。实现民主立法的途径如下：

1. 发挥人大及其常委会对立法的主导作用

以"全过程人民民主"的视角看，人大的立法优位属性并非局部截取而是贯穿于从法规立项乃至法规公布的立法全过程，适当创设判断基准可以强化民主立法原则的立法实效。《立法法》第五十四条规定："全国人大代表大会及其常务委员会加强对立法工作的组织协调，发挥在立法工作中的主导作用。"人大及其常委会可以通过多种形式加强对立法工作的主导作用，包括重要法律案的制定和修改通过人民代表大会审议、开展区域协同立法、建立基层立法联系点、建立全国人大专门委员会、常委会工作机构组织起草重要法律草案制度、认真办理人大代表议案建议、不断拓宽人大代表参与立法工作的渠道等。② 为了贯彻民主立法原则，有必要进一步完善人大组织制度、机构人事和工作制度，健全有立法权的人大及其常委会主导立法工作的体制机制，确保立法充分体现人民的共同意志，充分展现人民主体地位。③

2. 完善社会公众民主参与立法

2023 年赵乐际委员长在全国人大常委会立法工作会议上强调"坚持立法为了人民、依靠人民"。各级立法机关加大立法公开力度，建立健全民主立法机制，拓宽人民群众有序参与立法的途径和方式，如建立基层立法联系点。④ 为切实推动民主立法原则的实现，从中央到地方逐步探索建立了切合实际的立法公开制度，保障人民群众通过多种方式表达利益诉求，参与立法。在立法过程和立法程序方面，应当注意使立法面向社会公众，使公众能够有效参与和监督立法。⑤ 加强公众参与的前提是健全立法公开机制，健全社会公众

---

① 习近平：《关于〈中共中央关于全面推进依法治国若干重大问题的决定〉说明》，载《人民日报》2014 年 10 月 28 日。

② 任才峰：《科学立法、民主立法、依法立法的理论与实践》，载《人大研究》2019 年第 1 期。

③ 张文显主编：《法理学》，高等教育出版社 2018 年版，第 235 页。

④ 公丕祥：《习近平立法思想论要》，载《法律科学（西北政法大学学报）》2017 年第 6 期。

⑤ 周旺生著：《立法学》，法律出版社 2009 年版，第 78 页。

参与立法制度。① 不断拓宽民主立法的渠道，推进民主立法制度化建设。一要加大立法公开力度。健全立法信息公开机制，充分利用大数据、互联网、人工智能扩大公开的事项范围，除涉及国家秘密、商业秘密等特殊信息以外，其他的立法信息应当尽量公开。而且，应尽可能做到及时公开，注重公开实效，对常委会组成人员的审议意见、修改说明、公众意见处理等做到第一时间公开。二是深化完善公民参与立法的制度措施。完善旁听人大常委会会议制度，人大常委会会议审议法规时，邀请公民旁听，提出书面意见。鼓励公众通过信函、电话、电子邮件等形式对法规草案提出意见和建议等。

三、依法立法原则

《立法法》第五条明确规定立法活动应当依照法定程序，确保立法活动在法制轨道上运行。立法程序是立法权运行的重要方式、手续和步骤，也是立法活动顺利展开的必经环节的载体，立法权的行使不仅要遵照法定权限，还要按照法定程序展开。② 依法立法需要着重加强防止政府任性立法的制度设计。享有立法权的各级政府不得超越自身立法权限、不能制定与法律、行政法规性抵触、相矛盾的规定，不得出台减损公民等主体权利的内容。③《立法法》《中华人民共和国全国人民代表大会组织法》《中华人民共和国全国人民代表大会常务委员会议事规则》《中华人民共和国国务院组织法》等法律法规中明确规定了制定法律、行政法规、地方性法规的程序性内容，包括编制立法规划和计划、立项、起草、审议、表决等，对于防止和克服立法工作的恣意性，提高立法的规范化、制度化水平具有重要意义。④

（一）依法立法原则的内涵

《立法法》第三、四、五条对依法立法原则作出了明确规定，通常被概括为法治原则。党的二十大报告也明确提出要"推进科学立法、民主立法、依法立法，统筹立改废释纂，增强立法系统性、整体性、协同性、时效性"。依法立法，蕴含以我国《宪法》和《立法法》为依据、遵循立法权限和程序、维护国家法制统一等核心要素。⑤ 从法教义学的角度解读依法立法原则，可以将其基本内涵概括为：立法并不是处于"前教义"环节上的"高高在上"式的存在，立法活动既应当遵循已有的法教义为其所设定的活动空间，也应当在这一活动空间中充分考虑法教义学在内容和体系形成上的积极影响，还应当在立法方

---

① 张文显主编：《法理学》，高等教育出版社 2018 年版，第 236 页。
② 张文显主编：《法理学》，高等教育出版社 2018 年版，第 231 页。
③ 陈俊：《依法立法的理念与制度设计》，载《政治与法律》2018 年第 12 期。
④ 任才峰：《科学立法、民主立法、依法立法的理论与实践》，载《人大研究》2019 年第 1 期。
⑤ 陈俊：《依法立法的理念与制度设计》，载《政治与法律》2018 年第 12 期。

法上高度重视与司法裁判阶段的法教义学方法之间的衔接。① 依法立法原则的提出是立法认识层面的重要飞跃，也是对立法理论的一次极其重要的丰富和发展。依法立法的核心在于，立法应当遵守宪法的基本原则，应当依照法定的权限和程序，从国家整体利益出发，维护社会主义法制的统一和尊严。②

（二）依法立法原则的意义

党的二十大将"依法立法"与"科学立法""民主立法"一并作为立法基本原则，对于引领和指导新时代立法活动，维护社会主义法制统一具有重要意义。

1. 依法立法有助于推动宪法实施，维护宪法权威

宪法是国家的根本大法，是最高行为准则。法的生命力在于实施，巩固宪法地位，关键在于实施宪法。坚持依法立法首先是依宪立法，坚持依法立法有助于树立宪法权威、更好保障法治中国建设。各立法机关的一切立法活动都应该同宪法、法律的指导精神相一致，都要在宪法、法律的框架范围内进行，不能超越权限随意立法。因此，树立依法立法的理念并努力转化落实，将有利于维护宪法、法律的权威，促进和保障法治中国建设。③

2. 依法立法有助于提升立法质量

习近平总书记多次讲话提到，强调法治需要提高立法质量。特别是在中国特色社会主义法律体系建成后，由大幅增加立法数量满足社会发展需求到切实提高立法质量已经成为立法活动的必然趋势。现阶段我国依法治国方略已经从注重法治建设转向"良法善治"，其中包含"良法""善治"两个层次。"依法立法"是形成良法善治的必要条件。④ 党的十九大报告中提出"推进科学立法、民主立法、依法立法，以良法促进发展、保障善治"的新论断就是重要依据，党的二十大报告则再次强调"以良法促进发展、保障善治"。在坚持科学立法、民主立法的基础上，充分发挥依法立法的重要作用，实现三者协调统一，有助于提高立法质量。

3. 依法立法是实现改革于法有据的重要保障

2014 年 2 月，习近平总书记在中央全面深化改革领导小组第二次会议上指出："凡属重大改革都要于法有据。在整个改革过程中，都要高度重视运用法治思维和法治方式，发挥法治的引领和推动作用，加强对相关立法工作的协调，确保在法制轨道上推进改革。"

---

① 赵一单：《依法立法原则的法理阐释——基于法教义学的立场》，载《法制与社会发展》2020 年第 5 期。
② 宋方青：《习近平法治思想中的立法原则》，载《东方法学》2021 年第 2 期。
③ 陈俊：《依法立法的理念与制度设计》，载《政治与法律》2018 年第 12 期。
④ 陈俊：《依法立法的理念与制度设计》，载《政治与法律》2018 年第 12 期。

立法与改革二者是相辅相成的，立法可以为重大改革发挥保驾护航作用，这离不开良法的出台；同时改革可以推动法律与时俱进，通过不断清理不合时宜的、滞后于社会经济发展的法律，形成规范且完备的法律规范体系。坚持依法立法，可以实现立法与改革的有效衔接，确保立法适应重大改革需要，为改革发展提供规范依托。

（三）依法立法原则的要求

1. 依法立法应当依宪立法

宪法是国家的根本大法，具有最高法律效力。坚持依宪立法、依法立法，全面贯彻宪法规定、宪法原则、宪法精神，更好发挥宪法在立法中的核心地位功能，每一个立法环节都把好宪法关。宪法综合性地规定诸如国家性质、社会经济和政治制度、国家政权的总任务、公民基本权利和义务、国家机构等根本性、全局性的关系或事项。其他所有法律、法规，都是直接或间接地以宪法为立法依据或基础，或是不得同宪法或宪法的基本原则相抵触。离开甚至背离了宪法的原则或精神，立法乃至整个法律制度和法律秩序必然会紊乱。因此，各国都非常强调正确处理立法与宪法的关系，强调立法应当以宪法为根据或不得同宪法相抵触。① 依法立法首先要依宪立法，所有法律法规的制定和修改都必须符合宪法精神和原则，不得同宪法相抵触。必须牢固树立宪法意识、落实好 2018 年《宪法修正案》的主要内容并做好相关领域立法工作、完善宪法解释机制、推进合宪性审查工作，将宪法作为根本遵循。② 依宪立法的具体要求主要包括：立法权的配置及立法体制要符合宪法对于国家权力的根本规定；立法权的行使和立法程序的运行要遵循宪法，包括《立法法》本身在内的法律的立改废释要依照宪法，不得同宪法相抵触；可能同宪法相抵触的行政法规、地方性法规、自治条例和单行条例，可以由全国人大常委会对其进行合宪性审查。③

2. 依法立法应当正确处理与党领导立法的关系

《中共中央关于全面推进依法治国若干重大问题的决定》指出："党的领导和社会主义法治是一致的，社会主义法治必须坚持党的领导，党的领导必须依靠社会主义法治。"社会主义法治建设必须在党的领导下开展，坚持"党领导立法、保证执法、支持司法、带头守法"。坚持党领导立法，把党的领导贯彻到立法全过程。在立法过程中，有关政治方向和政治原则的重大问题，立法机关都应该及时向党中央请示报告，以确保重大立法决策体现党的主张和人民意愿。依法立法所依之法，不仅包括《立法法》明确列举的规范性文件。作为民意的代表机关在起草法律法规时必须将党的意志、路线、方针、政策贯彻进直

---

① 周旺生著：《立法学》，法律出版社 2009 年版，第 74 页。
② 任才峰：《科学立法、民主立法、依法立法的理论与实践》，载《人大研究》2019 年第 1 期。
③ 张文显主编：《法理学》，高等教育出版社 2018 年版，第 231 页。

接体现国家意志的法律和法规之中。① 推进依法立法需坚持和完善党领导立法的相关制度，具体包括推荐和选派党员依法进入人民代表大会、选派优秀党员从事人大立法工作、推荐和选派党员担任各级人大的主要领导人以及其他的制度化、法治化路径。②

3. 依法立法要求依权限、守程序立法

立法是公权力行使的集中表现，必须遵循"法无授权不可为"的公权力行使原则，切实按照立法职权规定的要求进行。我国《立法法》对法律、行政法规、地方性法规以及其他规范性文件的立法权限作出了明确规定。各立法主体应当准确把握各层次立法的权限安排和功能定位，处理好宪法、法律、行政法规、地方性法规和规章的关系，处理好创制性立法与实施性立法的关系，防止各种法规范相互抵触。③ 为了确保立法权限在法律范围内的有序、有效行使，必须从法律上明确地、合理地划分中央与地方、权力机关与行政机关的立法权限。④ 地方立法机关尤其是设区的市立法应当严格按照《立法法》第八十一条规定围绕"城乡建设与管理、生态文明建设、历史文化保护、基层治理等方面的事项"行使立法权，不得超越权限制定与上位法相违背的法律文件。立法除了涉及中央与地方之间的权限划分，同时也涉及地方与地方之间的相互协作。地方与地方之间协调立法是为促进一个良好的法律诞生，多主体在立法的过程中需要更加注重程序规范。对于区域协同立法如何将其控制在合宪的范围内，一是介入时机，针对间接管理事务的协同立法应当保持与全国人大常委会的联系，允许全国人大常委会主动介入，从宪法层面完善区域协同立法，尽量避免事后发生宪法争议。至于针对直接管理事务的区域协同立法，要在一定程度内允许地方的差异化立法，避免中央过早介入妨碍到地方的主动性和积极性，全国人大常委会主要通过事后的介入对其进行合宪性控制。二是介入方式，全国人大常委会可以通过宪法解释和合宪性审查两种方式介入区域协同立法。前者主要适用于事前的合宪性控制，后者主要适用于事后的合宪性控制。与之类似，协同立法公布之前的审议程序，也是提升区域协同立法合宪性的重要途径。区域协同立法作为一种新的立法形态，涉及的立法权纵向和横向分配的问题较为复杂，这为地方性法规合宪性控制程序机制的完善提供了新的切入点。⑤

依法立法原则在地方立法工作中集中体现为"不抵触"原则。"不抵触"原则指地方立法不得与宪法、法律、行政法规相抵触，是确定地方立法权限的基本原则。⑥ 正确认识

---

① 孙波：《论依法立法原则的实现》，载《社会科学战线》2018年第12期。
② 陈俊：《依法立法的理念与制度设计》，载《政治与法律》2018年第12期。
③ 安东：《坚持依法科学民主原则，切实提高立法工作水平》，载《法制日报》2016年12月14日。
④ 张文显主编：《法理学》，高等教育出版社2018年版，第231页。
⑤ 温泽彬：《区域协同立法的宪法规制》，载《法学》2023年第8期。
⑥ 谢勇主编：《地方立法学》，法律出版社2019年版，第47页。

"不抵触"原则，需要区分"抵触"与"不一致""不适当"的概念①，处理好不抵触与立法创新的关系、不抵触原则与防止照搬照抄的关系。② 解决"设区的市"立法不抵触的路径具体包括：一是转换设区的市立法抵触判定模式，明确不抵触的判断标准；二是发挥地方立法备案审查、立法责任追究的监督作用；三是契合地方立法需求，用足用好本级立法空间；四是实现立法有特色和可操作，做到"有突破"但不"冲突"。③

【事例分析】

"甘肃祁连山自然保护区生态破坏案"涉及地方立法为满足经济利益需求故意规避上位法的禁止性规定，凸显地方立法仍然存在合法性审查不到位、立法原则落空的法律问题。反思地方立法机关"放水"行为带来危害的同时，也为研究地方立法基本原则、规范性文件的备案审查制度提出了新的要求。祁连山生态破坏案件发生后，国家领导人和实务工作者对该行为纷纷表明态度，其中有关"立法放水"的表述多次出现。如，习近平总书记指出："《甘肃祁连山国家级自然保护区管理条例》历经 3 次修正，部分规定始终同《中华人民共和国自然保护区条例》不一致，立法上'放水'，执法上'放弃'。"④ 全国人大常委会法制工作委员会主任沈春耀在第二十三次全国地方立法工作座谈会上的讲话指出"个别地方甚至受利益驱使搞'立法放水'，降低国家法律法规标准，造成严重后果"等⑤。可见"立法放水"并非明确的法律概念，需要理论予以明晰。

一、"立法放水"概念的内涵界定

"放水"的基本释义有三个方面：一是指开通渠道，引水灌溉田畴；二是指故意通融；三是指啰嗦、骚扰、找麻烦。从"立法放水"概念的提出背景以及其指称的具体行为来看，更倾向于"故意通融"的含义。具体来讲，是指实施某一行为时对于本应坚持的规则或者原则等，因情感或利益等因素影响而予以变通，构成对规则或者秩序的违背。

学界对"立法放水"的认识较少，归纳起来主要有放宽国家法律说⑥、立法和监督放水说⑦、构成要件说⑧。对上述观点进行分析，可以发现其相同之处在于均认为立法者违

---

① 李高协：《再议地方立法的不抵触、有特色、可操作原则》，载《人大研究》2015 年第 9 期。

② 高绍林：《地方立法的地位、特点和基本原则》，载《天津人大》2013 年第 9 期。

③ 彭振：《设区的市立法抵触问题研究》，载《河北法学》2019 年第 7 期。

④ 习近平：《加快建设社会主义法治国家》，载《求是》2015 年第 1 期。

⑤ 沈春耀：《适应全面依法治国新形势进一步加强和改进立法工作——在第二十三次全国地方立法工作座谈会上的讲话》，载《中国人大》2017 年第 6 期。

⑥ 蒲晓磊：《让环境污染行为成为过街老鼠人人喊打》，载《法制日报》2018 年 7 月 10 日。

⑦ 胡帅兵：《"立法放水"现象控制研究》，云南大学 2019 年硕士学位论文，第 17 页。

⑧ 杨海涛：《地方人大"立法放水"的界定及控制机制论析》，载《贵阳市委党校学报》2021 年第 2 期。

背立法职责；不同之处在于，第一种观点仅提出"放宽国家法律"的层面，过于宽泛和模糊；第二种观点则着眼于立法机关立法不作为和立法者监督不到位两个维度，立法和监督内容交叉，对立法放水概念的针对性认识不突出；第三种观点则从政策、违法、主体、主观、后果五个要件加以归纳，虽然内容丰富全面，但限缩了使用范围，提出的"省和设区市人大及其常委会故意违背立法政策……"的政策要件和主体要件虽适用于本次祁连山生态破坏案件，并非放之四海而皆准。

从祁连山事件发生后全国人大常委会专项审查环保法规出现的大量违背上位法的行为，可以看出我国"立法放水"现象可能具有普遍性特点。因此，"立法放水"概念的使用绝不限于此个例而应泛指同类型立法行为，应是可以反复适用的。"立法放水"是指立法机关故意违背立法职责、滥用立法权制定与上位法相冲突的规范性文件。其一，不限于政策性要件。"立法放水"泛指立法机关滥用职权的行为，不单局限于国家制定相关政策的领域。其二，主体不限于地方立法机关。正如所有公权力的行使都应该受到约束，立法权作为国家公权力，极易作为谋取私利的工具，因此凡是行使立法权的机关都可能涉及"立法放水"。

二、"立法放水"违背立法政策

祁连山事件无疑也是对"绿水青山也是金山银山"等政策的违背。地方立法作为国家整个法律体系的重要内容，有权立法主体在法定权限范围内要服从于国家整体的立法政策和改革决策部署。自党的十八大以来，生态环境保护工作的重要性日益凸显，2018年《宪法》修改增加了"贯彻新发展理念""生态文明"等内容，无疑表明了中央对生态建设的要求。同时《法规、司法解释备案审查工作办法》第三十七条明确规定，对法规、司法解释进行审查研究，发现法规、司法解释存在与党中央的重大决策部署不相符或者与国家的重大改革方向不一致问题的，应当提出意见。该条是规范性文件备案审查的政治性标准，"规范性文件制定机关如果对党中央的决策、部署、政策、主张在理解上产生了偏差，导致制定出的规范性文件与党中央决策部署精神不一致，就要通过备案审查制度，及时纠正这些规范性文件，维护党中央的权威和集中统一领导"。《甘肃祁连山国家级自然保护区管理条例》（2016）（以下简称《管理条例》（2016））对《宪法》的规定以及国家的政策部署置若罔闻，正如《通报》中指出的那样，甘肃省有关方面对"五位一体"总体布局和新发展理念认识不深刻，片面追求经济增长和显绩，长期存在生态环境为经济发展让路的情况。所以，"立法放水"首先是地方人大立法违背立法政策，不合"政治性"。[①]

---

① 杨海涛：《地方人大"立法放水"的界定及控制机制论析》，载《贵阳市委党校学报》2021年第2期。

三、"立法放水"不属重复上位法

《立法法》第八十二条第四款明确规定，制定地方性法规，对上位法明确规定的内容，一般不作重复性规定。《立法法》之所以规定不重复上位法的立法原则，一方面是为了防止地方立法机关推卸立法职责，忽视本地立法实际和民众客观需要从而沦为形式主义的文本；另一方面则是为了防止地方立法机关浪费立法资源、增加立法成本。需要注意的是，各地方立法机关应该正确认识"不重复"的内涵。从不重复原则提出的背景来看，其针对的主要是那些忽视地方立法实际、一味照搬照抄上位法内容且无制定必要性的立法现象。比如，河北省《实施〈固体废物污染环境防治法〉办法》第二十八条"从事危险废物的收集、储存和处置经营活动，必须向县级以上人民政府环境保护行政主管部门申请领取经营许可证"就是对《固体废物污染环境防治法》（2020）第八十条的简单重复，并无专门规定的必要性。不过，从严密的法律体系以及法制统一原则角度出发，允许地方性法规在一定限度内同上位法保持一致具有可行性。

祁连山生态保护"立法放水"不属于重复上位法。判断"立法放水"是否属于"重复上位法"的情形，需先分析《管理条例》（2016）第十条与《中华人民共和国自然保护区条例》（以下简称《保护区条例》）第二十六条规定的关系。《管理条例》（2016）第十条规定："禁止在保护区内进行狩猎、垦荒、烧荒等活动。法律、法规另有规定的除外。"《保护区管理条例》第二十六条明确规定："禁止在自然保护区内进行砍伐、放牧、狩猎、捕捞、采药、开垦、烧荒、开矿、采石、挖沙等活动；但是，法律、行政法规另有规定的除外。"首先，从两部条例共同禁止的行为表现来看，集中在"狩猎、垦荒、烧荒"三个方面。《管理条例》（2016）以"等"字作为不完全列举的重要依据，只明确列举了上述三个方面活动类型，而其上位法《保护区条例》还规定了其他 7 种类型的破坏生态行为。其次，从两部条例规定的禁止破坏生态行为的严重性来看，前者仅规定了一些生态文明建设过程中已经得到控制的破坏行为；而上位法则明确列举了其他尚威胁国家环保政策落实的重要危害行为。这意味着《管理条例》（2016）故意列举发生频率小而规避频繁发生、屡禁不止的违法行为。最后，就《管理条例》（2016）的制定者甘肃省人大常委会而言，其忽视中央提出的整改意见，历经 3 次修改仍保留了这一规定，明显构成对地方立法权的滥用。

由此可知，重复上位法通常指忽视地方实际情况对上位法条文的直接复制。《管理条例》（2016）与《保护区条例》虽在 3 个方面作出了相同规定，但规避了上位法中专门规定的严重危害生态文明建设的行为，行为性质不属于重复上位法。甘肃祁连山生态环境保护条例事件本质上不是不抄袭、不重复上位法规定的精神问题……如果甘肃当时制定或者修改条例时，把主要的违法行为列为禁止事项并予以严格管控，有的放矢地进行地方立法，即使少些一些相对次要的东西，也不至于带来如此严重的后果。因此，这个事件不是简单地照搬照抄上位法的问题，而是立法背后的基本政策取向问题，中央定性为"立法放水"是很有针对性的。①

四、"立法放水"违背依法立法原则

依法立法原则的核心在于坚持以宪法基本原则为指导，依照法定权限和程序，从国家整体利益出发，维护社会主义法制的统一和尊严。这就要求地方立法机关以《宪法》《立法法》等上位法为依据，在法定权限范围内依法行使立法权，不得制定同上位法相抵触的地方性法规。"立法放水"行为违背依法立法原则的表现如下：

首先，超越自身权限立法。立法机关依照法定权限立法，需要处理好上位法和下位法、处理好创制性立法和实施性立法的关系，防止法规范之间相互抵触。《立法法》第八十二条规定，地方性法规可以就执行上位法内容、管理本地区事务以及上位法尚未规定事项作出补充性规定的权限。实施性立法的目的是根据地方具体实际而实施或执行法律、行政法规之精神、原则或规定。② 甘肃省人大常委会作为地方立法机关，依法享有对涉及管理本地区环境事务事项作出规定的权限。具体到祁连山一案，鉴于上位法《保护区条例》已经明确规定了依法禁止的十种严重破坏生态环境行为，且保护生态环境不属于《立法法》第八十二条中的"地方性事务"，甘肃省人大常委会在制定"管理条例"时应当结合本地区控制破坏生态环境行为的客观实际作出相应细化规定。《立法法》第八十二条强调"根据本行政区域的实际情况作出相应规定"以遵循上位法为前提，同时对有关规定进行权限范围内的调整。但《管理条例》（2016）规避自然保护区实践中频繁发生的破坏行为，仅规定得到基本控制的三种行为，明显不属于此处的"根据实际情况作具体规定"，反而抵触了上位法规定。因此，甘肃省人大常委会制定的《管理条例》（2016）超越了其立法权限，违背了依法立法原则。

其次，侵犯国家整体利益。依法立法原则要求开展立法工作从国家整体利益出发，反对地方保护主义，禁止侵犯国家整体利益。祁连山作为我国生物多样性保护的优先区域，早在1988年国家就批准设立了祁连山国家级自然保护区。随着国家治理理念的转变，特别是十八大以来提出的"我们既要绿水青山，也要金山银山""绿水青山就是金山银山"的生态观和"五位一体"总布局的战略思想，将整治环境破坏、保护生态环境放在更加突出的位置。而祁连山自然保护区内生态环境破坏问题突出，违法违规开发矿产资源、部分水电设施违法建设、企业偷排偷放等现象频发，其背后既有有关部门监管不到位，也有立法机关违背立法职责，给破坏生态、发展地区经济让路的不可持续发展观思想的支撑。在国家保护生态文明建设的顶层设计与战略部署密集推出的背景下祁连山自然保护区依然遵循原有的发展方式和发展模式，严重背离了国家政策方针，侵犯了国家整体利益。

---

① 许安标：《我国地方立法的新时代使命——把握地方立法规律　提高地方立法质量》，载《中国法律评论》2021年第1期。

② 谢勇主编：《地方立法学》，法律出版社2019年版，第53页。

最后，危及法制统一和尊严。中国现行立法体制是具有中国特色的立法体制，党中央统一领导和一定程度分权的，多级并存、多类结合的立法权限划分体制。立法权限的划分一定程度上导致了立法权分散，确保国家法制统一必须坚持依法立法原则，正确处理好上位法和下位法、同一位阶法律法规间的关系。《立法法》是一部专门规范立法活动的重要法律，对立法权限划分、立法程序和立法体制等内容都作出了明确规定，因此，各立法机关立法时必须以《立法法》的相关规定为依据，维护国家法制统一。结合本案，《管理条例》（2016）违背宪法的规定以及国家的重要政策部署，片面追求经济发展，已经构成了对《宪法》《立法法》的逾越，破坏了国家法制统一，造成了极为恶劣的影响。

五、地方立法"放水"的控制机制

祁连山《管理条例》（2016）之所以存在立法"放水"现象，多次修改却仍未调整第十条的违法条款，重要原因在于立法时仅履行备案程序、立法后未及时审查其合法性。因此，为了防止地方立法"放水"现象频繁发生，可以从加强事前审查和强化事后监督两个方面展开。

（一）加强事前审查

祁连山《管理条例》（2016）是由甘肃省人大常委会制定、通过的省级地方性法规，有关省级人大制定的地方性法规备案权规定主要集中在《宪法》和《立法法》中。根据《宪法》第一百条规定："省，直辖市的人民代表大会和它们的常务委员会，在不同宪法、法律、行政法规相抵触的前提下，可以制定地方性法规，报全国人民代表大会常务委员会备案。"《立法法》第一百零九条第二项规定："省、自治区、直辖市的人民代表大会及其常务委员会制定的地方性法规，报全国人民代表大会常务委员会和国务院备案。"依据《宪法》《立法法》《地方组织法》的规定，甘肃省人大常委会只需要向全国人大常委会和国务院履行备案程序，意味着这种备案审查是一种无制裁措施的程序性审查，全国人大常委会和国务院不能行使该类立法的实质性备案审查权。

程序性备案审查往往难以把握立法中与上位法抵触的内容，导致从立法公布之后带有违法性嫌疑。针对此现象可以采取对重大地方性立法实施备案审查的预备性审查制度。①所谓预备性审查制度，是指对于重大事项的立法性文件应从草案公布之日起即向有权机关备案，实施预先备案审查制度，同时接受来自审查机构以外主体的多层次审查。这种方式虽然看似可以在正式通过前及时收集多方建议，以公开-反馈的互动机制促进依法立法原则的实现，但在制度的可行性方面仍存在问题：比如，"重大事项"的标准如何界定？又如，鼓励社会力量建立全国性备案审查公开网站，接受多主体的多层次审查，那么审查期

---

① 贺海仁：《防止地方立法"放水"，完善中国特色合法性审查制度》，载《人民论坛》2018年第3期。

限如何规定，对多主体提出的各种建议如何妥善处理等？

省级地方性法规内容是否符合上位法规定通常由制定机关自行检验，全国人大常委会和国务院仅作程序性规定。在此空间之内，省级立法机关在制定和审议阶段可以探索建立加强地方性法规合法性的相关制度。如，可以在立法审议阶段探索引入"立法辩论制度"。① 虽然目前《立法法》《全国人民代表大会常务委员会议事规则》均未规定立法辩论制度，但学界对人大"立法辩论"制度引入的必要性、可行性、可能性以及制度构建的基本思路等有了较为成熟的讨论，② 因此，可以予以吸收。以本次祁连山《管理条例》（2016）为例，虽经 3 次修正，仍未避免立法"放水"问题的存在，其是否包含会议上全体代表的共同意志无从得知，但若审议过程中引入"立法辩论"制度一定程度上可以提高审议质量、降低违宪违法的可能性。

（二）强化事后监督

省级人大常委会、设区的市、自治州的人大及其常委会制定的地方性法规的事后审查权之规定，集中在《宪法》第六十七条、《立法法》第一百零八条、《宪法》第六十七条第八项规定，即全国人民代表大会常务委员会有权"撤销省、自治区、直辖市国家权力机关制定的同宪法、法律和行政法规相抵触的地方性法规和决议"；《立法法》第一百零八条第二项规定："全国人民代表大会常务委员会有权撤销同宪法和法律相抵触的行政法规，有权撤销同宪法、法律和行政法规相抵触的地方性法规。"从《宪法》和《立法法》的规定来看，全国人大常委会有权以《立法法》第一百零八条中规定的五项内容为判断标准决定是否撤销省一级制定的地方性法规。祁连山《管理条例》（2016）规定的禁止破坏生态环境的行为明显属于"下位法违反上位法规定的"，因此，全国人大常委会有权撤销《管理条例》（2016）。

备案审查中发现相关问题的纠错方式一般分为三步：第一步，沟通协商，提出意见，由制定机关自行纠正；第二步，提出书面审查研究意见，建议制定机关自行纠正。如果制定机关不愿自行纠正，全国人大常委会法工委向制定机关发出书面纠正函；第三步，如果制定机关仍然不愿纠正，由全国人大常委会法工委向委员长会议提出撤销法规的议案，由委员长会议决定提请常委会会议审议，予以撤销。③ 值得注意的是，祁连山一案引发社会关注后党中央、国务院有关部门组成督查组调查相关情况，中办、国办联合印发《通报》对相关负责人问责，进而推动了甘肃省人大常委会及时修订条例。

全国人大常委会并未及时行使法律规定的撤销违宪违法地方性法规权力，而是在《通报》发出后针对各地区的环保问题进行专项审查研究，推动各地全面清理类似情形。类似

---

① 杨海涛：《地方人大"立法放水"的界定及控制机制论析》，载《贵阳市委党校学报》2021 年第 2 期。

② 李店标：《论我国人大立法辩论制度的建构》，载《广西社会科学》2016 年第 8 期。

③ 梁鹰：《备案审查制度若干问题探讨》，载《地方立法研究》2019 年第 6 期。

甘肃省《管理条例》（2016）的立法"放水"行为，属于明显违背上位法规定的情形，全国人大常委会有权行使撤销权，督促相关主体及时整改。虽然由中办、国办采取相关措施推动了案件的圆满解决，但毕竟其属于政治责任而非法律措施。对于今后可能存在的立法"放水"行为必然不能依赖于"两办"等中央机构，而是应着力于强化《宪法》《立法法》赋予相关主体的备案审查权限，及时审查、清理违宪违法规范性文件，维护国家法制统一。

【延伸探讨】

2021年9月27日，全国人大常委会法工委向重庆市沙坪坝区人大常委会授牌，在沙坪坝区设立基层立法联系点。此为全国人大常委会法工委在渝设立的首个基层立法联系点，来自重庆的基层立法民意将"直通"全国人大。沙坪坝区基层立法联系点拟在后续工作实践中形成以基层立法联系点为核心、联络员单位和信息采集站为延伸的工作格局，让更多群众直接参与立法过程。基层立法联系点是确保人民群众有序参与立法的重要载体。回看全国人大常委会法工委设立基层立法联系点的历史，自2015年6月设立上海虹桥等4个首批基层立法联系点以来，现已设立22个立法联系点，覆盖了全国2/3的省区市，拓展了12种联系形式，115部法律草案通过立法联系点征求意见建议达6700多条。可以看出，人民群众有序参与国家立法的渠道和形式不断拓宽，全过程人民民主在基层立法联系点工作中彰显出独特魅力和光明前景。在4个直辖市中，全国人大基层立法联系点主要包含两种形式：北京市和重庆市设在所属的区人大，上海市和天津市设在所属的街道办事处。此前，沙坪坝区石井坡街道中心湾社区已成为重庆市人大常委会首批5个基层立法联系点之一，基层立法实践有序推进。

问题提示：

1. 基层立法联系点的制度优势体现在哪些方面？
2. 未来应如何建设基层立法联系点？

【课后阅读】

［1］朱力宇、叶传星：《立法学》，中国人民大学出版社2023年版。

［2］温泽彬：《区域协同立法的宪法规制》，载《法学》2023年第8期。

［3］张锡汪、张奇：《区域协调立法中民主立法原则的实现》，载《人大研究》2023年第9期。

［4］杨登峰：《关于〈立法法〉修改的几点意见——以科学立法为中心》，载《地方立法研究》2022年第6期。

［5］封丽霞：《民主立法：全过程民主的展现》，载《中国党政干部论坛》2021年第7期。

［6］刘雁鹏：《中国地方立法透明度评估报告（2020年）——基于省级人大常委会网站的

考察》，载《人大研究》2021 年第 6 期。

［7］ 王起超：《粗放和精细：论立法技术的秩序建构路径》，载《河北法学》2021 年第 5 期。

［8］ 刘国华、沈杨：《习近平法治思想中关于立法的重要论述研究》，载《哈尔滨商业大学学报（社会科学版）》2021 年第 4 期。

［9］ 胡弘弘：《依宪立法的再思考："由法律规定"之宪法实施》，载《政法论丛》2021 年第 3 期。

［10］ 严行健、贾艺琳：《后发优势与制度嵌入："全过程民主"探索中的基层立法联系点》，载《人大研究》2021 年第 3 期。

［11］ 王雄文：《科学立法的效率价值及其实现——法经济学的视角》，载《法治社会》2021 年第 1 期。

［12］ 全国人大常委会法制工作委员会法规备案审查室：《规范性文件备案审查理论与实务》2020 年版。

［13］ 樊安、樊文苑：《地方性法规立法的理念更新与路径选择——以科学立法原则为指引》，载《学术交流》2020 年第 12 期。

［14］ 莫纪宏：《依宪立法原则与合宪性审查》，载《中国社会科学》2020 年第 11 期。

［15］ 谢勇：《地方立法学》，法律出版社 2019 年版。

［16］ 王怡：《智能互联网能为民主立法贡献什么》，载《北方法学》2019 年第 6 期。

［17］ 卫学芝、汪全胜：《新时代依法立法原则的地方挑战与应对——对新赋权设区的市 2015—2019 年 899 部生效法规的实证分析》，载《中共中央党校（国家行政学院）学报》2019 年第 4 期。

［18］ 白利寅：《实现地方立法科学化的创新机制研究》，载《云南大学学报（社会科学版）》2019 年第 1 期。

［19］ 林蕾：《依法立法的范畴、价值及推进方式》，载《福建警察学院学报》2018 年第 6 期。

［20］ 封丽霞：《新时代中国立法发展的理念与实践》，载《山东大学学报（哲学社会科学版）》2018 年第 5 期。

［21］ 江必新、郑礼华：《互联网、大数据、人工智能与科学立法》，载《法学杂志》2018 年第 5 期。

［22］ 谢勇：《概念的成长：破解地方立法"不抵触""有特色"的理论困境》，载《求索》2017 年第 12 期。

［23］ 涂青林：《论地方立法的地方特色原则——以立法法修改后广东立法为例》，载《地方立法研究》2017 年第 6 期。

［24］ 赵静波：《地方立法特色的缺失及其规制——以地方立法"抄袭"为视角》，载《地方立法研究》2017 年第 6 期。

［25］郑清贤：《设区的市增强地方立法特色研究》，载《地方立法研究》2017 年第 6 期。

［26］高旭军、张飞虎：《欧盟科学、民主立法保障机制研究：以法律起草为例》，载《德国研究》2017 年第 1 期。

［27］李林：《论习近平全面依法治国的新思想新战略》，载《法学杂志》2016 年第 5 期。

［28］石佑启：《论立法与改革决策关系的演进与定位》，载《法学评论》2016 年第 1 期。

［29］何珊君：《科学立法的总要求与具体路径》，载《江西社会科学》2015 年第 4 期。

［30］冯玉军、王柏荣：《科学立法的科学性标准探析》，载《中国人民大学学报》2014 年第 1 期。

［31］唐丰鹤：《民主立法的基本模式辨析》，载《河北法学》2013 年第 11 期。

［32］黄文艺：《谦抑、民主、责任与法治——对中国立法理念的重思》，载《政法论丛》2012 年第 2 期。

［33］关保英：《科学立法科学性之解读》，载《社会科学》2007 年第 3 期。

［34］高其才：《现代立法理念论》，载《南京社会科学》2006 年第 1 期。

［35］馨元：《依宪立法的思考》，载《华东政法学院学报》2002 年第 3 期。

［36］韦绍英：《论制定地方性法规的因地制宜原则》，载《青海社会科学》1986 年第 4 期。

专题二 立 法 主 体

【事例介绍】

2015 年至 2016 年，湖北省恩施土家族苗族自治州（以下简称恩施州）与湖南省湘西土家族苗族自治州（以下简称湘西州）合作推进《酉水河保护条例》调研、起草等工作，开创了民族自治地方人大常委会之间立法合作的先例。《酉水河保护条例》涉及多个行政区划，开展相应立法工作需要建立沟通协商机制以促进地区之间的立法信息交流。2015 年 3 月 27 日，恩施州宣恩县人大常委会与湖北民族大学（原湖北民族学院）法律专家组联合召开了《酉水河保护条例》立法调研座谈会，邀请了部分州县人大代表、州县政协委员、律师及酉水河流域辖区村（居）民代表、企业事业单位代表、县直有关单位负责人，广泛听取社会各界代表的意见和建议。之后，恩施州和湘西州人大常委会开展了多次联席会议。2015 年 9 月 7 日至 10 日第一次联席会议在来凤县召开，会议讨论了酉水河保护协作立法工作方案及《酉水河保护条例（草案）》初稿。草案初稿由恩施州人大常委会、湘西州人大常委会分别委托湖北民族大学（原湖北民族学院）、吉首大学成立的起草组起草。2016 年 5 月 17 日至 19 日，第二次联席会议在永顺县芙蓉镇召开。联席会议邀请湖北省、湖南省人大常委会领导及流域各县人大常委会、相关职能部门、中南民族大学专家参加。2016 年 12 月 8 日湘西自治州人大常委会办公室发布《关于〈湘西土家族苗族自治州酉水河保护条例（草案一审修改第二稿）〉公开征求意见的通知》公开征求社会意见。2016 年 9 月 29 日，恩施自治州第七届人大常委会第三十二次会议审议通过《恩施土家族苗族自治州酉水河保护条例》，并获湖北省第十二届人大常委会第二十五次会议批准。2017 年 1 月 8 日，湘西自治州第十四届人民代表大会第一次会议通过了《湘西土家族苗族自治州酉水河保护条例》，湖南省第十二届人大常委会第二十九次会议审议批准。

【法律问题】

1. 立法主体具体有哪些类型？

2. 如何理解立法主体与立法权的关系？

3. 地方立法主体间开展区域协同立法的性质为何？

4. 地方立法主体间开展区域协同立法是否具有合宪性和合法性？

【法条链接】

《中华人民共和国宪法》（2018 年修正）

第六十二条　全国人民代表大会行使下列职权：

......

（三）制定和修改刑事、民事、国家机构的和其他的基本法律；

......

第六十七条　全国人民代表大会常务委员会行使下列职权：

......

（二）制定和修改除应当由全国人民代表大会制定的法律以外的其他法律；

（三）在全国人民代表大会闭会期间，对全国人民代表大会制定的法律进行部分补充和修改，但是不得同该法律的基本原则相抵触；

（四）解释法律；

......

（七）撤销国务院制定的同宪法、法律相抵触的行政法规、决定和命令；

（八）撤销省、自治区、直辖市国家权力机关制定的同宪法、法律和行政法规相抵触的地方性法规和决议；

......

《中华人民共和国立法法》（2023 年修正）

第十条　全国人民代表大会和全国人民代表大会常务委员会根据宪法规定行使国家立法权。

全国人民代表大会制定和修改刑事、民事、国家机构的和其他的基本法律。

......

全国人民代表大会可以授权全国人民代表大会常务委员会制定相关法律。

第十二条　本法第十一条规定的事项尚未制定法律的，全国人民代表大会及其常务委员会有权作出决定，授权国务院可以根据实际需要，对其中的部分事项先制定行政法规，但是有关犯罪和刑罚、对公民政治权利的剥夺和限制人身自由的强制措施和处罚、司法制度等事项除外。

第四十八条　法律解释权属于全国人民代表大会常务委员会。

法律有以下情况之一的，由全国人民代表大会常务委员会解释：

（一）法律的规定需要进一步明确具体含义的；

（二）法律制定后出现新的情况，需要明确适用法律依据的。

第七十二条　国务院根据宪法和法律，制定行政法规。

行政法规可以就下列事项作出规定：

（一）为执行法律的规定需要制定行政法规的事项；

（二）宪法第八十九条规定的国务院行政管理职权的事项。

……

第八十条 省、自治区、直辖市的人民代表大会及其常务委员会根据本行政区域的具体情况和实际需要，在不同宪法、法律、行政法规相抵触的前提下，可以制定地方性法规。

第八十一条 设区的市的人民代表大会及其常务委员会根据本市的具体情况和实际需要，在不同宪法、法律、行政法规和本省、自治区的地方性法规相抵触的前提下，可以对城乡建设与管理、生态文明建设、历史文化保护、基层治理等方面的事项制定地方性法规，法律对设区的市制定地方性法规的事项另有规定的，从其规定。设区的市的地方性法规须报省、自治区的人民代表大会常务委员会批准后施行。省、自治区的人民代表大会常务委员会对报请批准的地方性法规，应当对其合法性进行审查，认为同宪法、法律、行政法规和本省、自治区的地方性法规不抵触的，应当在四个月内予以批准。

……

第八十三条 省、自治区、直辖市和设区的市、自治州的人民代表大会及其常务委员会根据区域协调发展的需要，可以协同制定地方性法规，在本行政区域或者有关区域内实施。

省、自治区、直辖市和设区的市、自治州可以建立区域协同立法工作机制。

第八十四条 经济特区所在地的省、市的人民代表大会及其常务委员会根据全国人民代表大会的授权决定，制定法规，在经济特区范围内实施。

上海市人民代表大会及其常务委员会根据全国人民代表大会常务委员会的授权决定，制定浦东新区法规，在浦东新区实施。

海南省人民代表大会及其常务委员会根据法律规定，制定海南自由贸易港法规，在海南自由贸易港范围内实施。

第八十五条第一款 民族自治地方的人民代表大会有权依照当地民族的政治、经济和文化的特点，制定自治条例和单行条例。自治区的自治条例和单行条例，报全国人民代表大会常务委员会批准后生效。自治州、自治县的自治条例和单行条例，报省、自治区、直辖市的人民代表大会常务委员会批准后生效。

第九十一条第一款 国务院各部、委员会、中国人民银行、审计署和具有行政管理职能的直属机构以及法律规定的机构，可以根据法律和国务院的行政法规、决定、命令，在本部门的权限范围内，制定规章。

第九十三条第一款 省、自治区、直辖市和设区的市、自治州的人民政府，可以根据法律、行政法规和本省、自治区、直辖市的地方性法规，制定规章。

第一百一十七条第一款 中央军事委员会根据宪法和法律，制定军事法规。

第一百一十八条 国家监察委员会根据宪法和法律、全国人民代表大会常务委员会的有关决定，制定监察法规，报全国人民代表大会常务委员会备案。

《中华人民共和国地方各级人民代表大会和地方各级人民政府组织法》（2022 年修正）

第四条 地方各级人民代表大会、县级以上的地方各级人民代表大会常务委员会和地方各级人民政府坚持以人民为中心，坚持和发展全过程人民民主，始终同人民保持密切联系，倾听人民的意见和建议，为人民服务，对人民负责，受人民监督。

第十条第三款 省、自治区、直辖市以及设区的市、自治州的人民代表大会根据区域协调发展的需要，可以开展协同立法。

第八十条 县级以上的地方各级人民政府根据国家区域发展战略，结合地方实际需要，可以共同建立跨行政区划的区域协同发展工作机制，加强区域合作。

上级人民政府应当对下级人民政府的区域合作工作进行指导、协调和监督。

第八十一条 县级以上的地方各级人民政府根据应对重大突发事件的需要，可以建立跨部门指挥协调机制。

《军事立法工作条例》（2017 年通过）

第二条 中央军委制定、修改、废止、解释军事法规，战区、军兵种制定、修改、废止、解释军事规章的活动，适用本条例。

为贯彻执行军事法规、军事规章而制定具体规定、办法、细则等军事规范性文件的活动，因制定军事法规、军事规章条件尚不成熟，先行以文件形式制定规定、办法等军事规范性文件的活动，按照本条例规定执行。

军事法规、军事规章是军队建设和部队行动的基本依据，是官兵行为的基本准则。军事规范性文件是军事法规制度体系的组成部分，是军事法规、军事规章的必要补充。

【基础知识】

一、立法主体释义

（一）立法主体的概念

我国实行"一元两级多层次"的立法体制。立法体制是由立法权配置、立法权运行和立法载体等方面的制度和体系构成的有机整体，是一国立法制度最重要的组成部分。[1] 立法主体是立法权的载体，其通过实际的立法活动将立法权转化为可以适用的法律。理论上对于"立法主体"的界说，可以分为两组："法治说"和"功能说"；"国家机关立法主体说"和"组织（或个人）立法主体说"。

"法治说"和"功能说"分别从规范、实然两个不同的层面对"立法主体"加以界

---

[1] 张文显主编：《法理学》，高等教育出版社 2018 年版，第 228 页。

定。"法治说"认为，立法主体是依法具有立法权或依法参与法律的制定、认可和变动活动的国家机关的总称，强调具有法律依据是立法主体必备的条件。"功能说"则认为立法主体就是有权参与或实际参与立法活动的机关、组织和人员的通称，强调衡量一个主体是否为立法主体，要看它事实上是否具有立法功能。事实上具有立法功能的，即使没有法定立法权或授权立法权，也是立法主体。相较而言，"功能说"将实然层面参与立法活动的主体全部赋予立法主体身份，边界模糊，不利于规范立法主体的立法权行使。法治意义上的立法主体的范围具有确定性，较为清楚。同时，"法治说"强调成为立法主体应当有法的依据，对于正在走向法治的中国立法无疑具有直接意义，应当予以重视。①

"国家机关立法主体说"和"组织（或个人）立法主体说"属于对立法主体身份的不同认识。"国家机关立法主体说"认为行使立法权的主体只能为国家机关，又可细分为三种类型：一是广义说，立法主体是指依照法定权限和法定程序进行立法活动的一切国家机关；二是折中说，立法主体是指依照法定权限和法定程序进行立法活动的各级国家代议机关；三是狭义说，立法主体是指依照法定权限和法定程序进行立法活动的国家最高代议机关。"组织（或个人）立法主体说"认为立法主体不仅包括国家机关亦包括参与立法活动的其他组织或个人。②

现代国家的立法活动本质上是一种复杂系统工程，涉及多方主体。实践中，参与立法活动的主体之表现形态极为多样。认识"立法主体"，首先应当持有法治主义的立场。立法本质是政权意志的体现，是一定政权按照法定职权或法定程序进行的活动。立法主体作为立法活动的实施者，必须具备宪法或者法律赋予的立法权。部分不具有法定立法权的立法活动参与者对于立法活动的影响最终仍要通过合法的渠道，以法定立法主体的名义依据法定程序加以实现。其次，立法主体行使的立法权应当是整体意义上的立法权，既包括实体性子权力，亦包括提案权、审议权、表决权、公布权等程序性的子权力。不能完整行使上述各子权力而只能行使其中一部分则其只是参与立法的主体，而不是完整独立的立法主体。③ 因此，立法主体可被定义如下：根据宪法和法律规定或授权，行使整体意义上的立法权，能够制定、修改、废止、解释规范性法文件的国家机关或其他社会组织团体。

（二）立法权的特征

立法主体与立法权密切相联系，立法主体是立法权的载体，是立法权的行使者。从广义上讲，立法权就是有关国家机关依法制定、修改、补充、废止各种规范性文件以及

---

① 周旺生著：《立法学教程》，北京大学出版社 2006 年版，第 177 页；石佑启、朱最新主编：《地方立法学》，广东教育出版社 2015 年版，第 88 页。

② 徐向华主编：《立法学教程》，北京大学出版社 2017 年版，第 24 页。

③ 徐向华主编：《立法学教程》，北京大学出版社 2017 年版，第 82 页。

认可法律规范的权力。① 但是，不同的国家机关，依法享有的立法权是不同的。所以，应当结合有关立法主体享有的相应立法权来对其进行研究。总体而言立法权具有以下特征：

一是立法权是立法机关享有的相对独立的国家权力。从狭义上讲，立法权是立法机关享有的制定、修改、补充、废止法律及其他法规的权力，它是立法机关相对于行政机关享有行政权和司法机关享有司法权的一种权力，在国家权力体系中具有重要的地位和作用。立法权与行政权、司法权的分工，是分权理论和实践的结果。需要指出的是，我们说立法权是相对独立的，是因为国家权力在具体运行过程中，立法权、行政权和司法权有时互相有所重合或渗透。从广义的立法讲，行政机关尽管也有立法权，但是它与狭义的、严格的或原本意义上的立法权是有区别的，只具有从属的、派生的和次要的地位与作用，不能改变立法机关立法权的独立性。

二是立法权是立法主体享有的最重要的国家权力。世界各国在理论上和实践中，通常都将立法权视为优先于行政权和司法权的最重要的国家权力。而且，在国家权力中，国家立法权即最高国家权力机关或国会制定宪法和法律的权力是最重要的，相对于行政权、司法权和地方立法权，它更集中地体现了国家主权、人民表达意志权和国家权力行使的基础权。当然，尽管国家立法权是最重要的国家权力，但并不意味着它是终极的权力，因为它毕竟是国家主权的一种体现，要决定于人民主权。

三是立法权是立法主体享有的整体性的国家权力。以我国的国家立法权为例，从静态的角度看国家立法权包括法律的制定权、修改权、补充权、废止权、撤销权和解释权等，相应权力也可以称为立法的实体性权力；从动态的角度看国家立法权包括立法提案权、立法审议权、立法表决权和法律公布权以及立法调查权、立法听证权等，相应权力也可以称为立法的程序性权力。全国人大及其常委会作为立法主体，享有制定基本法律和法律的完整立法权。也就是说，无论是静态的或实体的国家立法权，还是动态的或程序的国家立法权，全国人大及其常委会都有权行使。其他立法主体，尽管在制定法律的过程中可能也享有某些权力，例如国务院享有立法提案权但是没有其他的权力，因而权力是不完整的，所以国务院不被认为是制定法律的立法主体。但是，在制定行政法规的过程中，国务院的立法权却是完整的，享有提出行政法规案、审议行政法规案、决定行政法规案和公布行政法规等项权力。

二、专门立法机关

立法机关是立法主体中最重要的一种类型。立法机关（狭义）是指依法行使立法权，制定、认可、修改、解释、补充或改变法律的国家代议机关，通常指议会或代表机关。我国立法机关是人民代表大会及其常务委员会。国家行政机关、监察机关、审判机关、检察

---

① 朱力宇、叶传星主编：《立法学》，中国人民大学出版社2015年版，第90页。

机关都由人民代表大会产生，对它负责，受它监督，因此在我国人民代表大会及其常设机构又称为权力机关。宪法规定全国人民代表大会是我国的最高权力机关。

（一）我国立法机关的设置

立法机关的设置由现行《宪法》《地方组织法》《立法法》等法律规定。我国的立法机关从级别上可以分为中央立法机关和地方立法机关。中央立法机关即我国最高权力机关，是全国人民代表大会及其常务委员会，有权制定法律。地方立法机关在 2015 年《立法法》修改中改变较大，在地方立法制度中实施了三十余年的"较大的市"立法模式由"设区的市"代替，弥合了地方立法权意义上的"较大的市"同"设区的市"之间外延上的错位，消解了"设区的市"之间地方立法权的不平等配置。① 目前，我国的地方立法机关包括有权制定地方性法规的省、自治区、直辖市以及设区的市、自治州的人民代表大会及其常务委员会。设区的市以外的其他市、县、乡一级人民代表大会及其常务委员会虽然也是权力机关，除法律另有规定外原则上没有地方立法权，不属于立法机关。此外，自治区、州、县的人民代表大会是制定自治条例和单行条例的特殊地方立法主体。2015 年 3 月 15 日第十二届全国人民代表大会第三次会议通过的全国人民代表大会《关于修改〈中华人民共和国立法法〉的决定》指出："广东省东莞市和中山市、甘肃省嘉峪关市、海南省三沙市，比照适用本决定有关赋予设区的市地方立法权的规定。"2023 年 3 月 13 日，第十四届全国人民代表大会第一次会议通过的全国人民代表大会《关于修改〈中华人民共和国立法法〉的决定》指出："海南省儋州市比照适用《中华人民共和国立法法》有关赋予设区的市地方立法权的规定。"自此，几个不设区的地级市的地方立法权限问题得到明确。

（二）我国立法机关的组成

根据现行《宪法》和相关法律规定，立法机关主要由人民代表大会及其常务委员会、专门委员会以及工作委员会、法制委员会以及法制工作委员会组成。人民代表大会召开全体会议期间还设有主席团，主席团是人民代表大会会议期间的集体性领导机构。人大常委会是人民代表大会的常设机关，是权力机关的一部分，由本级人民代表大会选举产生，对本级人民代表大会负责并报告工作。

全国人民代表大会设立民族委员会、宪法和法律委员会、监察和司法委员会、财政经济委员会、教育科学文化卫生委员会、外事委员会、华侨委员会、环境与资源保护委员会、农业与农村委员会、社会建设委员会和全国人民代表大会认为需要设立的其他专门委员会。地方人大也设有相应的专门委员会。各专门委员会大多是相关领域的专家或代表，

① 郑磊、贾圣真：《从"较大的市"到"设区的市"：地方立法主体的扩容与宪法发展》，载《华东政法大学学报》2016 年第 4 期。

负责研究、审议和拟订有关议案，对属于本级人民代表大会及其常务委员会职权范围内并同本委员会有关的问题，进行调查研究，提出建议。

立法机关的组成人员，在我国为人大代表。就代表资格而言，年满 18 周岁且享有政治权利的公民，都享有选举权和被选举权。就代表的产生而言，除县、乡两级人民代表大会由选民直接选举产生外，其他各级人大代表都是由下级人大间接选举产生，即由下级人大组成选举单位，选举产生出上一级人大会议的代表。根据《选举法》规定，全国人大代表的名额不超过三千人。代表名额的分配方式有两种，一是地域代表和职业代表相结合，二是根据实际情况决定和分配。地方各级人大代表的产生是根据当地人口基数、人口增长、民族因素等情况进行综合考量。

（三）我国立法机关的职权

1. 全国人民代表大会的职权

根据我国现行《宪法》《全国人民代表大会议事规则》《立法法》的规定，全国人民代表大会的职权包括：

（1）立法权。包括修改宪法，监督宪法的实施，制定和修改刑事、民事、国家机构和其他的基本法律，授权全国人大常委会制定相关法律。

（2）人事任免权。全国人大选举全国人大委员长、副委员长、秘书长和委员；选举国家主席和副主席；根据国家主席提名，决定国务院总理人选；根据国务院总理提名，决定国务院副总理、国务委员、各部部长、各委员会主任、审计长和秘书长人选；选举中央军委主席；根据中央军委提名，决定中央军委副主席和委员；选举国家监察委员会主任；选举最高人民法院院长和最高人民检察院检察长。以上人员，全国人大有权依照法定程序予以罢免。

（3）重大国事决定权。包括审查和批准国民经济和社会发展计划及计划执行情况的报告；审查和批准国家预算和预算执行情况的报告；批准省、自治区、直辖市的建置；决定特别行政区的设立及制度；决定战争与和平的问题等。

（4）监督权。包括改变或者撤销全国人民代表大会常务委员会不适当的决定；听取和审议全国人大常委会、国务院、最高人民法院和最高人民检察院的工作报告；运用质询、特定问题调查、罢免等监督手段。

（5）其他应当由最高国家权力机关行使的职权。

2. 全国人大常委会的职权

全国人大常委会是全国人大的常设机关，是在全国人大闭会期间经常行使国家权力的机关，根据我国《宪法》《立法法》的规定，具体行使以下几方面的职权：

（1）关于全国人大组织方面的职权。常委会主持全国人大代表的选举，召集全国人大会议；联系全国人大代表，听取他们的意见，组织他们视察工作；在全国人大闭会期间，领导各专门委员会的工作。

（2）立法权。全国人大常委会行使的立法权包括：解释宪法、监督宪法的实施；制定和修改除应当由全国人民代表大会制定的法律以外的其他法律；在全国人民代表大会闭会期间，对全国人民代表大会制定的法律进行部分补充和修改，但是不得同该法律的基本原则相抵触；解释法律；根据全国人大的授权制定相关法律。

（3）国家重大事务的决定权。在全国人大闭会期间，可以审查和批准国民经济和社会发展计划、国家预算在执行过程中所必须做的部分调整方案；决定国际条约的批准和废除；规定军人和外交人员的衔级制度和其他专门衔级制度；规定和决定授予国家的勋章和荣誉称号；决定特赦等。

（4）人事权。有权任免国家部分高级工作人员：在全国人大闭会期间，可以根据国务院总理的提名，决定部长、委员会主任、审计长、秘书长的人选；根据中央军委主席的提名，决定中央军委其他组成人员的任免；根据国家监察委员会主任的提请，任免国家监察委员会副主任、委员；根据最高人民法院院长的提请，任免最高人民法院副院长、审判员、审判委员会委员和军事法院院长，根据最高人民检察院检察长的提请，任免最高人民检察院副检察长、检察院、检察委员会委员和军事检察院检察长，并批准省、自治区、直辖市人民检察院的检察长的任免；决定驻外全权代表的任免。

（5）监督权。有权监督国务院、中央军事委员会、国家监察委员会、最高人民法院和最高人民检察院的工作；撤销国务院制定的同宪法、法律相抵触的行政法规、决定和命令；撤销省、自治区、直辖市国家权力机关制定的同宪法、法律和行政法规相抵触的地方性法规和决定等。

（6）由全国人大授予的其他职权。

3. 地方人大及其常委会的职权

（1）立法权。省、自治区、直辖市的人民代表大会及其常务委员会根据本行政区域的具体情况和实际需要，在不与宪法、法律、行政法规相抵触的前提下，可以制定地方性法规。设区的市的人民代表大会及其常务委员会根据本市的具体情况和实际需要，在不与宪法、法律、行政法规和本省、自治区的地方性法规相抵触的前提下，可以对城乡建设与管理、生态文明建设、历史文化保护、基层治理等方面的事项制定地方性法规，法律对设区的市制定地方性法规的事项另有规定的，从其规定。设区的市的地方性法规须报省、自治区的人民代表大会常务委员会批准后施行。对于设区的市地方性法规批准制度，理论界一直存有监督属性与半个立法权属性的争议，持有监督属性论者认为省级人大常委会对于设区的市地方性法规的批准权属于上级人大对下级人大立法活动的监督权，在进行审批时不应多审查内容的合理性而应当定位于程序合法性审查，地方性法规在内容规定上是否适当,在立法技术上是否完美,在文字表述方式上是否优美,不应当做过于细致的审查。①半个立法权论者则认为由于省级人大常委会对于设区的市不仅承担了法律规定的合法性审查监督义务,也承担了政治上的合理性监护义务。② 对于省级人大常委会对于设区的市地方性法规的批准权的性质认定需要回到该制度产生的历史条件,批准制度存在的主要原因在于《立法法》授予设区的市地方立法权没有宪法依据,必须借助省级人大常委会的批准行为给予效力背书,弥补立法体制上的这一瑕疵。2018 年《宪法修正案》明确授予设区的市地方立法权,批准制度"半个立法权"属性的现实基础不复存在,回归立法监督属性已成必然③。

(2)重大事务决定权。讨论、决定本行政区域内的政治、经济、教育、科学、文化、卫生、生态环境保护、自然资源、城乡建设、民政、社会保障、民族等工作的重大事项和项目;根据本级人民政府的建议,审查和批准本行政区域内的国民经济和社会发展规划纲要、计划和本级预算的调整方案等。

(3)监督权。包括法律监督和工作监督两个方面。地方各级人大有权听取和审议本级人民代表大会常务委员会的工作报告;听取和审议本级人民政府和人民法院、人民检察院的工作报告;改变或者撤销本级人民代表大会常务委员会的不适当的决议;撤销本级人民政府的不适当的决定和命令;以质询、特定问题调查等方式进行工作监督。地方各级人大常委会有权监督本级人民政府、监察委员会、人民法院和人民检察院的工作;联系本级人民代表大会代表,受理人民群众对上述机关和国家工作人员的申诉和意见;撤销下一级人民代表大会及其常务委员会的不适当的决议;撤销本级人民政府的不适当的决定和命令等。

(4)人事任免权。地方各级人大有权罢免本级人大常委会、监察委员会主任、本级人民政府的组成人员和由它选出的人民法院院长、人民检察院检察长。人大常委会在本级人大闭会期间,决定副省长、自治区副主席、副市长、副州长、副县长、副区长的个别任免;任免人民法院副院长、庭长、副庭长、审判委员会委员、审判员,任免人民检察院副检察长、检察委员会委员、检察员,批准任免下一级人民检察院检察长;省、自治区、直辖市的人民代表大会常务委员会根据主任会议的提名,决定在省、自治区内按地区设立的和在直辖市内设立的中级人民法院院长的任免,根据省、自治区、直辖市的人民检察院检察长的提名,决定人民检察院分院检察长的任免,等等。

4. 专门委员会以及工作委员会的职权

法律、法规调整的领域和内容一般涉及社会生活的方方面面,参与立法工作的各方主

---

① 全国人大常委会法制工作委员会国家法室:《中华人民共和国立法法释义》,法律出版社 2015 年版,第 232 页。

② 廖军权、黄泷一:《提升设区的市立法质量的创新机制:立法点评》,载《地方立法研究》2017 年第 1 期。

③ 侯学勇:《设区的市地方性法规批准制度的宪法回归》,载《政法论丛》2020 年第 6 期。

体尤其是人大代表不可能在军事技术、成本核算、政治策略等所有领域里都成为名副其实的专家。所以，需要将相对专业的立法工作者组合起来，由"专门委员会"来解决专业性问题。目前西方各国立法机关设立的各种委员会一般分为常设的委员会和临时性委员会两种。常设委员会一般为专门委员会，即专门就特定的问题进行初步审议并对相应的政府机关的活动进行监督而成立的委员会。

人民代表大会设立专门委员会。在全国人大设立专门委员会的体制始于1954年《宪法》，1954年《宪法草案（初稿）》第三十条曾规定："全国人民代表大会设立民族委员会、法案委员会、预算委员会、代表资格审查委员会和其他需要设立的委员会。"1982年《宪法》第七十条对全国人民代表大会设立专门委员会及专门委员会组成、职责作了规定，即"全国人民代表大会设立民族委员会、法律委员会、财政经济委员会、教育科学文化卫生委员会、外事委员会、华侨委员会和其他需要设立的专门委员会"。实践中，除《宪法》第七十条列举的6个专门委员会外，全国人大还分别在第七届、第八届、第九届全国人民代表大会上增设了内务司法委员会、环境与资源保护委员会、农业与农村委员会，全国人大专门委员会的总数增至9个。2018年3月，根据中共中央印发的《深化党和国家机构改革方案》，为健全党和国家监督体系，适应国家监察体制改革需要，促进国家监察工作顺利开展，"内务司法委员会"更名为"监察和司法委员会"；2018年现行《宪法》修正，将"法律委员会"改为"宪法和法律委员会"。

常务委员会设立工作委员会。根据《全国人民代表大会组织法》第二十八条规定："常务委员会设立法制工作委员会、预算工作委员会和其他需要设立的工作委员会。工作委员会的主任、副主任和委员由委员长提请常务委员会任免。"目前全国人大常委会设立的工作委员会包括：法制工作委员会、预算工作委员会、香港基本法委员会、澳门基本法委员会。专门委员会和工作委员会除了地位和组成方式不同以外，职责也大有不同。专门委员会在代表大会和常务委员会的领导下，研究、审议和拟定有关议案，工作委员会则主要为常委会依法履职提供服务和支撑。

5. 法制委员会以及法制工作委员会的职权

地方设立承担法规案统一审议职能的法制委员会的做法，来源于全国人大设立法律委员会的实践。《立法法》通过后各地相继在2001年成立了负责统一审议的机构，名称多为"法制委员会"。虽然法制委员会也是专门委员会，但比之其他专门委员会，法制委员会地位比较超脱、中立，不与任何政府部门对口联系，不易受部门利益的干扰，且委员会的成员多有一定的法律背景。因此，法制委员会在人大及其常委会的立法乃至整个法制活动中，担负更多也更重要的责任。其他专门委员会负责审议与其相关的法规案，法制委员会则统一审议所有法规案。地方人大常务委员会设立工作委员会的依据是《地方组织法》第五十九条的规定："常务委员会根据工作需要，设立办事机构和法制工作委员会、预算工作委员会、代表工作委员会等工作机构。"目前法制工作委员会内设立法一处、立法二处以及办公室、备案审查等机构，相关具体工作包括：负责立法的规划、综合、协调、研究和法制综合工作，配合市人大法制委员会做好地方性法规案的统一审议。

三、其他立法主体

根据《宪法》《组织法》《立法法》有关规定，我国的立法主体除全国人大及其常委会和地方人大及其常委会外，还包括行政立法主体、军事立法主体、民族自治立法主体以及特别行政区立法主体。另据，2019年《全国人民代表大会常务委员会关于国家监察委员会制定监察法规的决定》，国家监察委员会根据宪法和法律，制定监察法规，由此国家监察委成为立法主体。

（一）行政立法主体

行政机关是国家政权机构中以组织管理行政事务为主要职能的国家机关的总称。自19世纪末20世纪初以来，市场自发调节作用日益显现出难以克服的弊端，政府尤其是行政机关"守夜人"的角色身份难以满足社会需求，人们期待一种更有效的积极行政。因此，现代国家中各国政府一般都行使广泛的行政权力。现代立法活动的日益专业化、技术化，立法机关制定的法律往往只能是较为原则的规定，在很大程度上需要行政机关的立法使之具体化，以便于贯彻实施，行政机关在法律上和事实上均行使着广泛的立法权。

行政机关的立法活动兼具行政和立法的双重性质，一方面，行政机关立法的主要目的是更有效地实施行政管理，所立之法也主要针对行政管理事项，使得行政机关的立法活动属于行政活动的范畴；另一方面，行政机关的立法活动又与行政机关发布行政命令、采取行政措施、作出行政决策等行为相区别，行政机关所立之法具有普遍规范性和抽象性，具有法的效力，并在一定程度上成为司法机关审理案件的依据，因此行政机关的立法又是一国立法体系中的重要组成部分。[①]

在我国，有权行使立法权的行政机关主要包括：其一是国务院。国务院是我国最高国家权力机关的执行机关，同时也是中央人民政府，即最高行政机关。为更好地执行最高国家权力机关的意志，领导全国范围内行政事务，国务院有权根据宪法和法律制定行政法规。其二是国务院各部、委、审计署、中国人民银行以及具有行政管理职能的直属机构。上述各行政机关有权根据自身管理权限制定部门规章。其三是省、自治区、直辖市和设区的市、自治州的人民政府。地方各级人民政府属于我国地方国家行政体系的组成部分，是地方各级权力机关的执行机关，可以根据法律、行政法规和本省、自治区、直辖市的地方性法规，制定规章。

（二）国家监察委员会

2019年10月26日《全国人民代表大会常务委员会关于国家监察委员会制定监察法规

---

① 徐向华主编：《立法学教程》，北京大学出版社2017年版，第99页。

的决定》通过，国家监察委员会被赋予监察法规制定权。2021 年 9 月 20 日，国家监察委员会发布公告，公布《中华人民共和国监察法实施条例》，自 2021 年 9 月 20 日起施行。考察我国现有规范文本，监察法规制定权在《宪法》中尚未有规定，但在 2023 年最新修订的《立法法》中进行了规定，属于新赋权限。监察法规制定权之赋予，涉及立法主体扩容、立法体制变更，因此产生了赋权是否合理，以及后续如何在规范层面明确监察法规的地位，在宪法和法律层面为其确定规范依据等一系列问题。根据我国立法权扩容的惯例和现实考量，监察法规制定权的规范依据应遵循《立法法》初步确认、《宪法》最终确认的路径。① 而在 2023 年最新修订的《立法法》中也确实对监察委员会的监察法规制定权进行了初步的确认。《立法法》第一百一十八条明确规定："国家监察委员会根据宪法和法律、全国人民代表大会常务委员会的有关决定，制定监察法规，报全国人民代表大会常务委员会备案。"该规定中肯定了国家监察委员会的监察法规制定权，但对地方监察委员会的制定权和相关授权问题暂未作出规定。目前，学界对于国家监委应当有权制定监察法规已经达成共识，但对于应否授权地方监委制定监察规章或其他监察规范则各持己见。肯定论者多持有有限肯定的观点，仅赞成授权省级监委制定监察规章，而否定省级以下监委的立法权，认为"监察立法权暂时不宜过度下放，省级以下监察委员会不宜被赋予监察立法权。无论是从党内法规制定主体来看，还是从立法现实来看，省级以下监察委员会都欠缺必要的立法基础"②。否定论者则认为监察机关的立法权仅被赋予国家监委，其他各级监察机关均不可制定监察法规。但是在实践之中，国家监委和地方各级监委已经开始制定有关监察规范。以特约监察员制度为例，相当数量的地方各级监委制定了相关工作办法。③对于监察法规的制定权限、监察机关立法权的纵向配置等监察体制改革中的各种法治问题都需要理论上的进一步探讨和相关法律法规的适时修订予以回应。

（三）军事立法主体

军事立法主体，是指有权制定、修改和废止军事法律规范的国家机关。④ 军事立法主体是军事立法体制的基本问题之一，对其含义可以从三个方面来理解：第一，从与军事立法权的关系上看，军事立法主体是军事立法权的载体。第二，从与军事立法活动的关系上看，军事立法主体是所有军事立法活动的承担者和运行者。第三，从与军事立法理论、军事立法意识、军事立法技术的关系上看，军事立法主体是一切军事立法理论的实践者，是

---

① 宋方青、张可：《国家监察委员会监察法规制定权：权限范围与制度构建》，载《湘潭大学学报（哲学社会科学版）》2021 年第 4 期；聂辛东：《国家监察委员会的监察法规制定权限：三步确界与修法方略》，载《政治与法律》2020 年第 1 期。

② 冯铁拴：《国家监察立法体系化论析》，载《西南政法大学学报》2019 年第 1 期。

③ 王建学：《监察机关立法权纵向配置研究——基于地方试点的视角》，载《四川师范大学学报（社会科学版）》2020 年第 5 期。

④ 赵晓冬著：《军事立法理论与实务》，军事科学出版社 2016 年版，第 40 页。

一切军事立法意识、立法意图和立法目的的实现者，是一切立法技术的采纳、运用和实行者。① 1982 年《宪法》规定了中央军事委员会"领导全国武装力量"，这确定了由中央军委行使军事立法权。2000 年《立法法》第九十三条规定："……军事法规、军事规章的制定、修改和废止办法，由中央军事委员会依照本法规定的原则规定。" 2003 年中央军事委员会发布了《军事法规军事规章条例》对各军事立法主体的权限进行了划分。根据 2015 年修订的《立法法》，中央军事委员会的立法权限并未作变动。2017 年中央军事委员会发布《军事立法工作条例》明确规定了中央军委、战区、军兵种、军委机关部门等主体的军事立法权限，《军事法规军事规章条例》由此失效。2013 年十八届三中全会审议通过《中共中央关于全面深化改革若干重大问题的决定》，将推动军民融合深度发展作为深化国防和军队建设改革的重要内容，提出"在国家层面建立推动军民融合发展的统一领导、军地协调、需求对接、资源共享机制"。2023 年，对《立法法》再次修订，其对中央军事委员会的立法权限仍然未作变动，但具体制定军事规章的主体已经发生了细微的变化。按照我国新修订的《立法法》的规定，军事立法活动中享有军事立法权的军事机关主要包括：中央军事委员会，中国人民解放军各战区、各军兵种，中国人民武装警察部队。

（四）民族区域自治立法主体

民族区域自治制度是我国的一项基本政治制度，《宪法》赋予民族区域自治地方、自治州、自治县的人民代表大会行使立法权，制定自治条例或单行条例，且可根据本民族区域的特点行使变通权。民族自治地方的变通立法在学理上存在属性争议，主要存在"职权立法说""授权立法说""兼具说"，争议焦点为变通立法权是基于职权还是来自中央授权。"职权立法说"认为民族自治地方变通立法权是宪法和法律赋予自治地方的基本权和固有权，无须再进行授权。"授权立法说"认为变通立法权源自特定机关或特定法律基于某种需要的授权，因此以有效授权为前提和基础。"兼具说"认为民族自治地方变通立法兼具职权立法和授权立法两种性质，其中职权性立法权主要是指国家依据《宪法》《民族区域自治法》《立法法》等法律赋予我国民族自治地方人民代表大会制定自治条例和单行条例的权利；而授权性立法变通权主要是针对《立法法》第十一条列举的"法律保留"的事项。②

（五）特别行政区立法主体

根据《中华人民共和国香港特别行政区基本法》的有关规定，香港特别行政区立法会议员每届 60 名，主要由在外国无居留权的香港特别行政区永久性居民中的中国公民经选

---

① 许江瑞、赵晓冬著：《军事法教程》，军事科学出版社 2003 年版，第 24~25 页。

② 张佩钰：《我国民族自治地方变通立法权的法理属性探析》，载《贵州民族研究》2018 年第 2 期。

举组成。除第一届任期为 2 年外，每届任期 4 年。立法会主席由年满 40 周岁在香港居住满 20 年并在国外无居留权的香港特别行政区永久性居民中的中国公民担任，并经立法会议员互选产生。据《中华人民共和国澳门特别行政区基本法》的有关规定，澳门特别行政区立法会议员由澳门特别行政区永久性居民担任，多数议员由选举产生，少数通过行政长官委任产生。

四、立法的重要参与者

立法主体是依法拥有独立立法权，制定、修改、补充、废止一定范围内的法规、规章的国家机关。由于现代化立法的专业化、民主化、科学化和人性化，在立法过程中，还有很多建言献策、表达诉求的社会组织、团体的参与，可将相应社会组织、团体称作立法的重要参与者，大致可分为以下几类。

（一）执政党

《宪法》序言规定："中国……的成就，是中国共产党领导中国各族人民……取得的。中国各族人民将继续在中国共产党的领导下……"2000 年出台的《立法法》在总则第三条中对立法应当坚持四项基本原则作了规定，即"立法应当遵循宪法的基本原则……坚持中国共产党的领导……坚持改革开放"，强调了中国共产党是中国特色社会主义事业的领导核心，加强党的领导是加强民主法治建设、做好立法工作的根本保证。中共十八届四中全会决定明确将党的领导与国家法治建设联系在一起，解决了关于"依法执政"与"依法治国"关系中"党领导立法"的法理问题。《中共中央关于加强党领导立法工作的意见》明确了立法工作要坚持党的领导，中共十九大报告提出必须把党的领导贯彻落实到依法治国全过程和各方面，并坚持全面从严治党、制度治党，这指明了党领导立法必须规范化的价值取向。在立法中坚持党的领导主要表现在两个方面：一是把握政治方向，二是提供政治、思想和组织保障。① 具体包括以下途径：其一是通过中央委员会特别是中共中央政治局来对全国人大施加影响。这种影响主要是通过党的高层核心成员兼任人大最高领导来实现的；其二是通过在全国人大内设立执政党党组织对全国人大施加影响。执政党在人大内的党组织在全国层面上由委员长、有党员身份的副委员长和秘书长组成；其三是通过立法机关中党员的优势地位影响立法活动，党员在人大代表和人大各组织机构中起主导作用的常委会中的构成比例大幅上升，人员数量优势可以保证在立法中体现执政党的意志和利益，从而保证执政党把党的意志上升为国家法律；其四是在立法过程中施加影响。由于执政党领导立法体现在制度、组织以及人员构成各方面，因此执政党可以在立法过程的任

---

① 朱景文：《关于党领导立法的几点思考——在"习近平关于全面依法治国思想研讨会"上的主题发言》，载中国法学网，https：//www.chinalaw.org.cn/portal/article/index/id/16287/cid/，最后访问日期：2023 年 10 月 2 日。

何环节施加自己的影响；其五是党的施政方针政策和阶段性路线对立法有着决定性的影响；其六是通过执政党主持的政府影响立法。如，在我国由立法机关制定的法律文书中，国务院提出的立法比例已高达 70%，政府部门在立法规划中申报的项目已经占到 90% 以上，政府是执政党主持的，自然而然也能体现执政党的意志。①

（二）参政党

中国共产党领导的多党合作制度和政治协商制度是独具中国特色的政党制度，以"共产党领导、多党派合作，共产党执政、多党派参政"为显著特征。在此制度框架中，"中国共产党是社会主义事业的领导核心，是执政党。各民主党派是各自所联系的一部分社会主义劳动者和一部分拥护社会主义的爱国者的政治联盟，是接受中国共产党领导的，同中国共产党通力合作、共同致力于社会主义事业的亲密友党，是参政党"，民主党派作为参政党，参政的基本点是"参加国家政权，参与国家大政方针和国家领导人选的协商，参与国家事务的管理，参与国家方针、政策、法律、法规的制定执行"，从整体上就决定了其在我国立法中的地位与作用。我国各民主党派在立法中的地位与作用主要体现在以下几个方面：其一是作为人大代表或人大常委提出法律议案。民主党派成员和无党派人士在各级人大和人大常委会中，以人大代表或人大常委的身份享有向本级人大及其常委会提出法律议案的权利。其二是作为政协代表参政议政提出立法建议。各民主党派和无党派人士在政协履行政治协商、参政议政和民主监督三大职能过程中，提出立法建议，促进国家法律、法规体系的逐步完善。其三是作为受邀组织、专家参加座谈提出立法意见。按照《立法法》第三十九条的规定，在法律草案的审查中"应当广泛听取各方面意见"，"听取意见可以采取座谈会、论证会、听证会等多种形式"，常委会工作机构应将法律草案发送有关机关、组织和专家征求意见"，因此民主党派组织或民主党派中的专家学者可能受邀参加座谈或论证。②

（三）人民团体

人民团体是一个政治概念，在中央和地方的大量红头文件里出现，同时也是一个法律概念。1982 年《宪法》在序言中指出："社会主义的建设事业必须依靠工人……有各民主党派和人民团体参加的……爱国统一战线……中国人民政治协商会议是有广泛代表性的统一战线组织……"按照宪法规定，"人民团体"是"参加爱国统一战线"的团体，"中国政治协商会议是广泛代表性的爱国组织"。2015 年中共中央印发的《关于加强和改进党的群团工作的意见》等中央文件文本进行论证，区分了人民团体、社会团体以及群众团体的概念，认为政治性是人民团体的最核心属性，人民团体应指的是政协章程规定界别的工

---

① 谢勇主编：《地方立法学》，法律出版社 2019 年版，第 78~80 页。
② 谢勇主编：《地方立法学》，法律出版社 2019 年版，第 78~80 页。

会、共青团、妇联、科协、侨联、台联、青联、工商联。现行《宪法》虽然没有对人民团体参与立法作出直接规定，但从宪法基本原则、《宪法》序言对于人民团体的描述以及《宪法》正文对于国家性质的规定看出，人民团体参与立法是具有宪法依据的。具体包括以下方面：其一是宪法基本原则提供的依据。如，人权保障原则，我国《宪法》规定的公民基本权利，包括公民有参与国家政治生活的权利和自由、公民的人身权利和信仰自由、公民在社会经济文化方面的权利等。人民团体本身代表的大多是工人、农民、妇女、青少年等弱势群体以及台胞、华侨等少数群体利益，坚持人民团体参与立法，某种程度上就是在立法领域坚持人权保障原则。其二是宪法序言提供的依据。如，1982 年《宪法》序言将人民团体纳入爱国统一战线，纳入政治协商制度，使人民团体在参政议政中具有宪法依据，而参与立法是参政议政的重要表现形式之一。其三是《宪法》文本提供的依据。如，1982 年《宪法》第一条规定了我国的人民民主专政的国家性质，人民团体所代表的利益群体，与宪法规定的国家性质吻合，要保障工人阶级领导、工农联盟为基础的人民民主专政，当然要保障其所在的利益团体——人民团体，可以参与到国家政治生活中，包括参与到立法中。当然，人民团体参与立法不仅有《宪法》上的依据还有法律、其他规范性文件提供的依据。

(四) 公众

公众参与是近年来世界范围内兴起的一种颇有成效的民主形式。英语中，公众参与有"political participation" "public involvement" "public or citizen engagement" 等。"political participation" 是传统用法，更多带有政治参与的意味。引申开来，是指成员直接参与决策过程，分享组织的决策权力。"public involvement" 在美国是从 20 世纪 60 年代"新公民参与运动"开始使用，强调公众的参与权利。"public or citizen engagement" 强调公民在众多事务上和政府的合作、共同管理权。① 按照《现代汉语词典》的解释，公众参与又称公民参与或公共参与，是指有参与愿望的公民通过一定的途径试图影响公共政策和公共生活的一切活动。为了便于理解"立法公众参与"，需对公民参与和公众参与进行详细的辨析和区分："公民参与"（citizen participation）强调的是参与主体的权利，是指公民作为个体参与民主政治或者决策活动，此种参与是赋予政治过程正当性的基础；"公众参与"（public participation）强调的是参与事务的公共性，主要是指个人和组织参与公共事务决策活动。② 从立法主体上探讨公众参与，显然是强调参与主体的权利而不是参与事务的公共性；且公众参与的内涵和外延要大于公民参与，不仅包括公民还包括有关机关、人民团体和社会组织，既包括本国公民，也包括境内的外国人；同时公众参与概念还突出了参与的

---

① ［美］约翰·克莱顿·托马斯：《公共决策中的公民参与：公共管理者的新技能与新策略》，孙柏瑛等译，中国人民大学出版社 2005 年版，第 10 页。

② 王锡锌：《利益组织化、公众参与和个体权利保障》，载《东方法学》2008 年第 4 期。

"公共性"。当前我国立法过程中的参与，应当从"公民"参与走向"公众"参与。①

【事例分析】

一、区域协同立法的内涵

区域协同立法属于一种立法主体行使立法权的立法工作新样态，目前在实践中得到广泛的运用。在相关术语使用上存在着"地方立法协调""区域立法合作"等多种表述方式，抽象的概念内涵也尚未形成一致性的表述。地方立法协调是指称"区域发展和治理中有关各方所采取的各种立法合作与协调行为"②，区域立法合作强调"立法主体在立法过程中进行信息的交流交换式的沟通"③。虽然术语表达方式多样，但究其本质都是强调多元立法主体在立法过程中沟通协商。

区域协同立法概念规范释义的第一层面是由"协同"一词阐发其中所包含的立法主体之间协商沟通的意涵。区域协同立法内涵的第二个层面则需要落脚在"立法"一词上，区域协同立法是一种立法活动，其应当是依据法律规定由法定的立法主体通过立法程序制定规范性法律文件的整个过程和结果。区域协同立法内涵的第三个层面是对于"区域"一词的理解，"区域"一词不仅不能等同于《中华人民共和国宪法》第三十条中的行政区划，而且往往都呈现出跨行政区划的空间特征。

综上所述，区域协同立法是指某区域内两个或者两个以上的人大及其常委会、政府作为协同立法的主体，对区域内立法权交叉的共同事项在平等协商的基础上达成一致意见，分别依据自身的立法权限在本行政区域内制定实质内容一致的法律文件，并相互承认法律效力的一种立法活动。区域内各立法主体拥有平等的立法地位，在平等协商的基础上，依照立法权限进行立法。本质上是"各地方在立法权限范围内各自进行立法的活动，只是在立法内容等方面加入了协商的因素"④。

二、区域协同立法的主体和性质

在特定的行政区划内部立法主体是明确的，但是在区域协同立法中由于协同立法的跨区域性，其立法主体和立法参与者数量多，层次复杂。目前，对于立法主体的争议则主要集中在人大和政府的关系方面。在现实中，协同立法主体有三种常见表现形式：其一是地方人大与地方政府共同构成区域立法主体。即地方性法规侧重自主性和创制性，而地方政府规章侧重于相应解释性或执行性立法。其二是基本依靠政府推动。如东北三省 2006 年

---

① 黄洪旺：《公众立法参与研究》，福建人民出版社 2015 年版，第 23 页。
② 陈光：《"大立法"思维下区域地方立法协调的困境与反思》，载《湖湘论坛》2017 年第 3 期。
③ 戴小明、冉艳辉：《区域立法合作的有益探索与思考——基于〈西水河保护条例〉的实证研究》，载《中共中央党校学报》2017 年第 2 期。
④ 陈雪珍：《粤港澳大湾区协同立法的困境与出路》，载《地方立法研究》2020 年第 4 期。

签订的《东北三省政府立法协作框架协议》的协作主体就是东北三省政府。其三是地方人大及其常委会之间开展区域协同立法，通过联席会议等多种沟通协商机制加强立法信息的互通，对于区域内关联事项进行共同协商，在寻求最大公约数的基础上分别制定地方性法规。如湘西州与恩施州合作制定《酉水河保护条例》的立法主体就是两州的人大常委会。

　　不同的立法主体，在区域协同立法中发挥作用并不完全相同，实践中可以根据区域协同立法事项的差别，选择不同的立法主体进行立法，以实现区域协同立法的目标和任务。由于区域协同立法涉及的利益主体多元、需要权衡的利益关系复杂，在立法中需要更畅通的意见表达渠道、开门立法、在各种立场、观点的博弈中取得最大公约数，形成最大的规范合力，所以区域协同立法中存在众多的立法参与者。以《酉水河保护条例》协同立法为例，立法参与者包括接受委托起草草案的湖北民族大学（原湖北民族学院）、湖南吉首大学，联席会议上的专家学者，草案公开征求意见中参与的公众，等等。立法活动的参与主体虽然不直接行使立法权，并且只作用于立法过程中的某一环节，但是在立法过程中也充分发挥了主观能动性，对于两州最后通过并发布《酉水河保护条例》发挥了重要的积极作用。

　　在此复杂语境中，区域协同立法的性质自然而然地产生。目前，主要有两种不同的观点，一是认为区域协同立法是区域性立法机构进行立法的一种新的立法体制；二是认为区域协同立法是在现有立法体制下由区域内各立法主体以协同的方式展开地方立法的一种新的立法机制。具体而言可以区分为：立法体制说和立法技术说。立法体制说认为区域协同立法应当设立有别于传统意义地方政府的功能较为单一或有限的区域政府，通过"建立区域统一的立法机构"或"区域政府发展协调机构"作为区域立法主体突破了现有中央和地方立法权的设置规则，创设了新的立法主体和权限，重新分配了中央和地方的立法权，是一种立法体制的创新。立法技术说认为区域协同立法仅涉及地方立法权的行使方式的创新，有学者认为区域协同立法是指"两个或两个以上立法主体按照各自的立法权限和立法程序，根据立法协议，对跨行政区域或跨法域的法律主体、法律行为或法律关系等法律调整对象分别立法，相互对接或承认法律调整对象法律效力的立法行为"。①

　　对于区域协同立法的性质界定应当在现有的宪法法律框架之中展开，此为法治的内在要求。现行《宪法》和《立法法》以及其他单行法律中均未授予某一超越行政区划的特定主体制定地方性法规或地方政府规章的权力。在2023年最新修订的《立法法》第八十三条明确规定："省、自治区、直辖市和设区的市、自治州的人民代表大会及其常务委员会根据区域协调发展的需要，可以协同制定地方性法规，在本行政区域或者有关区域内实施。省、自治区、直辖市和设区的市、自治州可以建立区域协同立法工作机制。"对区域协同立法工作机制进行了简要的规范和说明，但并没有创设新的立法主体或"区域政府"。从现有的立法实践来看，各区域的协同立法也是在现有立法框架下进行分别立法。由此可

---

① 贺海仁：《我国区域协同立法的实践样态及其法理思考》，载《法律适用》2020年第21期。

见，区域协同立法并非也不能是打破现有宪法法律框架从而创设出的一种新的立法体制，应当定位为一种在现有"一元两级多层次"的立法体制下的一种新的地方立法协调机制。是故，立法技术说更具有合理性。①

三、区域协同立法的合宪性与合法性分析

根据现行《宪法》规定，立法主体的立法权以行政区划为边界；而根据2023年最新修订的《立法法》第八十三条的规定，区域协同立法工作机制已经得到了肯定。同时，随着全国多地区域协调发展战略的深入推进，对于形成合力规范处理区域内关联性事项的需求迅速扩张，致使出现了大量的区域协同立法的实践样态。对于地方立法主体间开展区域协同立法的合宪合法性存在着否定说和肯定说两种观点。

否定论者从不同的角度阐释了区域协同立法的合宪合法性"空缺"：首先，从国家体制层面进行论证，认为"区域协同立法与我国的单一制国家结构形式、人民代表大会制度的政治体制以及现行的立法体制间存在紧张关系，地方展开的区域协同立法实践是否符合宪法法律的规定尚且存疑"②。其次，一些学者从国家立法权的角度切入，认为"立法权是国家最高权力，任何国家机关行使立法权时必须有宪法法律上的依据"③，有学者就指出"现有宪法框架与法律体系并不能给区域立法协作找出一个合宪性（constitutionality）与合法律性（legality）的依据"④。如果将区域协同立法解释为"第三种立法权"则与我国现有的立法体制不符，由此有观点认为要通过修改法律文本来突破保守的立法适用。⑤但是通过修宪或者修改法律的方式来消解区域协同立法的合宪合法性困境不利于我国法律体系的稳定性，部分论者认为对区域协同立法应当秉承谨慎的态度。⑥

肯定论的第一种进路，是从宪法原则和宪法精神中寻找区域协同立法的合宪与合法理据。2018年对《宪法》的修改中，将"新发展理念"和"科学发展观"写入宪法序言，"科学发展观，第一要义是发展，核心是以人为本，基本要求是全面协调可持续，根本方法是统筹兼顾"。⑦明晰了"协调"作为一种价值目标的宪法地位。另外，从宪法条文来看，《宪法》第三条第四款确定的"积极性原则和主动性原则"和第一百零七条确定的地方政府经济事务职权，保障了地方政府拥有管理本辖区内经济性事务的自主权，地方政府

---

① 吕宁：《区域协同立法的功能定位和模式选择》，载《湖南警察学院学报》2021年第2期。
② 刘松山：《区域协同立法的宪法法律问题》，载《中国法律评论》2019年第4期。
③ 陈建平：《国家治理现代化视域下的区域协同立法：问题、成因及路径选择》，载《重庆社会科学》2020年第12期。
④ 宋方青、朱志昊：《论我国区域立法合作》，载《政治与法律》2009年第11期。
⑤ 宋保振、陈金钊：《区域协同立法模式探究——以长三角为例》，载《江海学刊》2019年第6期。
⑥ 刘松山：《区域协同立法的宪法法律问题》，载《中国法律评论》2019年第4期。
⑦ 胡锦涛：《高举中国特色社会主义伟大旗帜 为夺取全面建设小康社会新胜利而奋斗——在中国共产党第十七次全国代表大会上的报告》。

可以在自主权限内开展区域经济合作，而区域法律治理又是区域经济合作的应有之义，因此，区域法律治理具备宪法依据。① 肯定论的第二种进路，是从功能的角度将区域协同立法融入行为法机制②中寻找理据。有学者指出"在我国现行的《宪法》《立法法》构成的立法体制之下，基于宪法体制的稳定性和实践先行的立法路径，从而促成在实体法上规定区域立法的非现实性"③，主张寻求行为法机制作为区域立法协同的变通策略，实现区域协同立法的效果。如此，即从功能的角度为区域协同立法寻找到合宪合法性的理据。

应当看到，在不突破现有单一制国家结构形式下，区域协同立法有其自身存在的理论、政策和法律依据。结合区域协同立法的功能，关照地方立法队伍不足、提升立法质量的需求来看，应当承认区域协同立法存在的合理性、合法性：一是在内容上，区域协同立法是宪法及相关法律在逻辑层面合理的、必然的扩展与延伸，内置于法律系统之中；二是在结构上，区域立法内嵌于国家法和地方法之间的空缺地带，通过立法实践来弥补理论与现实之间的鸿沟；三是在立法主体主观态度上，立法主体的审慎精神能够将区域协同立法所造成的外部张力对立法制度的冲击降到最低限度。④ 现今，《立法法》对区域协同立法已经作出了简要的规定，可见，承认区域协同立法的合理性、合法性并将其规定在具体的实体法中是完全可行的，这也进一步佐证了区域协同立法的合宪合法性。

【延伸探讨】

行政立法草案审查是指政府法制机构对起草中的行政法规、规章进行审查，提出审查报告和草案修改稿，以阻断起草部门不当利益入法的制度设计。我国《立法法》于 2000 年首次在法律层面规定了行政立法草案的审查制度，《行政法规制定程序条例》和《规章制定程序条例》具体规定了政府法制机构对行政立法草案进行审查的内容和程序。2015 年对《中华人民共和国立法法》修订，《行政法规制定程序条例》和《规章制定程序条例》也相应地于 2017 年完成修订，并于 2018 年 5 月 1 日起施行。2018 年国务院机构改革启动，同年 3 月第十三届全国人大第一次会议批准通过了国务院机构改革方案，决定在国务院法制办公室与原司法部的职责整合基础上重新组建司法部，并不再保留国务院法制办公室的机构建制。2023 年，对《立法法》再次修订，但还是沿袭了 2015 年《立法法》的

---

① 周佑勇、郑毅、高微等：《区域政府间合作的法治原理与机制》，法律出版社 2016 年版，第 172 页。

② 行为法机制是指通过行为法规范实现社会规制并调整行政机关横向关系的内容安排和制度设计。协同本身是一种行为，通过行为的趋同和一致促使各立法主体之间形成稳定有序的行为法机制，从而对现有的编制和机构设置形成有益的补充。参见叶必丰：《行政组织法功能的行为法机制》，载《中国社会科学》2017 年第 7 期；叶必丰：《区域协同的行政行为理论资源及其挑战》，载《法学杂志》2017 年第 3 期。

③ 王小萍：《协同：区域环境立法模式研究》，载《环境保护》2018 年第 24 期。

④ 刘瑞瑞、刘志强：《区域经济一体化视域下的区域立法协同研究》，载《烟台大学学报（哲学社会科学版）》2021 年第 3 期。

行政立法草案审查制度。随着近年来党和国家机构改革全面铺开，各级地方政府法制办公室已和原司法行政机关整合，一同并入新组建的机构。行政立法草案审查的执行部门——政府法制机构被取消，在这种情况下，行政立法草案审查的执行就面临承继问题。

问题提示：

1. 行政立法草案审查机关是否属于立法主体？
2. 机构改革后司法行政机关如何更好承担行政立法草案审查职能？

【课后阅读】

[1] 李雷：《论宪法和法律委员会开展合宪性审查：审查原则与职能分析》，载《地方立法研究》2021 年第 6 期。

[2] 孟卧杰、孙孟原：《法科生关注和参与立法活动问题的实证调查研究》，载《黑龙江省政法管理干部学院学报》2021 年第 4 期。

[3] 曹海晶、吴汉东：《区域发展权视角下的地方协同立法》，载《北京科技大学学报（社会科学版）》2021 年第 1 期。

[4] 封丽霞：《党政联合发文的制度逻辑及其规范化问题》，载《法学研究》2021 年第 1 期。

[5] 黄甫全、曾密成：《人工智能立法：主体、内容与特征》，载《学术研究》2020 年第 11 期。

[6] 陈赛金：《人民团体在法律中的指代范围应符合宪法原意》，载《法学》2020 年第 6 期。

[7] 王晓妹：《行政立法草案的审查及其制度完善》，载《华东政法大学学报》2020 年第 3 期。

[8] 王起超：《从专门到专业：全国人大专门委员会立法职能的理论阐释》，载《地方立法研究》2020 年第 2 期。

[9] 罗清：《中国〈反家庭暴力法〉诞生中的三重叙事》，载《法制与社会发展》2020 年第 1 期。

[10] 王保民、袁博：《美国利益集团影响立法的机制研究》，载《国外理论动态》2020 年第 1 期。

[11] 张恩典：《省市地方立法互动互补的协调性研究》，载《人大研究》2019 年第 12 期。

[12] 姜明坤、蒋亢：《妇女婚姻家庭权利立法保障七十年（1949—2019）：回顾与展望》，载《山东女子学院学报》2019 年第 6 期。

[13] 康晓强：《人民团体与立法协商：功能结构及其限度——以全国妇联参与〈反家暴法〉立法为例》，载《科学社会主义》2019 年第 5 期。

[14] 刘艳丽、徐晓新：《从协商民主视角看社会组织的立法协商——以 X 协会参与〈广

告法〉烟草广告条款修订为例》，载《新视野》2019 年第 4 期。

［15］彭君：《新中国成立 70 年党领导立法的历史变迁》，载《中共中央党校（国家行政学院）学报》2019 年第 4 期。

［16］胡弘弘、靳海婷：《我国暂行法的立法学考察：主体、程序、时效》，载《法学论坛》2019 年第 3 期。

［17］黄学贤、李凌云：《政府法制机构与原司法行政机关整合：动因、问题及对策》，载《苏州大学学报（法学版)》2019 年第 2 期。

［18］柳翠、郑文睿、邓君韬、章群：《新时代地方法学会有序参与并积极促进地方立法质量提升研究》，载《广西社会主义学院学报》2018 年第 6 期。

［19］陈灿：《律师事务所参与地方立法的实践与经验——以〈甘肃省招投标条例〉立法后评估及修订为例》，载《西部法学评论》2018 年第 2 期。

［20］张卉林：《论专家参与在民主立法中的功能定位及制度完善》，载《湖南社会科学》2017 年第 2 期。

［21］张欣：《新媒体、公众参与和压力型立法》，载《河北法学》2016 年第 10 期。

［22］郑磊、贾圣真：《从"较大的市"到"设区的市"：地方立法主体的扩容与宪法发展》，载《华东政法大学学报》2016 年第 4 期。

［23］于兆波：《美国总统的立法否决权及其新现象和对我国的启示》，载《行政法学研究》2015 年第 5 期。

［24］石东坡、余凡：《论"后体系时代"律师的立法参与问题》，载《法治研究》2013 年第 2 期。

［25］许玉镇、李晓明：《论立法民主参与中公众代表的代表性——以行政立法中的行政相对方为例》，载《社会科学战线》2011 年第 7 期。

［26］侯健：《利益集团参与立法》，载《法学家》2009 年第 4 期。

［27］庞正：《代议制立法的有限性及其补正——兼论第三部门的立法参与功能》，载《社会科学》2008 年第 3 期。

专题三　立法权限

【事例介绍】

2001 年年初"行政立法研究组"在应松年教授主持下开始起草行政程序法的框架稿。2002 年年初,《行政程序法框架稿》完成。之后,全国人大常委会法工委多次召开研讨会,对草案进行讨论并征求修改和补充意见。2003 年第十届全国人大常委会立法规划将行政程序法列入研究起草、成熟时安排审议的法律案之中。2003 年 7 月 17 日,重庆市人大常委会和重庆市政府联合委托西南政法大学的有关专家起草《重庆市行政程序条例(草案)》。此为全国范围内第一部地方行政程序条例草案。2005 年 3 月,十届全国人大三次会议期间有代表提出议案,建议尽快制定行政程序法,并就行政程序法的框架、调整范围、主要内容等提出具体意见和建议。此后各次会议都有相关提案提出,行政程序法的制定依然是备受瞩目的论题。2006 年制定行政程序法列入十届全国人大常委会的立法规划,全国人大常委会法制工作委员会已经开始征求意见,进行立法调研。2008 年 4 月 17 日《湖南省行政程序规定》颁布,填补了我国行政程序单独立法的空白,为促进行政机关合法、公正、高效行使职权,保障公民、法人或者其他组织的合法权益提供了坚实的制度支撑。2011 年 5 月 1 日,经国务院批准汕头经济特区范围扩大到全市,开创全国地级市和特区城市行政程序立法先河的《汕头市行政程序规定》于同一天施行。此后几年间,《山东省行政程序规定》《西安市行政程序规定》《海口市行政程序规定》《江苏省行政程序规定》《宁夏回族自治区行政程序规定》等十余部地方立法相继出台,行政程序立法领域呈现出鲜明的"先地方后中央"的特征。目前,地方立法先行先试逐渐成为普遍认可的立法路径,但从立法权限角度看地方能否就行政程序事项先行立法,地方应采取何种方式开展先行立法等问题仍应予以明确。

【法律问题】

    1. 中央立法事项和地方立法事项如何确定?

    2. 地方立法先行先试的范围是什么?

    3. 地方开展试验立法是否可以采用规章的形式?

    4. 如何评价当前《立法法》对地方立法试验期限的规定?

【法条链接】

《中华人民共和国宪法》（2018年修正）

第五十八条 全国人民代表大会和全国人民代表大会常务委员会行使国家立法权。

第八十九条 国务院行使下列职权：

（一）根据宪法和法律，规定行政措施，制定行政法规，发布决定和命令；

……

第一百条 省、直辖市的人民代表大会和它们的常务委员会，在不同宪法、法律、行政法规相抵触的前提下，可以制定地方性法规，报全国人民代表大会常务委员会备案。

设区的市的人民代表大会和它们的常务委员会，在不同宪法、法律、行政法规和本省、自治区的地方性法规相抵触的前提下，可以依照法律规定制定地方性法规，报本省、自治区人民代表大会常务委员会批准后施行。

第一百一十六条 民族自治地方的人民代表大会有权依照当地民族的政治、经济和文化的特点，制定自治条例和单行条例。自治区的自治条例和单行条例，报全国人民代表大会常务委员会批准后生效。自治州、自治县的自治条例和单行条例，报省或者自治区的人民代表大会常务委员会批准后生效，并报全国人民代表大会常务委员会备案。

《中华人民共和国立法法》（2023年修正）

第十四条 授权立法事项，经过实践检验，制定法律的条件成熟时，由全国人民代表大会及其常务委员会及时制定法律。法律制定后，相应立法事项的授权终止。

第八十二条 地方性法规可以就下列事项作出规定：

（一）为执行法律、行政法规的规定，需要根据本行政区域的实际情况作具体规定的事项；

（二）属于地方性事务需要制定地方性法规的事项。

除本法第十一条规定的事项外，其他事项国家尚未制定法律或者行政法规的，省、自治区、直辖市和设区的市、自治州根据本地方的具体情况和实际需要，可以先制定地方性法规。在国家制定的法律或者行政法规生效后，地方性法规同法律或者行政法规相抵触的规定无效，制定机关应当及时予以修改或者废止。

设区的市、自治州根据本条第一款、第二款制定地方性法规，限于本法第八十一条第一款规定的事项。

制定地方性法规，对上位法已经明确规定的内容，一般不作重复性规定。

第八十四条 经济特区所在地的省、市的人民代表大会及其常务委员会根据全国人民代表大会的授权决定，制定法规，在经济特区范围内实施。

上海市人民代表大会及其常务委员会根据全国人民代表大会常务委员会的授权决定，制定浦东新区法规，在浦东新区实施。

海南省人民代表大会及其常务委员会根据法律规定，制定海南自由贸易港法规，在海南自由贸易港范围内实施。

第九十三条 省、自治区、直辖市和设区的市、自治州的人民政府，可以根据法律、行政法规和本省、自治区、直辖市的地方性法规，制定规章。

地方政府规章可以就下列事项作出规定：

（一）为执行法律、行政法规、地方性法规的规定需要制定规章的事项；

（二）属于本行政区域的具体行政管理事项。

设区的市、自治州的人民政府根据本条第一款、第二款制定地方政府规章，限于城乡建设与管理、生态文明建设、历史文化保护、基层治理等方面的事项。已经制定的地方政府规章，涉及上述事项范围以外的，继续有效。

除省、自治区的人民政府所在地的市，经济特区所在地的市和国务院已经批准的较大的市以外，其他设区的市、自治州的人民政府开始制定规章的时间，与本省、自治区人民代表大会常务委员会确定的本市、自治州开始制定地方性法规的时间同步。

应当制定地方性法规但条件尚不成熟的，因行政管理迫切需要，可以先制定地方政府规章。规章实施满两年需要继续实施规章所规定的行政措施的，应当提请本级人民代表大会或者其常务委员会制定地方性法规。

没有法律、行政法规、地方性法规的依据，地方政府规章不得设定减损公民、法人和其他组织权利或者增加其义务的规范。

【基础知识】

一、立法权限的释义

《立法法》多次使用"权限"一词。或用于明确立法主体的权限划分，如《立法法》第二章第一节"立法权限"具体规定了全国人大及其常委会和国务院不同的立法权限；或用于指示立法主体的职权范围，如《立法法》第九十一条规定国务院各部门……可以根据法律和国务院的行政法规、决定、命令，在本部门的权限范围内，制定规章；或用于指示不同类型法律文件的权限范围，如《立法法》第一百零二条规定部门规章之间、部门规章与地方政府规章之间具有同等效力，在各自权限范围内施行。《立法法》中对"权限"一词存在不同面向的应用，显示出立法权限丰富的内涵。

学界对立法权限的研究较为深入，对概念的界定存在多种理解。从主体职权方面界定，强调立法权限是国家立法机关从事立法活动过程中，依照法律可以行使职权的特定范围，强调立法权限与立法主体相联系并由立法主体所决定。[①] 从立法权权能方面界定，认为国家立法权是统一的，属于最高国家权力机关，但立法权可分为所有权与使用权，我国

---

① 高国彬主编：《国家权力机关工作研究》，湖北人民出版社1998年版，第94页。

立法权归属于全国人大及其常委会所有，其他立法主体不同程度享有立法使用权。① 从立法权范围方面界定，指出 "一个主权国家中现行全部有关需要通过立法方式加以调整、控制和规范的事项的权力范围，即立法主体行使立法职权的权力限度和内容范围"。② 上述概念虽侧重不同，但都表达了立法权的限度内涵，即立法主体 "能在多大范围内行使立法权，应当在多大范围内行使立法权，事实上在多大范围内行使立法权的问题"。③ 限度是立法权限概念构成的基本要素。立法权限实际上关涉立法权的限度问题。

从立法权外部看，立法权作为国家权力应受到宪法和法律的限制。立法权是国家权力体系中最重要的权力，是一国实现法治的前提，更需要受到严格的限制，否则在立法的威权之下，难以言说一国已经建立起保护民权的民主制度。④ 因为不受限制的权力必然会导致专制和暴政。孟德斯鸠在主张国家的立法、行政、司法三项权力应当分别由三个不同的国家机关去行使的同时，也认识到了权力自身所蕴含的危险性。洛克认为，立法权虽然是一国最高权力，但是立法权不是也不可能是专断的权力。掌握立法权的机关不能以临时专断的命令来统治，而应当以正式公布的有效的法来进行统治，同时立法机关也不能转让立法权，当人民发现立法行为和他们的委托相抵触时，人民仍享有最高权力来罢免或更换立法机关。⑤ 因此，在现代民主国家之中，国家权力必然要受到法律的控制，立法机关或享有立法权的主体不能超过法律规定之范围行使立法权，必须有一定的范围和限度。

从立法权本身看，立法权的限度具体表现在以下方面：在时间维度上，立法权限意味着立法主体应当在一定的时间跨度上行使立法权，以便获得立法权的时限效力。在空间维度上，立法权限是指立法权可以和应当对哪些领域、方面、事项加以调整，不能对哪些领域、方面、事项发挥作用。在表现形式上，立法权限意味着可以制定、修改或变动某部法律、法规和规章。在立法过程中，立法权限意味着能否对立法过程中的提案、立项、审议、表决等内容行使立法权。

在国家权力体系中处于特殊地位的立法权，应具有丰富的内涵、严密的结构以及明确的限度划分，以回应民主法治国家要求。明确立法权限的意义在于：首先，有利于防止立法权的恣意，避免立法的专制擅权。⑥ 立法权是国家权力体系中最重要、最核心的权力，若范围不明确、不确定，极易导致 "借立法之名行侵犯公民权益之实" 现象的发生，破坏法治秩序。其次，有利于明确立法者的立法任务和立法目标，为立法者开展立法活动提供范围和标准，避免立法者超越权限进行立法，保证立法制度平稳运行。复次，有利于监督立法者规范行使立法权，立法权限准确识别立法主体事项范围，为立法者行使立法权提供

---

① 蔡定剑著：《一个人大研究者的探索》，武汉大学出版社 2007 年版，第 102 页。
② 徐向华主编：《立法学教程》，北京大学出版社 2017 年版，第 117 页。
③ 周旺生主编：《立法学教程》，法律出版社 2009 年版，第 205 页。
④ 庞正：《权力制约的社会之维》，载《社会科学战线》2016 年第 2 期。
⑤ ［英］洛克著：《政府论（下篇）》，瞿菊农、叶启芳译，商务印书馆 2016 年版，第 84 页。
⑥ 邓金菊：《立法权限论》，载《江西社会科学》2000 年第 10 期。

合法性判断依据,同时为立法者是否积极履职,防止立法不作为等现象提供判断标准。最后,立法权限是立法制度的重要内容。准确的立法权限划分,能够防止立法主体在职权和职责上的冲突,在明晰立法权责基础上实现立法体制的科学化发展。

二、我国立法权限划分的演变

现行立法体制是极具中国特色的立法体制。从立法权限划分的角度,表现为中央统一领导和一定程度分权的,多级并存、多类结合的立法权限划分体制。这一立法权限划分体制基于特定的经济基础、思想形态、法治状况和地理条件形成,是特定历史条件和具体国情的产物。中央和地方的立法权限划分最能体现我国立法体制的演变过程。中央与地方立法权限变革遵循着特定的逻辑,其经济基础是经济社会发展的客观需要,其思想条件是执政者对权力分立的认识升华,其路径选择是审慎控制的渐进放权,其方式方法是一元多层次的反复探索。① 从整体上看,自中华人民共和国成立,央地立法权限经历了数次分权与集权的交替与融合,表现为以下四个阶段。

(一) 1949—1954 年:立法权限划分经历先松后紧的急剧变化

1949 年颁布的《中国人民政治协商会议共同纲领》作为临时宪法,在遵循"既有利于国家统一,又利于因地制宜"原则的基础上,对中央人民政府与地方人民政府之间的职权进行了划分,但没有明确立法权的划分。数月后,中央人民政府政务院制定了《大行政区人民政府委员会组织通则》和《省、市、县人民政府组织通则》,明确规定各级政府有权拟定有关暂行法令、条例或单行法规,并需要报上级人民政府批准或备案。这一时期的立法权限划分,先以《共同纲领》对央地政府职权划分为依据,后由"两个通则"对立法权限配置具体展开,使得大行政区以及省、市、县人民政府都可以行使立法权,符合依法立法的要求。由于没有进一步明确地方立法权限范围,各地在不违背上级法令的前提下,在事实上开展了诸多方面的立法活动,呈现出地方立法主体多元化的特点。地方立法权限来源于中央授权,地方主体作为被授权者,获得立法者的合法地位。

1954 年第一届全国人民代表大会通过的《中华人民共和国宪法》规定,由党中央统一行使国家立法权,全国人民代表大会是行使国家立法权的唯一机关,有权修改宪法、制定法律,全国人大常委会负责解释法律、制定法令,同时取消了一般地方享有的法令、条例拟定权,仅规定民族自治地方有权制定自治条例、单行条例。不过,地方各级人民代表大会和地方各级人民委员会仍被赋予了通过和发布决议的权限。1954 年通过的《中华人民共和国地方各级人民代表大会和地方各级人民委员会组织法》规定地方各级人民代表大会有权通过和发布决议,甚至包括乡、民族乡、镇人民代表大会。从规范层面看,地方立

① 代水平:《建国以来我国地方立法权限变革的历程、逻辑与经验》,载《深圳大学学报(人文社会科学版)》2019 年第 5 期。

法权限被全面收缩。实际上，发布决议和命令的实践效果与制定法令或条例无异，① 造成地方立法实践偏离了规范层面的限制，也说明了规范层面未能满足地方层面对立法权限的需求。

（二）1955—1978 年：立法权高度集中于中央

根据 1954 年《宪法》及相关宪法性法律的规定，此阶段立法权处于高度集中的状态，即毛泽东主席所称的"立法权集中在中央"。由于全国人民代表大会的会期制度，一般每年只召开一次大会且会期有限，导致闭会期间全国人大难以履行制定法律的职责，因此 1955 年通过了《关于授权常务委员会制定单行法规的决议》赋予全国人大常委会以国家立法权，初步解决了闭会期间全国人大的立法履职问题。

自 1956 年始，全国人大除通过了《1956 年到 1967 年全国农业发展纲要》和 1975 年《宪法》外，没有制定其他法律。全国人大常委会通过的条例、办法仅 10 个。② 即便把 1954—1979 年发布的各种意见、办法、命令等都计算在内，中央立法也只有 1115 件，年均 59 件③。由于错判了当时社会的主要矛盾，指导方针出现严重偏差，法治受到严重破坏，直接造成中央和地方的立法机构都难以正常运转，地方立法活动基本停滞。考察这一阶段的地方立法权限划分情况，在法律文本方面，即便在"文化大革命"期间，1954 年《宪法》仍然存在，相关地方组织法也没有被明确废止，只不过没能正常发挥其应有的作用。在立法实践场景方面，该时期地方主体基本没有任何立法活动，仅有各级政权组织革命委员会发布一些决议和命令的活动。④

（三）1979—2014 年：地方立法权限逐步扩大

随着十一届三中全会的召开，我国进入改革开放时期，经济、政治等各领域开始进行重大调整。在立法权限划分上，重构了中央和地方的纵向权力关系和立法、行政、司法等国家横向权力配置。1979 年第五届全国人民代表大会通过的《中华人民共和国地方各级人民代表大会和地方各级人民政府组织法》规定，省级人大及其常委会享有地方性法规制定权。1982 年制定的《中华人民共和国宪法》确立了中央和地方分别行使立法权限。在中央层面，全国人大及其常委会行使国家立法权，国务院有权制定行政法规；在地方层面，省级人大及其常委会可以制定地方性法规，民族区域自治地方可以制定自治条例和单

---

① 代水平：《建国以来我国地方立法权限变革的历程、逻辑与经验》，载《深圳大学学报（人文社会科学版）》2019 年第 5 期。

② 周旺生：《中国立法五十年（上）——1949—1999 年中国立法检视》，载《法制与社会发展》2000 年第 5 期。

③ 吴大英等：《中国社会主义立法问题》，群众出版社 1984 年版，第 241 页。

④ 代水平：《建国以来我国地方立法权限变革的历程、逻辑与经验》，载《深圳大学学报（人文社会科学版）》2019 年第 5 期。

独条例。

随后《地方组织法》在 1982 年和 1986 年的两次修改中，将地方性法规制定主体范围逐渐扩大到省级政府所在地的市和经国务院批准的较大的市的人大及其常委会。1984 年至 1993 年，国务院先后 4 次批准 19 个城市为"较大的市"，在 2000 年《立法法》中进一步拓展到经济特区所在地的市。地方性法规制定主体总量达到 49 个。

地方立法权限扩大不仅体现在主体数量上，同时体现在立法事项范围上，涵盖了社会生活的诸多领域。1997 年，党的十五大提出依法治国方略，并于 1999 年写入宪法，依法治国当然要依法规范立法权。虽然宪法以及其他有关法律对立法权限的划分、立法程序、法律解释等问题作了原则规定，但不够具体和明确，导致了法制不统一、立法质量参差不齐等问题。对此，2000 年第九届全国人民代表大会第三次会议顺利通过了《立法法》。该法第四章专门就地方性法规、自治条例和单行条例、规章的制定进行了较为全面的规范。这对维护法制统一、提高立法质量发挥了重要作用。在此基础上，浙江、山东等地率先出台了关于如何制定地方性法规、规章的规范性文件，随后几乎所有地方立法权限的省、自治区及"较大的市"都制定了相应的地方立法规范。①

（四）2015 年至今：地方立法权限进一步扩展

随着改革开放的推进，拥有立法权限的"较大的市"普遍享受到了被"赋权"的红利，促使其他经济快速发展、人口和城市规模较大的地方对立法权限的诉求激增。据统计，该时期共计 30 多个城市向国务院提出"较大市"的认定申请。但是自 1993 年以后，国务院再没有扩充"较大的市"的范围，导致较大的市立法权配置的格局一直没有变化。

为了适应我国经济社会发展的需求，2014 年召开的党的十八届四中全会提出赋予设区的市地方立法权，并要求明确地方立法权限和范围。2015 年《立法法》据此进行了修改，赋予了所有设区的市地方立法权，使得拥有地方立法权的地方主体范围扩大了近 5 倍。此外，广东省东莞市、中山市，甘肃省嘉峪关市，海南省三沙市 4 个不设区的市比照适用设区市拥有立法权。随后，这一重大立法体制的调整被 2018 年新修订的《宪法》确认，标志着我国地方立法权限进一步扩展，立法主体数量大大增加，立法权限进一步明确。

从近年来的地方立法实践来看，各地方立法热情高涨，立法数量呈现急剧增长趋势。从 2015 年 3 月《立法法》修改至 2018 年 3 月底，设区的市共制定并被批准的地方性法规达 621 件，其中立法条例 205 件，城乡建设与管理、环境保护、历史文化保护等相关法规共 413 件。② 目前，设区的市的立法权限在理论上仍有许多亟待阐明之处，如省与设区的

---

① 代水平：《建国以来我国地方立法权限变革的历程、逻辑与经验》，载《深圳大学学报（人文社会科学版）》2019 年第 5 期。

② 毛雨：《设区的市地方立法工作分析与完善》，载《中国法律评论》2018 年第 5 期。

市之间的立法权限划分的问题①，设区市立法事项中的"城乡建设与管理"的界定问题等。②

三、中央立法机关立法权

（一）中央立法机关立法权的含义与特征

中央立法机关立法权指一国中央一级议会或代表机关行使的立法权。③ 它主要具有以下特征：

第一，中央立法机关立法权的权限涵盖一国最重要的法律事项，具有全局性和基本性。公民的基本权利、政治、经济、军事、文化、外交等各个重要方面的事项都需要中央立法机关通过宪法和法律的形式进行统一规定。

即使在采用联邦制的美国，各州均有各自宪法或者宪法性法律的前提下，涉及整个国家最基本和最具重要性的立法事项，如国防、外交等，各州立法不能染指属于中央立法机关的立法权限。需注意的是，其他主体虽不能僭越中央立法机关的立法权限，但并不意味着中央立法机关的立法活动不允许其他地方立法主体参与。参与立法活动和行使立法权是不同层面的概念。

第二，中央立法机关出台的法律以国家的名义在全国范围内统一实施。特别在单一制国家中，中央立法机关所制定的法律必然要在全国范围内实施。在我国多层级的立法体制下，地方立法主体虽行使立法权，也必须服从中央的统一立法。在联邦制国家同样如此。尽管联邦各成员拥有较大的立法权限及法律体系，但是由中央立法机关制定的法律，在全国范围内皆具有法律效力，应予以实施。总之，中央立法机关行使立法权，以整个国家的名义规范国家、社会和公民生活的各方面，集中代表整个国家的意志。

第三，中央立法机关立法权在立法权体系中居于最高地位。中央立法机关行使立法权制定的宪法和法律，在一国的法律体系中具有高于其他规范性文件类型的法律效力，且在通常情况下可成为其他立法主体制定规范性文件的立法依据和立法基础，其他规范性文件不得与之相抵触。

第四，中央立法机关创制的立法通常较为原则，需借助下位阶立法进行补充和细化。中央立法机关的立法应当在全国范围内统一适用，但是在一国范围内，尤其在较大范围的国家中，中央立法机关的立法在地方实施的过程中也需要进行适当调整，否则就会面临立法实施的困境。究其原因在于：一方面，由于社会事务的日益繁杂和新兴事物的层出不

---

① 程庆栋：《论设区的市的立法权：权限范围与权力行使》，载《政治与法律》2015年第8期。

② 李小萍：《对设区市立法权限之"城乡建设与管理"的界定》，载《法学论坛》2017年第3期；代水平：《"城乡建设与管理"地方立法的规范与实践》，载《西北大学学报（哲学社会科学版）》2021年第2期。

③ 徐向华主编：《立法学教程》，北京大学出版社2017年版，第123页。

穷，中央立法机关也会面临自身立法能力限制的问题，故其制定的法律不宜过细。① 另一方面，原则性、框架性的立法在遵循法律所确定的原则和相关规定的情况下，便于地方立法主体根据各地方的实际情况，进行进一步补充和细化，将中央立法的内容予以贯彻落实。

（二）中央立法机关立法权限的范围

中央立法机关的立法权在一国立法权体系中虽处于最高地位，但是并不意味着以中央立法机关为代表的国家立法权力不受限制。除少数国家之外，世界上大多数国家都反对立法权不受任何限制的观念。在限制中央立法机关立法权时，往往规定国家立法权必须在宪法和法律规定的范围内行使，并且要受到宪法和法律的限制。② 有的国家采用积极主义规范模式，规定中央立法机关就哪些事项可以制定法律或应当制定法律；有的国家采用消极主义规范模式，明确地方立法主体不得就哪些事项进行立法。

我国中央立法机关是全国人大及其常委会。我国《宪法》第五十八条规定，全国人民代表大会和全国人民代表大会常务委员会行使国家立法权。此条款为全国人大及其常委会行使国家立法权提供宪法基础。此外，《立法法》进一步细化了全国人大及其常委会的立法权限。

从《宪法》和《立法法》的规定上看，全国人大主要从三个方面影响国家立法：第一，修改宪法。《宪法》规定全国人大有权修改宪法。作为国家的根本大法和治国总章程，宪法规定了国家制度和社会制度的根本原则，规定了公民的基本权利和国家机构的组织构成。这些重要事项的修改必须由全国人大实施。第二，制定和修改基本法律。《宪法》和《立法法》明确规定由全国人大制定和修改刑事、民事、国家机构的和其他的基本法律。由于这些法律直接调整国家、社会和公民生活中具有重大意义的社会关系和社会秩序，必须由全国人大掌握制定和修改的权限。第三，立法监督。《宪法》规定全国人大有权监督宪法的实施，在推进合宪性审查工作的背景下，全国人大有权对立法进行合宪性监督。同时《立法法》也规定了全国人大可以改变和撤销相关立法的内容。

作为全国人大常设机构，全国人大常委会自身享有较为充分的立法权。一方面，全国人大常委会可以制定和修改除应当由全国人民代表大会制定的法律以外的其他法律；另一方面，在全国人大闭会期间，全国人大常委会在不同该法律基本原则相抵触的前提下，可以对全国人大制定的法律进行部分补充和修改。此外在解释宪法和法律，决定同外国缔结的条约和重要协定的批准和废除，接受全国人大授权立法等方面，全国人大常委会也享有相应的立法权限。

---

① 崔卓兰、赵静波：《中央与地方立法权力关系的变迁》，载《吉林大学社会科学报》2007 年第 2 期。

② 汤唯、黄兰松：《立法合宪性评估中的社会效能和司法效能探究》，载《甘肃政法学院学报》2013 年第 5 期。

四、地方立法机关立法权

(一) 地方立法机关立法权的含义

地方立法机关立法权指地方议会或地方代表机关依据宪法规定或法律授权而行使的立法权。从权限范围上看，即地方立法机关可以就何种事项进行立法，涉及地方立法机关立法权限的范围。若立法事项范围不明确将直接导致地方立法活动的无序和混乱。从立法形式上看，即地方立法机关可以颁布何种形式的规范性文件，涉及立法形式的统一性。

地方立法权的明确，需以央地立法权限划分或各类别各层级立法权限划分为前提。地方立法权是相对于中央立法权而存在的概念，如果中央和地方未能实现分权，那么也就不存在地方立法的问题。在一国立法体系和框架内，中央立法往往拥有比地方立法更高的地位。无论是法律形式还是法律效力，尤其是在单一制国家，中央立法通常拥有更高的权威性和优先适用性。中央立法机关的立法甚至能够直接决定地方立法的命运，与中央立法相抵触的地方立法会被归为无效。此外，地方立法主要是在中央对立法的统一领导的前提下，通过赋予地方一定的立法职权，对中央立法进行补充和具体化，但是地方立法的积极性和主动性必须在尊重中央立法或者获得中央授权的前提下展开,[1] 才符合合法性要求。

(二) 地方立法机关权限的确定方式

就地方立法机关权限的确定方式而言，域外通常采取直接列举的方式在立法中予以规定。直接列举方式能够给予地方立法机关精准的立法权限范围，即对哪些事项能立法，哪些事项不可以立法，但在一定程度上限制了地方立法权行使的自主性和灵活性。我国主要采用混合确定的方式，结合笼统授权、原则限制和间接列举等立法技术，将地方立法权限定在一定范围之内。[2] 此种做法的原因在于：第一，从地方立法权来源来看，虽然我国《宪法》《立法法》《地方组织法》等法律明确规定了特定地方人大及其常委会可就相关法定事项制定地方性法规，但是不论是法律授权还是特别授权都具有一定的笼统性和宽泛性。第二，从地方立法类型来看，《立法法》将地方立法划分为两大类型。一类是为了执行法律、行政法规规定而根据本行政区域的实际作出具体的规定，因此属于执行性、实施性的法规，保障中央立法得以落实。一类则是隶属于地方性事务而需要制定地方性法规的事项，则需要发挥地方的积极性和主动性，其在立法过程中的自主性也更强。第三，从地方立法权限制原则来看，在长期的立法实践当中，地方立法已经逐渐发展出针对立法权限的两类限制性原则。一是不抵触原则，即地方立法不得与宪法、法律、行政法规相抵触，且必须要根据本行政区域的具体情况和实际需要制定相关立法。二是法律保留，即相关法

① 高绍林主编：《地方立法工作体系研究》，天津人民出版社 2019 年版，第 53 页。
② 谢勇主编：《地方立法学》，法律出版社 2019 年版，第 92~93 页。

律明确规定了某些特定事项只能通过法律的形式进行规定。如我国《立法法》第十一条通过直接列举和兜底条款的方式，明确了专属于全国人大及其常委会的立法事项。第四，我国也在一定程度上采用了间接列举的方式确定地方立法权限。由于《立法法》已经规定属于地方性事务的事项地方人大可以进行立法，那么依据《宪法》和《地方组织法》等法律文本赋予地方各级人大和政府的具体职权，则可以明确地方立法机关在哪些职权范围内立法。

（三）地方立法机关立法权限的范围

《立法法》明确规定了地方立法权限的范围，具体通过三个方面予以划定：第一，不同层级的地方立法主体配置了不同的立法权限。对于省级地方立法机关而言，《立法法》第八十条规定，省、自治区、直辖市的人民代表大会及其常务委员会根据本行政区域的具体情况和实际需要，在不同宪法、法律、行政法规相抵触的前提下，可以制定地方性法规。对于设区市地方立法机关而言，《立法法》第八十一条规定，设区的市的人民代表大会及其常务委员会根据本市的具体情况和实际需要，在不同宪法、法律、行政法规和本省、自治区的地方性法规相抵触的前提下，可以对城乡建设与管理、生态文明建设、历史文化保护、基层治理等方面的事项制定地方性法规，法律对设区的市制定地方性法规的事项另有规定的，从其规定。第二，地方立法主体可制定不同类型的地方性法规，包括职权性立法和执行性立法。《立法法》第八十二条第一款规定，地方性法规可以就下列事项作出规定：（一）为执行法律、行政法规的规定，需要根据本行政区域的实际情况作具体规定的事项；（二）属于地方性事务需要制定地方性法规的事项。第三，地方立法机关可进行先行先试立法。《立法法》第八十二条第二款规定，除本法第十一条规定的事项外，其他事项国家尚未制定法律或者行政法规的，省、自治区、直辖市和设区的市、自治州根据本地方的具体情况和实际需要，可以先制定地方性法规。

在地方立法机关立法权限上，争议较大的是设区的市的立法权限的界定问题。实际上，可将设区市立法权限范围划分为三个层次。第一层次是"城乡建设与管理、生态文明建设、历史文化保护、基层治理"，是《立法法》对设区的市立法权限的明确列举，作为设区的市地方立法主要的基础性范围。目前，设区的市立法实践大部分聚集于这一层次范围所列举的四个领域。这些领域内涉及的"城乡建设与管理、生态文明建设、历史文化保护、基层治理"等法律概念，应作严格语义解释，仅在文义上阐释其具体内涵，不包含概念外延，避免扩大解释，以限定地方立法机关的立法权限。第二层次是"等方面的事项"。对于"等"的理解，理论上存在"等外等""等内等"两种解释路径。为降低地方立法机关权限的不确定性，"等内等"的理解更为合理。据此，"等方面的事项"应包含在"城乡建设与管理、生态文明建设、历史文化保护、基层治理"四种类型化的立法权限范畴之内，即以"城乡建设与管理、生态文明建设、历史文化保护、基层治理"含义的外延为边界。对"等方面的事项"的理解不能突破此四项法律文本广义概念之外，这是设区的市立法权限第二层范围的终点，也是法律规范"兜底性"规定的"底线"。第三个层次是"法律对设区的市制定地方性法规的事项另有规定的，从其规定"，对立法权限的范围作进一步延展。无论是面对"现在"的"授权立法"之规定，还是预留"将来"之新的立法形式，其作用主要是应对设区的市立法权限法律规定之僵硬、滞后的局限性，以便更好地协调设区的市与其他立法主体之间的立法关系。相对于第一、二层范围的"一般"的法律规范，第三层范围的法律规范是一种"例外"，是一种非常规化的法律规定。①

从立法实践来看，当前我国地方立法机关的立法权限主要集中于三个方面。第一，为加强落实中央立法而开展的实施性立法。由于我国领土广阔、人口众多，经济社会发展在空间上也存在较大的差异，因此国家层面的立法不可能兼顾各个层面的考虑，也难以通过统一的标准和尺度涵盖各地区存在的差异。需要发挥地方立法的积极作用，并在中央立法的基础上有针对性地开展地方立法，保障中央立法在本地区得到贯彻实施。② 但在开展实施性立法的同时也要注意客观情况和具体需要的综合判断，避免无效立法和重复立法。第二，地方立法权的运用要着眼于地方性事务。在地方性事务中，具有地方特色的事务或者地方特有的事务通常较为容易识别和判断。而在地方事务繁多的情况下，就还要具体考量是否具有对某项事务进行立法的必要性。因此有学者进一步提出了全局性、根本性、长远性标准，③ 从而综合把握地方立法权的运用。第三，在中央专属的立法权外，中央尚未立法的情况下地方可以开展先行性立法。先行性立法往往基于中央和地方对某项立法事项拥有共有的立法权。但是为了照顾到立法的实效性，有时将需要解决的经济社会中的重要问题以先行地方立法的形式予以规范，从而解决立法空白的问题，弥补可能存在的制度漏洞。此外，先行立法亦发挥着"试验田"的作用，为中央立法总结经验、提供借鉴。

需要注意的是，地方立法除一般性的立法权限外，我国还存在经济特区立法、民族自治地方立法等特殊立法权限。经济特区地方立法主体可以根据授权制定法规，并在授权前提下行使变通立法权。《立法法》第八十四条规定，经济特区所在地的省、市的人民代表大会及其常务委员会根据全国人民代表大会的授权决定，制定法规，在经济特区范围内实施。第一百零一条第二款规定了经济特区法规可以根据授权对法律、行政法规、地方性法规作出变通规定。在经济特区内特区法规所作的变通规定具有优先适用的效力。④ 民族自治地方的人民代表大会有权依照当地民族的政治、经济和文化的特点制定自治条例和单行条例，同时可以针对国家法律的授权进行变通规定，但不得违背法律或者行政法规的基本原则，也不得对《宪法》和《民族区域自治法》的规定以及其他有关法律、行政法规专

① 曹海晶、王卫：《设区的市立法权限限制研究》，载《湖南大学学报（社会科学版）》2020年第5期。

② 陈国刚：《论设区的市地方立法权限——基于〈立法法〉的梳理与解读》，载《学习与探索》2016年第7期。

③ 谢勇主编：《地方立法学》，法律出版社2019年版，第98页。

④ 唐小然：《经济特区立法问题研究》，载《海南大学学报（人文社会科学版）》2017年第6期。

门就民族自治地方所作规定进行变通。

五、政府立法权

(一) 政府立法的概念和特征

随着国家职能的多样化，专职立法机关难以及时制定出满足社会需要的法律，由此催生出了政府立法。基于各国政治体制及法律传统的差异，不同国家对政府立法这一概念的认识有所区别。如法国在第五共和国宪法中将政府立法界定为，行政机关无须相对人的同意，制定普遍适用的行为规则的单方行为。[1] 英国的政府立法具有更加宽泛的含义，不仅指行政机关依据议会授权实施的立法，还包括有关法院、教会、社会团体依据议会决定制定法规的活动。[2] 而我国的政府立法，是指行政机关依法行使的，用以调整行政关系的一种立法活动，[3] 表现形式是国家行政机关依照法定的权限和程序，制定行政法规和行政规章的行为，[4] 具有以下几个方面的特征。

第一，政府立法行为是国家立法权的具体体现。行政机关制定的行政法规和行政规章，并非代表行政主体的单位利益或者团体利益，而是以国家名义制定的具有普遍约束力的适用于行政管理活动的行为规则，是国家立法权的具体体现。

第二，政府立法的主体是特定的国家行政机关。政府立法权由哪些行政机关行使，主要由该国立法权限划分体制的性质、特征和权限划分程度所决定。有些国家是由总统行使政府立法权，有些国家是由内阁行使该权限。我国主要由中央行政机关和地方行政机关来行使，包括国务院、国务院所属各部、委员会、中国人民银行、审计署和具有行政管理职能的直属机构，省、自治区、直辖市和设区的市、自治州人民政府。

第三，政府立法权的调整对象主要限于行政关系。享有政府立法权的行政机关并非像法律一样就涉及国家社会生活的各个方面行使立法权，无论制定的是行政法规还是行政规章，其调整对象一般都应当限于行政关系，是国家在行政管理方面的立法活动。

第四，政府立法权的来源广泛。立法机关的立法权主要来源于宪法、法律的明文规定或默示认可，对下级或下位立法机关而言，其立法权还可来源于上级或上位立法机关的授权。除上述来源外，还包括同级立法机关以及上级拥有政府立法权的行政机关的授权。政府立法权是法定的，遵循越权无效原则。

第五，政府立法权的行使应当遵循法定的程序。行政机关立法同立法机关立法一样，都需要遵循起草、征求意见、讨论论证、表决、通过和公布等法定立法程序。[5] 相较于正

---

[1] 王名扬：《法国行政法》，中国政法大学出版社 1988 年版，第 142 页。
[2] 王名扬：《英国行政法》，中国政法大学出版社 1987 年版，第 561 页。
[3] 周旺生：《立法学教程》，法律出版社 2009 年版，第 214 页。
[4] 方世荣主编：《行政法与行政诉讼法学》，中国政法大学出版社 2019 年版，第 139 页。
[5] 吕晓明：《行政立法程序的民主与效率》，载《行政论坛》2005 年第 2 期。

式、严格、更为注重民主的立法机关立法程序而言，行使政府立法权的程序更为简便、灵活、富有效率。

（二）　中央行政机关的立法权

中央行政机关的立法权是指一国中央一级行政机关行使的立法权。根据《宪法》和《立法法》的规定，我国行使立法权的中央行政机关包括国务院、国务院所属各部、委员会、中国人民银行、审计署和具有行政管理职能的直属机构，分别有权制定行政法规和部门规章。

国务院是制定行政法规的唯一主体，其立法权限包括：第一，实施性或者执行性立法制定权。行政法规可以就为执行法律的规定需要制定行政法规的事项作出规定。这类立法制定权主要是为了将上位法规定宽泛的内容予以细化，以增强法律的明确性、可操作性，从而保障上位法的实施。① 第二，创制性或者自行性立法制定权。行政法规可以就《宪法》第八十九条规定的国务院行政管理职权的事项作出规定。这类立法制定权具有为履行宪法所赋予的职责而在上位法缺位条件下"自行"立法的特点。第三，授权性行政法规制定权。国务院有权根据全国人大及其常委会的授权制定行政法规。授权事项的范围限定在"由全国人大及其常委会制定法律的事项"之内。第四，立法方面的监督权。国务院有权对我国其他立法主体的立法结果行使裁决权、决定权、变更权、撤销权以及备案权。

国务院各部委等行使部门规章制定权。制定主体必须在本部门的权限范围内制定部门规章，凡不属于本部门管理的事项，不得在本部门规章中予以规范。部门规章的特点在于"执行性"②，其规定的事项应当属于执行法律或者国务院的行政法规、决定、命令的事项。此外，《立法法》明确规定了部门规章的禁止性事项，即没有法律或者国务院的行政法规、决定、命令的依据，部门规章不得设定减损公民、法人和其他组织权利或者增加义务的规范，不得增加本部门的权力或者减少本部门的法定职责。

（三）　地方行政机关的立法权

地方行政机关的立法权是指地方各级行政机关依据宪法规定和法律授权而行使的立法权。《立法法》第九十三条规定，省、自治区、直辖市和设区的市、自治州的人民政府可以根据宪法、法律、行政法规和本省、自治区、直辖市的地方性法规，制定规章。

地方行政机关立法权限主要指执行性立法事项制定权和职权性立法事项制定权。前者指为执行法律、行政法规、地方性法规的规定需要制定规章的事项；后者指属于本行政区域的具体行政管理事项。③ 其中，对设区市、自治州人民政府的立法权限在领域范围设置

---

① 许安标：《论行政法规的权限范围》，载《行政法学研究》2001 年第 2 期。
② 张效羽：《互联网租约车规章立法中若干法律问题分析》，载《行政法学研究》2016 年第 2 期。
③ 武芳：《地方政府规章的立法事项范围研究》，载《学习与实践》2017 年第 4 期。

了限制条件，即"限于城乡建设与管理、生态文明建设、历史文化保护、基层治理等方面的事项"，而已经制定的地方政府规章，涉及上述事项范围以外的，继续有效。为回应行政管理职责的要求，《立法法》还赋予了地方行政机关以先行先试的立法权限，即"应当制定地方性法规但条件尚不成熟的，出于行政管理迫切需要，可以先制定地方政府规章"，此规章实施满两年需要继续实施规章所规定的行政措施的，应当提请本级人民代表大会或者其常务委员会制定地方性法规。此外，《立法法》设置了地方政府规章的禁止性事项，即"没有法律、行政法规、地方性法规的依据，地方政府规章不得设定减损公民、法人和其他组织权利或者增加其义务的规范"，以便保证地方行政机关立法权的规范行使，同时保护公民等主体的合法权益。

相较于 2000 年《立法法》，2015 年及 2023 年修订后的《立法法》在地方立法权方面呈现出逐步下放的趋势。一方面扩大了市级立法主体范围，使其更能适应我国区域发展不平衡和各地改革发展的现实需要，充分发挥各地立法的自主性和灵活性，确保立法的科学性。① 另一方面限定了设区市、自治州的立法事项范围，也可在一定程度上避免重复立法，切实维护国家法制统一。②

六、授权立法权

授权立法指行使立法权的法定主体将其立法权限内的某立法事项通过授权决定或者法条等形式授予其他主体，令该主体在授权时限内对授予的立法事项进行规范性法律文件的制定活动。③ 授权立法应符合三个前提条件：一是授权主体享有特定事项的立法权限；二是被授权主体没有特定事项的立法权，或该事项超出了其立法权限的范围；④ 三是特定事项立法权具备可转授性。

授权立法权属于国家立法制度的重要组成部分。从我国授权立法的发展历程看，"五四宪法"的颁布虽然建构起统一的国家立法秩序，但将全国人大作为唯一的立法主体，全国人大常委会无权制定法律。在这种立法体制下，国家政治经济和社会发展中的立法需求难以得到满足。因此，1955 年第一届全国人大二次会议授权全国人大常委会根据实际需要适时制定单行法规。随后，1959 年第二届全国人大一次会议进一步授权全国人大常委会在全国人大闭会期间根据情况的发展和工作需要，对现行法律中的一些已经不适用的条文加以修改，作出新的规定。这两次立法授权呈现出实践需求倒逼制度变通的特征，虽回应了现实立法需求，但明显缺乏相应的立法基础和制度支撑。"八二宪法"实施后，为了适应经济体制改革和改革开放的现实需要，我国授权立法活动日渐频繁。全国人大及其常委会

---

① 谢家银、曹平、罗华权：《我国地方政府立法创新若干问题研究》，载《社会科学家》2016 年第 5 期。

② 周孝怀：《论省级政府立法权限的多重关系》，载《广东行政学院学报》2018 年第 6 期。

③ 徐向华主编：《立法学教程》，北京大学出版社 2017 年版，第 123 页。

④ 刘平：《立法原理、程序与技术》，学林出版社 2017 年版，第 115 页。

借助专门决定形式进行授权成为授权立法的主要方式，但专门决定中授权立法事项较为宽泛，对被授权主体的立法权行使的规范效果不佳。① 由于当时授权立法制度处于起步阶段，无法为授权立法实践提供有效的制度支持。

随着 2000 年《立法法》出台，历经两次修正后，不仅弥补了授权立法制度的缺失，也使得授权立法活动逐步规范化发展。具体表现在以下几个方面：在授权立法主体方面，明确了授权主体是全国人大及其常委会，被授权主体是国务院和经济特区所在地的省、市的人大及其常委会。在授权事项方面，《立法法》第十二条明确指出，除《立法法》第十一条所列举的绝对法律保留事项和有关犯罪和刑罚、对公民政治权利的剥夺和限制人身自由的强制措施和处罚、司法制度等事项外，国务院可以根据实际需要，对其中的部分事项先制定行政法规。在授权立法方式方面，《立法法》第十三条明确了应以授权决定这一特别授权的方式作出。在授权立法期限方面，《立法法》第十三条明确规定了授权的期限不得超过 5 年，但是授权决定另有规定的除外。《立法法》第七十二条第三款则只规定了原则性期限，即国务院根据全国人民代表大会及其常务委员会的授权决定先制定的行政法规，经过实践检验，制定法律的条件成熟时，国务院应当及时提请全国人民代表大会及其常务委员会制定法律。在授权立法禁止性事项方面，《立法法》第十五条和第十六条规定了禁止转授权以及授权地方暂时调整或暂时适用法律的内容，初步搭建了较为完整的授权立法制度框架。

【事例分析】

一、地方开展行政程序立法的依据探讨

《湖南省行政程序规定》的颁布实施，开启了地方专门针对行政程序进行系统规定的立法探索。② 广东省、辽宁省，山东省、陕西省陆续出台了本省、市的行政程序规定。就行政程序本身而言，关涉行政权力运行的全过程各环节的整体性构造，同时与公民个体权益或公共利益直接相关，其在法治构建中的重要程度可见一斑。若从立法权限视角审视，便难免出现"地方立法是否有权就行政程序这一事项制定地方政府规章"的疑问。从地方立法主体的法定权限看，基于《立法法》赋予的地方立法权限考量，显然没有明确规定有关行政程序的事项是否属于地方政府立法权限范围。从立法授权角度看，并未存在专门针对行政程序这一立法事项的专门授权。从法律保留角度看，行政程序是否属于"必须由全国人大及其常委会制定法律的其他事项"这一兜底范围也还未澄清。综上所述，对于地方立法主体就行政程序事项的立法活动，应遵循依法立法的逻辑思路，进一步理清行政程序的地方立法的立法依据问题，否则难以摆脱合法性疑虑。

---

① 王保民：《论授权立法的利弊得失》，载《西安交通大学学报（社会科学版）》2009 年第 4 期。
② 王万华：《统一行政程序立法的破冰之举》，载《行政法学研究》2008 年第 3 期。

（一）省级人民政府制定有关行政程序事项的规章

《立法法》对省级人民政府制定政府规章的权限做了较为概括的规定。从法律文本可以发现，《立法法》第九十三条第二款规定，"地方政府规章可以就下列事项作出规定：（一）为执行法律、行政法规、地方性法规的规定需要制定规章的事项；（二）属于本行政区域的具体行政管理事项"。首先，行政程序不属于地方执行性立法事项。目前我国并未制定统一的"行政程序法"，因此《湖南省行政程序规定》《江苏省行政程序规定》等地方行政程序立法，因缺乏需"执行"的上位法而不能归为执行性立法行列。地方行政程序立法的目的是为行政主体行使权力提供程序规则，同时为行政相对人提供程序权利保障。其次，行政程序是否应属于职权性立法事项。对于"行政区域的具体行政管理事项"，全国人大常委会尚未进行解释。根据部分学者的观点，具体行政管理应包含以下内容：一是有关行政程序方面的事项，包括办事流程、工作规范等；二是有关行政机关自身建设的事项，包括公务员行为操守、工作纪律、廉政建设等；三是不涉及创设公民权利义务的有关社会公共秩序、公共事务或事业的具体管理制度，如公共场所（如公园、电影院等）的管理规定，市场（如早市、夜市、超市等）的管理秩序，学校秩序管理规定等。[①] 根据这一解释，行政程序事项似乎属于"具体行政管理事项"范畴。但是这只是对行政管理活动的一种经验式认识，该解释所指涉的范围和《立法法》的立法目的尚存在不完全对应的可能。

（二）设区的市、自治州政府制定行政程序事项的规章

在省级地方行政立法主体积极探索行政立法趋势的影响下，市级人民政府也开始尝试行政程序立法。相较于省级立法权限而言，市级行政程序立法可能面临更大的合法性质疑。依据2000年《立法法》规定，省级人民政府和较大市的人民政府的立法权限保持一致。2015年《立法法》修订后，在赋予设区市人民政府立法权限的同时作出了一定程度的限制。现行《立法法》第九十三条第三款规定，设区的市、自治州的人民政府根据本条第一款、第二款制定地方政府规章，限于城乡建设与管理、生态文明建设、历史文化保护、基层治理等方面的事项。这一限制成为判断设区的市地方政府能否进行行政程序立法的关键。

《立法法》将设区的市、自治州政府制定规章的权限范围限定在"城乡建设与管理、生态文明建设、历史文化保护、基层治理等"事项。显然行政程序类事项难以直接归入该法条中的四类事项范围之中。虽然限制条款中存在"等"这一词语，可理解为法律所规定的"等外事项"，进而视为不完全列举。但是立法活动应以立法原意为宗旨展开。实际上，

---

① 章剑生：《从地方到中央：我国行政程序立法的现实与未来》，载《行政法学研究》2017年第2期。

"城乡建设与管理、生态文明建设、历史文化保护、基层治理"属于领域范畴的概念，而行政程序可能并不完全限定在上述领域中。简言之，设区市政府可就上述领域中涉及行政程序事项制定地方政府规章，若超出上述领域，可能欠缺合法依据。

需注意的是，《立法法》对于修订前制定的地方立法的效力问题进行了补充规定。《立法法》第九十三条第三款规定，"已经制定的地方政府规章，涉及上述事项范围以外的，继续有效"。这是一种特殊承认规则，意味着在新《立法法》修订后，部分设区的市和自治州所制定的有关行政程序的立法可以继续有效。例如汕头市、西安市、兰州市等地的"行政程序规定"仍然有效。但是《立法法》修订后各设区的市和自治州政府制定的行政程序相关立法便难以避免合法性诘问。此外，国务院于2019年已经出台了《重大行政决策程序暂行条例》，为了执行该条例，促进重大行政决策的法治化、程序化，当前各地颁布的有关重大行政决策程序的相关规章立法已有了上位法依据。

鉴于行政程序事项的重要性和整体性考量，作为立法事项应归属于中央立法权限范围。

二、行政程序事项地方先行的立法进路

（一）"先地方后中央"的进路

行政程序立法事项的归属问题，应以中央和地方的立法权限划分为判断前提。长期以来，我国中央立法和地方立法的事项范围划分并不明确，未能形成较为统一的观点，同时《立法法》《地方组织法》等也未做进一步的明确规定。

目前，学术界从理论上提出性质标准、重要性标准和影响范围标准等多种区分方式。① 具体而言，一是性质标准，是指如果某项立法具有统一性并需要在全国范围内保持一致，那就是中央立法事项，反之如果需要因地制宜进行特殊处理的就是地方立法事项。二是重要性标准，是指如果某项立法将影响到国计民生，事关国内法治建设的大局，则应属中央立法事项；如果影响的程度较小，则是地方立法事项。三是影响范围标准，是指如果某一事项所产生的利益或影响涉及全国或中央，或者某一立法将在全国范围内实施，那么该立法所调整的事项就是中央事务。反之如果仅涉及某一地区或者仅在某地实施，则该事项属于地方事务。上述三个标准从不同层面大致揭示了中央和地方立法事项的区分，可为行政程序事项的归属问题提供判断依据。

上述标准中较为统一的观点是，重要的、涉及全国人民利益的重要立法事务交由中央立法机关或者国务院进行立法，以符合单一制国情下立法工作的现实需求，同时将涉及地方性的事务交由地方立法机关和地方人民政府，以符合发挥地方积极性和自主性的要

---

① 杨登峰：《行政程序地方先行立法的主体、模式与规范》，载《政治与法律》2020年第3期。

求。① 因此，若采取综合判断标准，行政程序立法显然属于中央立法的事项。原因在于：一是行政程序的正义价值决定了行政程序的建构并不完全依赖于经济社会上的差异。从目前各地出台的"行政程序规定"来看，各地行政程序立法的体例和内容上存在大量的重复，在我国这样的一个区域差异较大的国家中，行政程序立法无疑在影响范围上具有较强的普遍性。② 二是行政程序对于行政主体行使权力的规范要求应当具有一致性。程序合法是行政行为形式合法性要求，应当进行统一限制，以规范行政权力行使。三是行政程序对于程序权利的保障应具平等性。行政程序立法直接关系行政法律关系中的程序性权益的配置，应遵循权利平等的宪法原则。

行政程序事项归属于中央立法，并不意味着地方立法主体无法就其进行立法。除执行性立法和职权性立法外，地方立法主体还被赋予了先行立法的权限。如《立法法》第八十二条第三款和第九十三条第五款的规定。从中可归纳先行立法的前提条件有：一是符合法律保留原则。立法事项不属于《立法法》第十一条所直接列举的法律保留的情形，二是符合上位法缺位的条件。国家尚未就该事项制定法律或者行政法规或地方性法规制定条件尚不成熟。

对于是否符合法律保留原则的判断。在现行《立法法》的立法权限框架下，除了绝对法律保留的事项，相对法律保留的事项可以下放给行政法规先行开展试验立法。③ 因法律保留条款采用了直接列举+兜底条款的立法模式，因此可能存在严格和宽松两条解释路径。一般情况下，对于关乎国家法治建设的重大事项应当采用严格解释路径，应归属于绝对法律保留范畴。但在先行立法语境下，为推进地方立法实验反促中央立法完善的目标落实，对于行政程序等这些国家急需但欠缺立法经验的立法事项，可采用相对宽松的解释路径，只要不属于直接列举事项，便应作出属于相对法律保留范围的判断。

对于上位法缺位的判断。从立法主体上看，先行立法的主体较广泛，从类型上包括地方人大立法主体和地方政府立法主体，从级别上包括省级和设区市一级所有的地方立法主体。从先行立法权限上看，都是以上位法尚未制定，而基于具体情况和实际需要等特殊情况，享有的先行立法的权限。先行立法的前提条件是，地方性法规在"其他事项尚未制定法律或者行政法规"时，地方政府规章在"应当制定地方性法规但条件尚不成熟"时，按照法律效力位阶理论，两个前提条件之间应具有一定层级关联性。具体而言，地方性法规应当承担先行先试的功能，但是如果制定地方性法规的条件尚不成熟，而且行政管理迫切需要，那么需要探讨是否可以通过制定规章展开试验立法。

总之，中央立法条件尚不成熟，促使地方对行政程序立法先行先试。行政程序立法在我国已有很多年的讨论，但是中央层面的立法却迟迟没有推出，《重大行政决策程序暂行

---

① 刘雁鹏：《中央与地方立法权限划分：标准、反思与改进》，载《河北法学》2019 年第 3 期。

② 胡萧力：《示范性立法的逻辑与实践展开——以我国地方行政程序立法为样本的分析》，载《行政法学研究》2018 年第 1 期。

③ 应松年：《中国行政程序立法的路径》，载《湖南社会科学》2008 年第 6 期。

条例》应当算是我国行政程序中央层面开展立法迈出的第一步。但是2018年十三届全国人大常委会制定的立法规划仍将"行政程序"列为"立法条件尚不完全具备、需要继续研究论证的立法项目",这就不得不促使地方立法发挥先行示范作用,为中央统一立法积累经验。

(二) 规章能否成为地方行政程序立法的主要形式载体

目前,地方行政程序立法实践文本有《湖南省行政程序规定》《山东省行政程序规定》《江苏省行政程序规定》《宁夏回族自治区行政程序规定》《西安市行政程序规定》《海口市行政程序规定》《兰州市行政程序规定》《汕头市行政程序规定》《嘉峪关市行政程序规定》。从这些文本可知,地方政府规章已经成为地方行政程序立法的主要形式载体。① 可见实践中,更多是由地方政府完成行政程序的先行立法工作。

地方行政程序立法实践更多借助"先行制定地方政府规章"的方式进行,其优势在于地方行政主体直接接触行政管理事项,具有高度的专业性和相关性,却容易陷入自我规制的合法性危机。而"先制定地方性法规"方式,虽不直接参与行政管理,但基于地方人大的民主性优势,所制定的行政程序规则能够增强对行政主体规范和制约的实际效果。

按照上述分析,地方先行立法的前提条件分别是:地方性法规在"其他事项尚未制定法律或者行政法规"时,地方政府规章在"应当制定地方性法规但条件尚不成熟"时。按照法律效力位阶理论,两个前提条件之间应具有一定层级关联性,方能减少规则冲突。因此,在上位法缺位情况下,应优先考虑先行制定地方性法规,在制定地方性法规条件不成熟的情况下,再考虑采用先行制定地方政府规章的方式进行立法探索。这也与我国在开展先行先试立法实践中存在的立法权限"逐级下放"的规律相呼应。

因此,实践中地方立法实践更多借助"先行制定地方政府规章"展开,可能形成越过地方人大机关而直接制定规章的局面,凸显《立法法》第八十二条第三款和第九十三条第五款的规定在适用上的困境。依据现行《立法法》的规定,2015年以前制定的有关程序立法的规章可以继续有效,但是2015年以后所制定的有关行政程序的规章则会面临在现行立法框架下越级的问题。对此,可设置由地方人大作出"是否具备地方性法规制定条件"的预先判断,经此优先判断程序后方允许地方政府先行制定地方政府规章,以保证地方政府的行政程序立法获得正当性。

三、立法权限角度看行政程序立法优化

首先,行政程序地方先行立法应当优先由地方性法规对于中央立法事项进行试验立法,对行政程序开展先行先试不适宜直接采取地方政府规章的立法形式。对于行政程序事

---

① 杨登峰:《我国试验立法的本位回归——以试行法和暂行法为考察对象》,载《法商研究》2017年第6期。

项而言，地方人大与地方政府皆具有各自优势和劣势。若仅主张行政程序事项只能由地方性法规予以先行先试，虽保证了立法的民主性和对行政权力的监督，但无法解决地方性法规制定条件尚不成熟情况下对行政程序的立法需求问题。因此，各地方在进行行政程序立法的同时，应兼顾国家立法体系中先行立法和试验立法之定位以及行政管理等现实需求。鉴于上述先后顺序的要求，应进一步完善"先制定地方性法规"和"先制定地方政府规章"之间的实体规则和程序规则的衔接，在强化地方政府立法规范的基础上，以满足地方性法规制定条件不成熟时的立法需求。

其次，行政程序立法在各地方获得较大发展，但这本属于中央立法权限的事项，并非由中央立法机关直接推动，而是地方立法主体自主、自发和自为的结果。在这一立法权限转移的过程中，中央立法机关有必要通过立法授权的方式，进一步规范地方行政程序的先行立法，从而更加有步骤、有节奏地总结地方立法经验。根据我国《立法法》第十二条的规定，除绝对法律保留事项外，"全国人民代表大会及其常务委员会有权作出决定，授权国务院可以根据实际需要，对其中的部分事项先制定行政法规"。目前就国务院先行立法而言，我国目前已经初步取得了成果，《重大行政决策程序暂行条例》的出台也标志着国家层面试验立法迈出了至关重要的一步。虽然我国《立法法》第八十四条规定，"经济特区所在地的省、市的人民代表大会及其常务委员会根据全国人民代表大会的授权决定，制定法规，在经济特区范围内实施"。但与《立法法》第八十二条第二款相比，经济特区就行政程序立法的自主性稍弱，较为依赖于全国人大的授权。因此中央立法机关可以通过更加鼓励支持的姿态，授权地方开展有关行政程序的立法。

最后，地方就行政程序立法开展先行先试，还需注意试验立法的时间问题。因为各地方颁布行政程序立法并不意味着一劳永逸，先行法也需要有一定的时间限制才能避免立法始终处于不确定的状态。《立法法》明确了相关授权期限。如第十三条第二款规定："授权的期限不得超过五年，但是授权决定另有规定的除外。被授权机关应当在授权期限届满的六个月以前，向授权机关报告授权决定实施的情况，并提出是否需要制定有关法律的意见；需要继续授权的，可以提出相关意见，由全国人民代表大会及其常务委员会决定。"第九十三条第五款规定："应当制定地方性法规但条件尚不成熟的，因行政管理迫切需要，可以先制定地方政府规章。规章实施满两年需要继续实施规章所规定的行政措施的，应当提请本级人民代表大会或者其常务委员会制定地方性法规。"可见，对于授权立法的期限最长是 5 年，而对于先行制定的政府规章，其试验期限为 2 年。但是，对于地方性法规的试验期限我国《立法法》却并没有明确规定。因此，今后《立法法》应当合理确定地方性法规的试验期限，① 以免先行先试的期限被无限延长。

---

① 王万华：《法治政府建设的地方程序立法推进——制定〈北京市行政程序条例〉的几个问题》，《法学杂志》2015 年第 8 期。

【延伸探讨】

近年，国内已经多次出现"精日"事件，不断挑衅民族底线，引发国民强烈愤慨和舆论高度关注。为了保障国家公祭活动顺利进行，加强对国家公祭设施的保护和管理，凝聚民族精神，激发爱国热情，弘扬社会主义核心价值观，南京市人大常委会首次成立立法工作领导小组，并在江苏省内首次由人大委托律师团队开展法规起草工作。2018 年，在第五个南京大屠杀死难者国家公祭日，《南京市国家公祭保障条例》正式开始施行。该《条例》分为七章，包括总则、公祭活动保障、国家公祭设施保护和管理、行为规范、宣传教育、法律责任、附则，共四十五条。受到公众普遍关注的是，此前的法律缺乏专门针对"精日"分子违法行为的处罚措施，实践中公安机关多适用《治安管理处罚法》中有关寻衅滋事的兜底条款予以惩戒，在法律适用的准确性方面常有争议。而《南京市国家公祭保障条例》的出台则明确列举了涉及歪曲、否认南京大屠杀史实，侮辱、诽谤南京大屠杀死难者、幸存者，编造、传播含有上述内容的有损国家和民族尊严、伤害人民感情的言论或者信息等禁止性事项，从而提高了法律适用的针对性和有效性。总之，《南京市国家公祭保障条例》的出台进一步划定了法律红线，对恶意歪曲、否认历史的言行给予了有力震慑，这也是这部法规受到广大人民群众高度关注的重要原因之一。

问题提示：

1. 南京市开展的国家公祭活动是地方立法事务还是中央立法事务？

2. 《南京市国家公祭保障条例》属于《立法法》规定的哪类立法事项？

3. 《南京市国家公祭保障条例》是否间接扩充了《治安管理处罚法》中公民需要承担法律责任的情形并对公民的权利造成不当的限制？

【课后阅读】

[1] 沈亚平、徐双：《赋权与限权：我国设区的市行政立法空间问题研究——以山东省设区的市政府规章为例》，载《河北法学》2021 年第 12 期。

[2] 程庆栋：《地方补充性立法与行政处罚设定权的配置》，载《政治与法律》2021 年第 5 期。

[3] 姜孝贤：《论我国立法体制的优化》，载《法制与社会发展》2021 年第 5 期。

[4] 阙成平：《合并自治区自治立法与地方性立法的法理研究》，载《江汉学术》2021 年第 4 期。

[5] 宋方青、张可：《国家监察委员会监察法规制定权：权限范围与制度构建》，载《湘潭大学学报（哲学社会科学版）》2021 年第 4 期。

[6] 宋烁：《〈立法法〉赋权后自治州立法的问题与完善——基于我国 107 部自治州立法的规范分析》，载《青海民族研究》2021 年第 3 期。

[7] 宋才发：《设区市立法权限、实践困境及法规质量提升研究》，载《学术论坛》2020

年第 6 期。

［8］陈建平：《设区的市立法权限的合理扩充》，载《法学》2020 年第 4 期。

［9］王春业：《论我国"特定区域"法治先行》，载《中国法学》2020 年第 3 期。

［10］聂辛东：《国家监察委员会的监察法规制定权限：三步确界与修法方略》，载《政治与法律》2020 年第 1 期。

［11］邓佑文：《论设区的市立法权限实践困境之破解——一个法律解释方法的视角》，载《政治与法律》2019 年第 10 期。

［12］黄喆：《地方立法设定行政处罚的权限困境与出路》，载《政治与法律》2019 年第 7 期。

［13］刘雁鹏：《中央与地方立法权限划分：标准、反思与改进》，载《河北法学》2019 年第 3 期。

［14］潘红祥：《论民族自治地方自治立法权和地方立法权的科学界分》，载《法学评论》2019 年第 3 期。

［15］顾建亚：《美国立法冗余问题探析及其中国借鉴》，载《时代法学》2019 年第 2 期。

［16］王成义：《深圳经济特区立法权：历史、学理和实践》，载《地方立法研究》2019 年第 1 期。

［17］郑毅：《〈立法法〉修改后自治州一般地方立法权与自治立法权关系研究》，载《法学评论》2018 年第 4 期。

［18］何家华：《经济特区立法权继续存在的正当性论证》，载《地方立法研究》2018 年第 2 期。

［19］刘小冰、张思循：《地方立法权规定中"等"字的法律规范解读》，载《江苏行政学院学报》2018 年第 2 期。

［20］伊士国、杨玄宇：《论设区的市立法权限——兼评新〈立法法〉第 72 条》，载《河北法学》2017 年第 11 期。

［21］郑磊、王逸冉：《全国人大常委会"试点授权"要素论——基于〈立法法〉第 13 条的规范性思考》，载《浙江社会科学》2017 年第 8 期。

［22］封丽霞：《中央与地方立法事权划分的理念——我国央地立法事权划分法治化的路径》，载《政治与法律》2017 年第 6 期。

［23］易有禄：《设区市立法权行使的实证分析——以立法权限的遵循为中心》，载《政治与法律》2017 年第 6 期。

［24］郑毅：《中央与地方立法权关系视角下的网约车立法——基于〈立法法〉与〈行政许可法〉的分析》，载《当代法学》2017 年第 2 期。

［25］赵一单：《央地两级授权立法的体系性思考》，载《政治与法律》2017 年第 1 期。

［26］钱宁峰：《立法后中止实施：授权立法模式的新常态》，载《政治与法律》2015 年第 7 期。

［27］李雷:《自治州自治立法权与地方立法权的竞合及消解》,载《广西民族研究》2016年第 6 期。

［28］刘剑文、耿颖:《税收授权立法权的合法行使:反思与建构》,载《国家行政学院学报》2015 年第 5 期。

［29］向立力:《地方立法发展的权限困境与出路试探》,载《政治与法律》2015 年第 1期。

［30］庞凌:《论地方人大与其常委会立法权限的合理划分》,载《法学》2014 年第 9 期。

专题四 立法规划

【事例介绍】

2023 年 9 月 7 日,十四届全国人大常委会立法规划公布。本届立法规划紧紧围绕党的二十大战略部署,既坚持急用先行,又着眼长远谋划,将立法项目分为三类:第一类项目为"条件比较成熟、任期内拟提请审议的法律草案",共 79 件(制定 32 件、修改 47 件);第二类项目为"需要抓紧工作、条件成熟时提请审议的法律草案",共 51 件(制定 28 件、修改 23 件),上述两类项目中,制定法律 60 件、修改法律 70 件;第三类项目为"立法条件尚不完全具备、需要继续研究论证的立法项目",并对贯彻落实党中央决策部署需及时开展的相关立法、修法项目作出兜底性安排。

立法规划项目主要包括七个方面:一是加快构建新发展格局,着力推动高质量发展。二是发展全过程人民民主,保障人民当家作主。三是扎实推进依法行政,严格公正司法。四是实施科教兴国战略,推进文化自信自强。五是增进民生福祉,提高人民生活品质。六是推动绿色发展,促进人与自然和谐共生。七是推进国家安全体系和能力现代化,坚决维护国家安全和社会稳定。具体项目可见立法规划。需要说明的是,立法规划是指导性的,实施中可以根据需要调整,可以通过全国人大常委会年度立法工作计划或者专项立法工作计划予以补充,进行动态调整。①

【法律问题】

1. 立法规划的法律性质是什么?

2. 立法规划编制和调整的程序是什么?

3. 立法规划对于立法工作具有什么功能和作用?

4. 立法规划执行的效果如何保证?

【法条链接】

《中华人民共和国立法法》(2023 年修正)

第三条 立法应当坚持中国共产党的领导,坚持以马克思列宁主义、毛泽东思想、邓小平理论、"三个代表"重要思想、科学发展观、习近平新时代中国特色社会主义思想为

---

① 《全国人大常委会法工委有关负责人就十四届全国人大常委会立法规划答记者问》,载新华网,http://www.xinhuanet.com/2023-09-07/c_1129851212.htm,最后访问日期:2023 年 9 月 8 日。

指导，推进中国特色社会主义法治体系建设，保障在法治轨道上全面建设社会主义现代化国家。

第五十六条 全国人民代表大会常务委员会通过立法规划和年度立法计划、专项立法计划等形式，加强对立法工作的统筹安排。编制立法规划和立法计划，应当认真研究代表议案和建议，广泛征集意见，科学论证评估，根据经济社会发展和民主法治建设的需要，按照加强重点领域、新兴领域、涉外领域立法的要求，确定立法项目。立法规划和立法计划由委员长会议通过并向社会公布。

全国人民代表大会常务委员会工作机构负责编制立法规划、拟订立法计划，并按照全国人民代表大会常务委员会的要求，督促立法规划和立法计划的落实。

第七十三条 国务院法制机构应当根据国家总体工作部署拟订国务院年度立法计划，报国务院审批。国务院年度立法计划中的法律项目应当与全国人民代表大会常务委员会的立法规划和立法计划相衔接。国务院法制机构应当及时跟踪了解国务院各部门落实立法计划的情况，加强组织协调和督促指导。

国务院有关部门认为需要制定行政法规的，应当向国务院报请立项。

《行政法规制定程序条例》（2017 年修订）

第八条 国务院有关部门认为需要制定行政法规的，应当于国务院编制年度立法工作计划前，向国务院报请立项。

国务院有关部门报送的行政法规立项申请，应当说明立法项目所要解决的主要问题、依据的党的路线方针政策和决策部署，以及拟确立的主要制度。

国务院法制机构应当向社会公开征集行政法规制定项目建议。

《规章制定程序条例》（2017 年修订）

第十条 国务院部门内设机构或者其他机构认为需要制定部门规章的，应当向该部门报请立项。

省、自治区、直辖市和设区的市、自治州的人民政府所属工作部门或者下级人民政府认为需要制定地方政府规章的，应当向该省、自治区、直辖市或者设区的市、自治州的人民政府报请立项。

国务院部门，省、自治区、直辖市和设区的市、自治州的人民政府，可以向社会公开征集规章制定项目建议。

第十一条 报送制定规章的立项申请，应当对制定规章的必要性、所要解决的主要问题、拟确立的主要制度等作出说明。

【基础知识】

一、立法规划的概念

立法规划关乎法律草案的命运，并与立法审议、法律通过之间具有密切的关联。2015年《立法法》的修改对立法规划和立法计划这一程序和制度进行了规定，而2023年新修改的《立法法》对立法规划进行了补强规定。[①]"立法"是对立法过程之"立"和立法结果之"法"的有机结合。"规"，指有法度；"划"为分开之意，即为达到一定目的，按照一定的标准，实施分阶段的步骤与方法，为完成某一任务而作出的比较全面、长远的打算，是对未来整体性、长期性、基本性问题的思考和对未来整套行动方案的设计。[②] 如此，立法规划即有权的主体在自己的职权范围内，为达到一定目的，按照一定原则，通过一定程序，运用一定技术，编制的准备用以实施的关于立法工作的设想和部署[③]。

计划与规划的含义基本相似，也指对未来行动的方案，更强调工作或行动预先拟定的具体的内容和步骤。在立法实践中，将短期的、年度的立法安排称为立法计划，其着眼于短期立法方案的拟定。立法规划和立法计划之间是相互联系的，规划倾向于方向性、概括性、长远性和全局性；计划则具有较强的具体性、针对性、可行性和预见性。立法规划是长远的分阶段实现的立法计划，规划的制定要考虑计划的空间和可行性，而立法计划可以说是短期的立法规划，立法计划的制订一般依照立法规划进行安排。通常来讲，立法计划是年度的，立法规划是本届（5年）的。立法计划是现实的，带有一定的指令性色彩，而立法规划只是预期的、指导性的。

立法实践中，立法规划的运用日渐形成一定的规律，但是对于立法规划的性质，人们迄今尚未达成共识。第一种观点认为，立法规划具有准法的性质，周旺生、宋方青等即持此种观点，认为立法规划属于一种准法性质的文件，其具有准法的性质但又不是完全意义或典型意义上的法[④]。第二种观点认为，立法规划具有立法准备的性质，从事立法实务工作的人员多持此种观点。《立法法》制定后，乔晓阳主编的《立法法讲话》在"法律的制定程序"一讲中，介绍的第一个程序就是立法规划和立法计划，并将立法规划和立法计划定性为"立法准备程序"[⑤]。刘风景亦支持此观点，认为"立法规划是立法程序的初始阶段"[⑥]。第三种观点认为，立法规划具有管理或者计划的性质，因为"科学的管理工作的特点之一，是加强管理的计划性，在实施一项计划措施以前，需要预先拟定它的具体内容

[①] 王起超：《新〈立法法〉强化立法规划的法理基础——基于立法规划的实证研究》，载《政治与法律》2023年第10期。

[②] 李雅琴：《论立法规划的性质》，载《河北法学》2010年第9期。

[③] 周旺生著：《立法学教程》，北京大学出版社2006年版，第452页。

[④] 周旺生著：《立法学教程》，北京大学出版社2006年版，第452页。

[⑤] 乔晓阳主编：《立法法讲话》，民主法制出版社2002年版，第101页。

[⑥] 刘风景、周磊：《立法规划的属性、职能与编制》，载《扬州大学学报（哲学社会科学版）》2020年第2期。

和实施的步骤"，"立法规划也需要有计划地进行，只有这样，才能发挥法律对管理经济和社会生活各个领域的重大作用"①。此外，还有观点"将立法规划定性为一种立法建议"，建议"逐步淡化由立法机关来编制立法规划并要求严格落实立法规划的思想和做法"②。

"准法说""立法程序说""计划说"皆具有一定的合理性，但亦存在缺陷。"准法说"所言的"准法"或者"半法"指的是"具有法的性质，但又不是完全意义上或典型意义上的法"的一类规范性文件，并认为立法规划作为一种"准法"具有"特殊的指引""特殊的准则""特殊的权力""特殊的实施"等特征，具有一定的法的特征但是又不是完全具备③。然而，"准法"本身作为一种法律概念，实际上也是模糊不清的，采用"准法说"既需要对"准法"再次进行解释，同时又难以与立法规划之外的立法机关颁布的其他规范性文件进行实质的区分。受此因素影响，导致了"准法"不具有普遍性指向的意义，难以发展成为立法学上具有普遍性的法律概念④。且"准法说"认为立法规划作为一种"准法"性质的文件应当具备一定的指令性，与立法规划多年来的实践不相符合。立法准备说将立法规划的编制行为视做立法程序中的立法准备程序，得到了一定程度上的认可。支持立法规划是立法准备程序的观点将立法程序分为六个阶段，在原"四阶段说"的基础上增加了"制定立法规划、起草法律"两个环节⑤。但是，实际的立法工作中立法规划编制完成后并不必然导致立法程序的启动，且还有部分立法规划以外的立法项目直接成为正式的法律，也就是说立法规划并不是所有法律制定或者修改的必经阶段，故而将其作为立法程序的一部分还需要继续研究讨论。将立法规划视为一项计划和管理工作，就涉及一些更大的问题，即立法与经济事务存在实质上的区别，其能不能依照预先的计划进行、能不能让一只有形无形的手对它进行预先管理和控制，目前"计划说"并未对此予以回答⑥。立法是一项非常特殊的国家活动，法的制定过程，实际就是各种利益和意见相互博弈、互相妥协的过程，并非简单预测未来的经济社会状况就可以制定或者修改法律，还需要经过更加复杂的讨论与完善工作。就此而论，将立法规划视为单纯的计划或者管理活动，在某种程度上忽略了立法工作的特殊性。

相对而言，将立法规划视为一种立法建议不失为一个比较合适的选择。立法规划之性质应当是一种特殊的立法建议，而非是一种"准法"、立法准备程序或者是单纯的管理和计划。首先，立法规划并不具有指令性的特征，并不能强制未来的立法工作完全按照立法规划所规定内容进行立法。与立法建议相似，立法规划对立法机关只具备软性约束力而不具有强制执行力。其次，将立法规划视为一种立法建议一定程度上能够回应目前立法规划

---

① 吴大英、任允正、李林著：《比较立法制度》，群众出版社 1992 年版，第 783 页。
② 刘松山：《立法规划之淡化与反思》，载《政治与法律》2014 年第 12 期。
③ 周旺生著：《立法学教程》，北京大学出版社 2006 年版，第 452 页。
④ 李雅琴：《论立法规划的性质》，载《河北法学》2010 年第 9 期。
⑤ 徐向华主编：《立法学教程》，北京大学出版社 2017 年版，第 159 页。
⑥ 刘松山：《立法规划之淡化与反思》，载《政治与法律》2014 年第 12 期。

完成率不高的问题。如果立法规划作为一种立法建议，全国或者地方人大常委会当然能够选择是否按照建议的要求进行立法活动。最后，仅作为一种立法建议的立法规划并不会在实质上对正式的立法程序产生影响，能够与现行的立法程序学说相嵌合，从立法学理论体系的协调性出发，也不会影响到立法提案、审议、表决三个重要程序间的互相制约作用。

二、立法规划的功能

立法规划的主要任务和目的在于使立法工作有计划、有步骤、有目的地开展，从而使立法工作科学化、系统化[①]。实现前述任务和目的，需要充分发挥立法规划的功能。2015年与2023年两次《立法法》的修改确认和强化了立法规划的地位，充分凸显了对立法规划的功能的重视。根据立法规划的功能的影响范围，可以将其功能概括为影响所立之法本身的内部功能以及影响所立之法以外的外部功能。

（一）内部功能

立法规划对所立之法的影响主要表现为促进立法的科学化。一方面，对于所立之法而言，立法规划是对立法条件成熟的判断，立法规划"以对立法条件成熟的判断为依据进行项目分类，在立法程序中发挥着上通下达、承前启后的作用"。[②] 即通过立法规划程序来判断法律草案是否具备了进行立法的成熟条件，条件不成熟的则可能不再纳入当前的立法规划项目，面临暂时无法进入后续立法程序的可能。而条件成熟的则被纳入一类项目或二类项目，纳入一类项目意味着地位更重要，也更具通过的可能性。因此，立法规划程序可以通过判断法律草案的立法条件的成熟度为后续立法工作发挥"过滤"功能，促成立法的科学化。

另一方面，对于立法者而言，首先，有助于立法者站在全局的角度，确定一定时期和范围的立法目标、任务、方向、战略，并将这样做的必要性和可行性揭示出来，从而为立法指出明确、可行的道路。其次，有助于立法者合理、适当、科学地调控整个立法进程，既注重全局又突出重点，既注重当前又顾及长远，既明确眼下立法工作的重点、紧迫点和难点所在，又明确随后应当做什么。再次，有利于立法者明确自己在一定时期、一定范围内在立法方面的具体任务和职权、职责，从而各行其权，各负其责，有的放矢地组织力量。最后，有助于立法者互通信息，互相配合，使各方面的立法协调一致，合理地取舍立法项目，既消除立法中的重复劳动、分散精力、浪费人力物力的弊病，又消除立法中的疏忽遗漏、支离破碎、零乱无序的弊病，抑制只顾本部门、本地区、本领域利益的本位主义倾向。

---

① 周旺生著：《立法学》，法律出版社 2009 年版，第 425 页。
② 王起超：《新〈立法法〉强化立法规划的法理基础——基于立法规划的实证研究》，载《政治与法律》2023 年第 10 期。

立法规划应当有以上诸多功能，不表明它自然会有这些功能。① 应有功能要变为实有功能，需要具备条件。首先，立法规划一般应当在社会关系具有一定的稳定性，立法在国家、社会和公民生活中确实能起重要作用的条件下加以编制。在社会动乱、执政者并不重视或并不指望通过立法对国家、社会和公民生活发挥充分作用的条件下，立法规划要么无法产生，要么就是作为一种点缀产生。在这类条件下，立法规划就难以发挥其应有的功能。其次，立法规划的应有功能能否充分发挥，同立法规划本身的科学性程度直接相关。本身不科学、不符合实际生活需要、不具有可行性的立法规划，不可能变其应有功能为实有功能。再次，是否有保障立法规划得以实施的制度，也是立法规划的应有功能能否变为实有功能的一个条件。最后，如果执政者企望通过编制和实施立法规划而将立法导向阻碍社会进步的方向，这种立法规划的实有功能同一般立法规划的应有功能就直接相背离。

（二）外部功能

除对所立之法的影响以外，立法规划还具有加强党对人大工作的领导、协调立法与其所调整的社会关系、维护民主立法、构建完备的法律体系和法治体系等外部功能。

1. 有利于加强党对人大工作的领导

立法就是把党的主张通过法定程序转变为国家的意志，成为全社会普遍遵守的法律规范。立法规划首先明确立法的宗旨、目的和指导思想，以保证人大及其常委会制定的法规符合党的主张，符合党的路线方针政策，体现党委的工作要求。立法规划在通过前后，大多是以人大常委会党组名义报党委审查、批转的。这从制度上保证了党对立法工作的领导。坚持党对立法工作的领导是我国立法发展的一条基本经验，也是实现党对国家政权领导的基本形式。② 有利于使立法同改革发展稳定的重大决策相结合，同国家的立法进程相适应，推动经济和社会的发展。

2. 协调立法和它所调整的社会关系

随着经济和整个社会文明的演进，现代社会的经济、政治、科学、文化以及其他社会关系的发展，日益呈现出整体化，由此也愈益要求人们为适应这种整体化的需要，对各主要社会关系的立法调整加强规划性。立法如果没有规划性，而是盲目地走一步看一步地进行，就不能适应社会发展对立法调整的需求。编制立法规划，按照规划立法，正可以促使立法者去研究社会发展对立法的需求程度，将立法活动纳入有序的运行机制中，使立法和它调整的社会关系得以协调发展，并进而获得最佳社会效果。

---

① 周旺生著：《立法学》，法律出版社 2009 年版，第 426 页。

② 封丽霞：《中国共产党领导立法的历史进程与基本经验——十八大以来党领导立法的制度创新》，载《中国法律评论》2021 年第 3 期。

3. 维护民主立法

立法实践中，立法规划决定何种法律草案进入立法规划或计划、何种暂不进入、制定何种专项立法计划，而该种决定较大程度上由立法规划室进行决定。因此，立法规划编制权实际上成为整个立法过程中的一项"微型权力"①。然而，立法规划室的工作人员并非通过选举产生，其属于公务员序列，一定程度上具有行政官僚化色彩。但是，立法规划的公布一方面可以将立法机关行为进行可视化，便于公民了解立法进程；另一方面，立法规划阶段公民可以通过各种形式提出建议，间接参与立法。在当下中国的立法体制之下，立法规划这一程序为消弭立法官僚化、维护公民知情权、保障公众参与立法、维护民主立法提供了保障②。

4. 构建完备的法体律系和法治体系

社会关系的发展呈整体化的趋势，要求法律体系和法治体系本身的建设应当是系统化的科学工程。由此要求作为法律体系和法治体系存在前提的立法，首先应当有系统化。这就需要发挥立法规划的作用。一方面，通过立法规划，促使立法者将整个立法当作一盘棋来运筹。既避免只注意单个的、零散的立法项目而忽视以宪法为核心的整个法的体系的全局建设，又避免只注意立法活动的某一环节而忽视从法的制定、修改、补充和废止的全局来安排、布置立法。另一方面，通过立法规划，促使宪法和其他法之间、各部门法之间、各法的规范之间，在最大程度上协调一致，减少或避免法律体系内部的矛盾和不必要的交叉重叠现象。通过立法规划，发现法律体系中存在的问题，促进法的整理、汇编、编纂和其他法的系统化工作，使法律体系日渐完善。按照立法规划把立法当作系统工程，也意味着将立法置于整个法治系统工程，因之也必然有益于构建完备的法治体系。

三、立法规划编制的原则

立法规划作为目前中国立法活动的重要内容之一，对于提高立法的及时性、针对性和系统性具有重要的意义，故而立法规划在编制过程中也应当遵循一定的原则，以提升立法规划本身的质量。

（一）合法性原则

合法性原则是指编制和实施立法规划应有法的根据，或者不与现行法相抵触。③ 虽然

---

① 参见王起超：《新〈立法法〉强化立法规划的法理基础——基于立法规划的实证研究》，载《政治与法律》2023 年第 10 期。
② 参见王起超：《新〈立法法〉强化立法规划的法理基础——基于立法规划的实证研究》，载《政治与法律》2023 年第 10 期。
③ 周旺生：《论立法规划的原则》，载《法学评论》1993 年第 2 期。

立法规划的性质并不是准法，但是立法规划与正式的立法程序密切相关，甚至可以说是立法活动的重要组成部分，且《立法法》与各地的立法条例都对立法规划的编制作出了相应的规定。立法规划的编制首要坚持合法性原则，亦是贯彻落实依法治国基本方略、依法立法原则的必然要求。

合法性原则要求立法规划的编制权限具有合法性。立法规划编制权限的法定性一方面要求立法规划的编制主体具有法定性。立法主体是行使立法权限的载体，根据立法主体的不同，其立法权限也存在区别。故而作为对一项关于立法活动的安排和部署，其编制主体也必然是具有相应立法权限的机关或者是具有法定编制立法规划权限的主体或者是接受前两个主体授权的机关。另一方面则要求立法规划在编制过程中应当严格按照立法主体所具有的立法权限对立法项目进行安排，不应超出编制主体的规定职权范围。如地方人大常委会在编制立法规划时，应当严格遵循不抵触原则，根据《立法法》所规定的立法权限安排立法项目。

合法性原则还要求立法规划的编制程序具有合法性。立法规划编制程序的法定性要求立法规划的整个编制过程都应当于法有据，各个环节都应当按照规定的程序进行。具体而言就是立法编制的征求意见、审议、通过、公布以及调整都应当在法定程序的框架内进行。并且不同的立法规划编制主体虽然可以根据本地区的特点对立法规划的编制程序进行一定的调整，但是不得违反统一制度的基本原则，并且尽量避免出现过大的差异。只有实现立法规划编制的程序的法定性，才能将各种对立法规划编制的干预和干扰排除出立法规划编制的过程，制定出科学、合理的立法规划。

合法性原则还要求立法规划的内容具有合法性，也就是说立法规划的内容应当合乎宪法、上位法的要求。立法内容的合法性首先要求立法的内容具有合宪性。宪法作为我国的根本大法，在中国特色社会主义法律体系中居于统帅地位，其他的所有规范性法律文件都应该遵循宪法以及宪法的基本原则，不得与其相抵触。其次是立法规划的内容应当符合《立法法》对于不同立法主体的立法权限规定。具体而言就是对于《立法法》所规定的法律保留事项，除依法授权外，其他立法主体不得制定法规或者规章，也不得将与这些事项相关的立法项目纳入其制定的立法规划。尤其是在 2015 年《立法法》修正之后，地方有权编制立法规划的主体应当严格依据《立法法》的规定进行立法规划的编制活动，严格遵循不抵触原则，同时立法项目的选择也应当与《立法法》对地方性法规、规章、自治条例和单行条例的立法权限相一致。

（二）可行性原则

立法规划的可行性原则指立法规划在编制和实施的过程在未来的立法活动能够得到实现的程度。立法规划在编制和实施过程中不以可行性原则作为指导，极有可能导致整个规划周期内所规定的立法项目无法圆满地按照规划顺利通过立法程序成为正式的法律文本，直至顺延至下一届常委会所编制的立法规划中，浪费立法资源。立法规划想要对立法项目进行合理安排，增强立法规划前瞻性和系统性，必须坚持可行性原则。具体而言，需要注意以下几个方面。

一是对未来五年内的社会发展状况进行合理预测。立法规划主要是对未来五年内的立法工作进行安排，故而立法规划在编制时，应当立足当下，并对未来五年内的社会发展情况进行合理的预期，并在此基础上对立法项目进行选择。当然这种预期并不是靠立法规划编制人员的想象，而是从客观依据出发进行合理预期。而客观依据正是国务院每五年制定的关于国民经济和社会发展的规划，该国民经济和社会发展的规划为全社会揭示了国家在未来五年内经济和社会的发展方向，同样也为立法规划的编制工作提供了客观、科学的依据。立法规划在编制时应当以前瞻性、长远性、整体性视野对未来情况进行通盘考量和安排①，所以立法规划在编制时应当以国民经济和社会发展规划为基础，做出具有可行性的预测，充分发挥立法的引领和推动作用，促进立法规划的落实。

二是研究立法项目制定的社会基础和公众可接受性。立法规划对立法项目进行安排时，不能仅考虑立法项目的制定阶段，还应当考虑到该立法项目在实施阶段是否能够产生预期的法律效果，也就是对立法项目的社会基础和公众可接受性进行全盘考虑。如果一个新兴事物刚刚出现就急于通过立法进行规制，此时该新兴事物的主要矛盾可能尚未完全暴露，过早地对其进行规制可能会导致法律法规无法解决新兴事物的关键问题，而导致立法资源的浪费。而且人们的价值观念、道德观念、传统观念、社会心态也会对法的实施产生重大的影响，充分考虑这些因素对于法的贯彻实施具有重要的意义。在编制立法规划时将社会基础和价值观念都作为立法项目安排的重要标准，能够"将编制立法规划同谋求法的实效的充分实现结合起来"②。

三是立法机关在编制和实施立法规划时应当量力而行。一部法律、法规从立法项目到成为正式的法律需要经历严格的程序和多次修改调整的过程，而立法机关的人力和物力则是极其有限的，需要将有限的立法资源用在关键之处，而不是贪大求全，片面追求立法的数量。尤其是在地方立法之中，立法资源的稀缺问题更加凸显，每年地方人大能够通过的地方性法规或者自治法规、单行条例的数量都比较少，所以在编制立法规划的时候应该充分考虑立法机关的能力，将立法项目的数量根据立法机关的能力限缩到一定程度上，避免使立法工作的摊子铺得太大，导致立法质量的降低。如在部分设区的市人大所编制立法规划中，立法项目的数量就远远少于上级人大所制定的立法规划。同时限缩立法项目的数量，能够使立法机关对立法项目进行更加深入的调查研究，从源头上就对法律法规可能产生的问题进行控制。故而在编制立法规划时，应当坚持量力而行的原则，既考虑到社会现实情况和对立法的需求，又考虑到立法机关自身的能力。

---

① 王丹：《新时代地方立法规划制度的审视及其完善》，载《人大研究》2019 年第 3 期。
② 周旺生：《论立法规划的原则》，载《法学评论》1993 年第 2 期。

(三) 科学性原则

科学性原则要求立法规划的编制和实施遵循客观规律的要求，合理安排立法项目，作出最科学的选择。前述的合法性原则和可行性原则是从法律依据和现实依据角度出发对立法规划的编制和实施所提出的要求，而科学性原则则是对立法规划的具体内容所提出的要求。主要包括：

第一，坚持全局观念，注重立法规划统筹协调功能。立法规划要从全局上对整个立法的发展趋势和未来前景作出正确的判断，在总体上做好统筹兼顾，确保社会主义法律体系内部的和谐一致。① 一方面，全局观念要求立法规划站在整个社会生活的角度来进行统筹规划，服从国家法治建设发展的总要求，将党中央的方针政策贯彻落实下去。立法规划在编制时应当扩大立法项目的来源，发挥人大及其常委会在立法工作的主导作用，破除部门利益、本位主义、地方保护主义等问题，使立法规划能够全面地反映社会生活的真实需要。另一方面则要求立法规划应当坚持"立改废释纂"并举的原则，不仅仅规定法律制定的项目，将法律修改、废止、解释等立法活动都纳入立法规划的安排。坚持全局观念，就是要在立法规划的编制实施过程中处理好不同部门之间关系，协调好不同立法项目之间的关系，使立法规划能够做到全面而系统地对立法工作进行安排。

第二，突出重点，按照立法项目的轻重缓急合理安排立法项目。抓住重点带动全面工作，是唯物辩证法的基本要求。在对立法规划中的立法项目进行全面而系统的安排的基础上，还需要根据实际需要对立法项目的重要程度进行划分，将重要的、条件成熟的立法项目放在首位，集中力量优先解决重点问题。为在编制立法规划时体现区别轻重缓急、突出重点的原则，应把需要立法的所有项目，逐个进行分析研究，分别处理。其中，对当前急需、过去未曾制定，立法条件又比较成熟的立法项目。要列入规划，抓紧起草，尽快制定出来；对当前急需，特别呈深化改革、扩大对外开放所急需的立法项目，凡立法条件尚不成熟的，要积极创造条件，争取早日制定出来；对当前不急需、又不符合改革开放要求或立法条件不成熟的，暂缓列入立法规则。② 在诸多社会关系领域亟待立法调整的情况下，立法规划既要把握全局又要突出重点，注意区分轻重缓急。

第三，适时调整，根据社会生活的变化及时对立法规划进行修改。立法规划对未来社会情况的预测与现实情况很难完全一致，面对社会环境的不断变化，为了增强立法规划的科学性，也应当跟随社会生活的变化发展而进行适时调整。同时，对立法规划进行调整也是贯彻落实全过程人民民主的必然要求，在立法规划的实施中以人民群众的需要为导向进行调整，做到民有所呼，我有所应，仅凭一个长期不变的立法规划是难以实现的。

---

① 刘风景、周磊：《立法规划的属性、职能与编制》，载《扬州大学学报（哲学社会科学版）》2020年第2期。

② 李培传主编：《中国社会主义立法的理论与实践》，中国法制出版社1991年版，第130～131页。

四、立法规划编制的主体

立法规划有广义和狭义之分，广义的是指全国人大及其常委会、国务院、地方权力机关等有立法权的机关编制的立法规划；狭义的仅指全国人大常委会编制的立法规划。① 广义说较符合目前立法规划工作的实际，实践中的立法规划主体，应当是有立法权的人大常委会。如法律的立法规划应由全国人大常委会编制，地方性法规的立法规划应当由有权制定地方性法规的地方人大常委会编制。《立法法》第五十六条第二款规定"全国人民代表大会常务委员会工作机构负责编制立法规划、拟订立法计划"。负责立法规划编制的机构也经历了一个发展的过程：负责编制全国人大常委会立法规划的工作机构在第九届全国人大常委会之前一直是全国人大常委会秘书处；到了第十届全国人大常委会，立法规划则是由全国人大常委会办公厅负责，目前该工作机构调整为全国人大常委会法制工作委员会，由其专门负责编制全国人大常委会立法规划。② 值得注意的是，根据《立法法》第七十三条的规定，国务院并未获得制定立法规划的权力，仅能制定国务院年度立法计划。全国人大常委会法工委编制立法规划，主要任务是征求立法项目建议、对立法项目进行初步评估，制作立法规划草案等。地方人大及其常委会的立法规划，通常是参照全国人大及其常委会的做法，即由工作机构（办公厅或者法制工作机构）研究拟定，主任会议审议或者同意后，经同级党组织的同意后向社会公布。

五、立法规划编制的程序

《立法法》对立法规划编制提出了总体要求。第五十六条规定："全国人民代表大会常务委员会通过立法规划和年度立法计划、专项立法计划等形式，加强对立法工作的统筹安排。编制立法规划和立法计划，应当认真研究代表议案和建议，广泛征集意见，科学论证评估，根据经济社会发展和民主法治建设的需要，按照加强重点领域、新兴领域、涉外领域立法的要求，确定立法项目。立法规划和立法计划由委员长会议通过并向社会公布。全国人民代表大会常务委员会工作机构负责编制立法规划、拟订立法计划，并按照全国人民代表大会常务委员会的要求，督促立法规划和立法计划的落实。"《立法法》第七十三条对国务院行政立法规划编制也提出了具体要求，要求国务院法制机构应当根据国家总体工作部署拟订国务院年度立法计划，报国务院审批。国务院年度立法计划中的法律项目应当与全国人民代表大会常务委员会的立法规划和年度立法计划相衔接。国务院法制机构应当及时跟踪了解国务院各部门落实立法计划的情况，加强组织协调和督促指导。各地也对本地区的立法规划和年度立法计划编制提出了具体要求。如，2001 年制定、2018 年修正

---

① 全国人大常委会法制工作委员会国家法室编著：《中华人民共和国立法法释义》，法律出版社2015 年版，第 168 页。

② 全国人大常委会法制工作委员会国家法室编著：《中华人民共和国立法法释义》，法律出版社2015 年版，第 168 页。

的《湖南省地方立法条例》第四十八条第一款规定，省人民代表大会常务委员会主任会议根据本行政区域的具体情况和实际需要，编制立法规划和年度计划。立法规划和年度立法计划应当向社会公布。2003 年 10 月湖南省人民政府第 18 次常务会议通过的《湖南省人民政府制定地方性法规草案和规章办法》第八条规定，"省政府法制机构于每年第四季度对立项申请进行汇总研究，根据本省总体工作部署和改革、发展、稳定的需要，突出重点，统筹兼顾，拟定下一年度法规草案和规章制定工作计划，报省人民政府批准后执行。制定法规草案年度工作计划，省政府法制机构在报请省人民政府批准之前，应当与省人民代表大会法制委员会和有关专门委员会充分协商。"综合来看，编制地方立法规划的步骤可以分为以下四个阶段①。

第一阶段，征集立项项目建议。立法项目是立法规划的重要内容。征集立法项目建议并形成正式立法项目是编制立法规划的重要步骤。可以提出立法项目建议的主体比较广泛，如，公民、法人和其他组织可以向法定主体提出立法项目建议。除此之外，国家机关也可以提出立法项目建议，实践中，国家机关提出立法项目建议占比较大。如，在省一级政府立法层级，主要是由省政府有关部门提出立法项目建议。在省一级人大常委会立法层级，则是由省人大各专门委员会、省政府有关部门、省人民法院、省人民检察院以及省人大常委会工作机构等，提出立法项目建议。《安徽省人大常委会立法规划和年度立法计划编制程序》（2003 年 7 月 11 日安徽省第十届人民代表大会常务委员会第十二次主任会议通过、2016 年 9 月 5 日安徽省第十二届人民代表大会常务委员会第一〇五次主任会议修订）第四条规定："省人民政府、省高级人民法院、省人民检察院、省人大专门委员会可以向省人大常委会提出立法项目建议。省人大常委会各工作机构可以提出立法项目建议。本省其他国家机关、人民团体、社会组织和公民，也可以提出立法项目建议。"

第二阶段，形成立法项目。征集单位对收集的立法项目建议根据一定程序、标准筛查后，汇总形成立法项目。在省一级，是由省政府法制办负责接收立法项目建议并汇总形成立法项目。在省一级人大常委会，是由省人大常委会秘书处负责接收立法项目建议并汇总形成立法项目。如《安徽省人大常委会立法规划和年度立法计划编制程序》第八条规定："省人大常委会法制工作委员会对立法项目建议进行汇总时，应当对其是否符合下列要求进行审查：（一）属于省人民代表大会及其常务委员会的立法权限；（二）具有必要性和可行性；（三）符合本省实际情况。"

第三阶段，编制立法规划。立法项目建议经汇总后，由接收单位进行认真、全面的审查，在此基础上，编制立法规划。这是制定立法规划的一个重要步骤。在审查基础上，有关单位着手编制立法规划，形成立法规划草案。立法规划的内容大体上包括：规划的指导思想和原则；规划的目标、任务；规划的主要内容；落实规划的组织和措施。

第四阶段，审议、批准立法规划。立法规划草稿（草案）编制完成后，还应该继续在

---

① 谢勇主编：《地方立法学》，法律出版社 2019 年版，第 147 页。

一定范围内征求意见。然后正式提请有权的机关进行审议、批准。在省人大常委会，先由主任会议予以讨论，然后再提请常委会会议审议，目前有的地方需要常委会通过，有的地方仅提交给常委会审议即可。在省一级法制机构，对政府各部门报送的行政规章立项申请进行汇总，根据地方政府总体工作部署，结合本地社会经济发展的重点工作，统筹兼顾，研究拟定地方政府年度立法工作计划，报省一级政府审批，通过后一般由省政府办公厅行文发布。立法规划审议通过后，一方面要按照规划要求组织实施，在人员、经费等方面进行保障，保障立法规划目标的实现；另一方面也可以在实践过程中，根据实际需要适时地调整规划。

六、立法规划制度的完善

立法规划是我国地方立法实践中逐步形成的一种制度规则。《立法法》采用的是狭义立法程序论即把立法规划作为立法过程之一放置于"其他规定"章节而非纳入"立法程序"章节之下，此种设计不利于立法规划的精细化规范构造。基于立法质量提升、立法规划的功能等综合考量，将立法规划上升为正式立法程序具有必要性和紧迫性。

（一）规划编制信息收集与立法建议项目的形式审查

针对立项提出阶段的问题，笔者建议加大对立法规划编制工作的宣传，提高信息公开的深度和广度，提高规划编制工作的影响力；同时，对广泛收集到的立法建议项目进行初步审查，提取更有价值的立法建议项目信息。

第一，规划信息收集手段多元化。一方面，提高规划宣传，完善立法信息收集渠道。传统的规划宣传方式，初衷在于"根植基层""集思广益"，但也存在实际影响范围较窄和目的性较弱的问题。以规范性文件官方发布立法规划信息的方式，看似涵盖最广泛的社会公众，但是只有公众主动关注并提出建议，地方人大才能获得反馈信息。面对这种被动接受的方式，地方人大的主动作为，可能更务实高效。例如，通过"基层立法联系点"主动收集立法建议；拓展按照产业分工、专业领域为划分标准的立法信息收集途径①；运用"互联网+"、大数据、人工智能的科技手段创新立法信息分析和汇总方式等。此类专业化、集中化、科技化的信息收集方式相比于"全面撒网"的收集方式，更具针对性，信息反馈效率也较高。拓展这些新型方式，是对传统信息收集方式的有益补充。另一方面，地方人大应当扩大立法资源和信息的公开事项范围，让公众更广更深地了解立法规划编制信息和具体立法细节。例如，在立法规划编制初期，在地方人大常委会网站上设置专题，分设专栏公开征集立法项目建议的公告，从各领域收集到的立法建议和立法理由，立法规划草案和起草说明，对公众意见、建议的反馈，立法规划最终文本和理由，以及现行有效地方性法规名录及文本，地方性法规草案情况，地方性法规废止情况等基本资料信息。方便

---

① 俞祺：《地方立法适用中的上位法依赖与实用性考量》，载《法学家》2017年第6期。

公众检索和收集相关信息，全面了解地方立法概况，提出更科学、更合理、更有针对性的意见、建议。建立公众意见、建议的反馈机制，既要让公众参与进来，又要让公众了解为什么选择这些立法规划项目，还要保障公众对立法规划完成情况的监督权利。

第二，完善立法建议项目形式审查。立法建议项目需要具备一定的形式要件，这是立法规范化的程序要求。由地方人大相关法制工作机关对立法建议项目的形式要件进行初步审核，是获取有效立法建议信息的必要步骤。在地方的立法项目征集公告中，地方人大往往就提出项目建议明确形式要求，例如，"要有具体立法项目名称、立法的必要性和涉及的重点问题说明及立法依据等主要内容，还可附法规草案建议稿文本"。是故，地方人大一方面需要对征集的立法建议项目进行分门别类的整理汇总，另一方面需要对这些立法建议项目进行初步的形式审查。初步审查并不仅仅是对立法建议项目的形式要求，也是对立法建议项目价值的最基础直观判断。地方人大通过初步审查，并结合对本地区现行法规的分类梳理和前期立法规划调研，可以对本地区的立项需求、重点立法领域、立法成熟程度等情况获得基本了解和认知。需要强调的是，基于立项提出主体的实际地位不平等问题，初步审核的标准对不同主体应当有所差别。就普通公民与国家机关而言，普通公民对立法的调研在实际中受到各方面条件限制，他们所直接接触的社会问题，往往仅能强调立法的必要性，而对于其是否适合用于立法来解决缺乏论证[1]；而国家机关则掌握大量的立法信息资源以及丰富的行政执法实践经验，因而便于提出更全面的立项调研和论证资料。在初步审核过程中，地方人大对于发现的普通公民好的立法建议项目，可以建议相关职能部门予以支持办理，而并非一味以同等条件的审查标准为由予以苛求或排除。

（二）规范实质审查与完善人大主导立法

在立法建议项目初步审查研究基础上，对提出的立法项目进行实质内容审查，对编制好立法规划来说非常重要。实质审查首先应该对确定的立法项目进行立法范围和权限的审查，其次还要从立法的必要性、实用性、可能性等方面进行审查，最后，尤为重要的是要重视人大主导立法作用的主动发挥。完善立项标准审核制度。提高立项标准的可操作性，应当完善现有立项标准审核评价体系。对于立项标准的确定，可以从宏观与微观两个视角分析。

首先，在宏观上，大致从三个方面加以分析。一是政策方面，党的十九大对推进中国特色社会主义事业作出"五位一体"的总体布局，即经济建设、政治建设、文化建设、社会建设、生态文明建设，可以以此为框架设置立法项目的分类依据；并结合地方立法指导思想，对本区域立法需求重点进行预测和调研。二是理论层面，收集各领域专家在学术期刊和报纸中发表的学术观点和立法建议，为立法项目的筛选提供理论支撑。三是实践层面，通过专业化的立法信息收集渠道，汇总数据统计，大致了解社会公众的立法需求重

---

① 李步云、汪永清主编：《中国立法的基本理论和制度》，中国法制出版社1998年版，第199页。

点。其次，在微观上，大致从四个层面具体分析。一是重要性，即涉及立法事项的重要性程度，以及对本区域社会经济文化等各项事业发展的影响程度。二是紧急性，即涉及事项立法的迫切性，是否目前在该领域为立法空白而无章可循，是否因上位法修改而导致现有地方性法规与上位法严重冲突等。三是可行性，即在科学预测本区域未来五年立法技术、人力、财力、物力等实际条件下，考虑该立法项目是否成熟可行，是否符合立法规律，是否具有立法权限，是否具有可操作性。四是均衡性，综合考虑立法成本、各单位立法任务量等因素，对地方人大各专门委员会的立法任务进行均衡分配，既要节约立法成本，又要调动各立法责任单位的积极性。同时，还应考虑立改废项目的适当均衡，以及统筹城乡区域均衡发展。最后，按照微观上立法的可行性和均衡性标准，可以将立法项目分为两大类，一类是立法条件成熟项目，二类是立法条件不成熟项目。其中立法技术成熟项目包括四种：（1）重要、紧急、可行项目。列入立法规划的第一序列，抓紧制定或修改。（2）重要、不紧急、可行项目。（3）不重要、紧急、可行项目。属于第（2）（3）种的立法项目，应当列入立法规划的第二序列，酌情予以制定或修改。（4）不重要、不紧急、可行项目。属于第（4）种的立法项目，虽然立法条件能够达到，但是基于立法资源的有限性，可以先不予制定。立法条件不成熟项目，虽然有些也比较重要或紧急，但因未来五年内科学技术条件或立法条件达不到，可暂不列入本次立法规划。

第二，完善立法项目调研和论证制度。充分的立法项目调研和论证，是提高立法规划编制质量的关键。在实践中，立法规划调研和论证在时间安排、程序规范、制度效果等方面还存在不足。首先，在时间安排上给予立项提出主体较充分的准备时间。英国通常提前一年时间开始安排立法规划编制工作，准备时间较充裕①。而我国的次年地方立法计划一般在当年9月启动并下发申报通知，一般要求在1个月内申报完成，并在次年3月公开发布。如果没有提前启动相关调研、论证工作，有关单位在1个月内完成对提出的立法计划建议项目的合法性、必要性和可行性组织研究论证，并提交立法参阅件和法规草案，在准备时间上显得十分仓促。一些地方人大也关注到这一问题，并进行了改进。例如，甘肃省将编制立法计划工作适当提前，在每年3~4月即下发申报次年立法计划的通知，给有关单位至少半年的准备时间。这对于充分开展立法选项的基础工作，做好调研、文件汇编、理论研究、法规草案建议稿起草、专家论证等各方面准备，为下一步申报立法计划工作提供了基础。其次，应当严格规范调研和论证程序。调研和论证应当成为立法规划立项的必经过程，这是判断立项必要性、可行性的必要手段。可以适当拓宽调研方式和范围，在召开传统座谈会、论证会的基础上，深入基层开展调研。发挥基层立法联系点的沟通功能，以深度访谈、调查问卷等统计学方式为工具，建立更科学的调研模式。在项目论证方式上，应当创新工作方式。例如，2018年10月，湖北人大与4所高校共建"地方立法基

---

① 蒋劲松：《英国的立法规划》，载《人大工作通讯》1996年第2期。

地"，着力在以往立法专家顾问组的基础上打造升级版的高端立法智库模式①。2018年11月，作为地方立法基地之一的中南财经政法大学在对湖北省人大常委会2019年度立法工作计划建议项目进行论证评估时，采取了人大领导走进高校听取意见建议的方式。结合进入论证评估环节的14个立法计划建议项目特点，立法基地邀请了相关领域的14名学界知名专家参与，不仅包括地方立法专家，还包括法规对应的金融、环境工程、会计、公共管理等专业领域的专家。各位专家按照量化设计的"立法建议项目论证评估专家意见表""评估标准评分指标体系"，从国情、省情、专业等角度，对14个立法项目进行了公平公正的整体评分并审慎斟酌排序，最大限度地发挥各自专业优势，保证立法评估建议的客观公正性。最后，对于立法项目调研和论证结果给予应有的尊重。立项调研和论证的过程具有专业性和技术性，是增进立法科学性的有效措施。地方人大在筛选项目的过程中，对于调研和论证未通过的立法项目，不应因某些因素以行政化的思维模式加以强行立项通过，否则，调研和论证的程序意义将荡然无存。

第三，完善人大主导立法工作制度。人大主导立法，在立法规划全过程，特别是在组织和协调上非常必要。人大在项目筛选中的主导作用，一方面能避免其他部门的干预，另一方面体现在对编制进度的主动掌控。地方人大在制定立法规划时，既要契合当地改革发展大局，又要平衡立法效益和利益，还要节约立法资源。这几乎是难以取舍和平衡的立法选择难题。在取舍过程中，要面临部门利益的博弈，利益效果的评估，从本质上而言，是对立法资源的有效和合理分配。由人大站在主导的地位对规划工作进行总体把握，可以减轻受政府职能部门影响的程度，作出更为公正和合理的选择。同时，人大在组织和协调方面相较政府更具优势。人大立法的经验优势与对立法信息汇集的整合职责，使人大对当地地方立法形势、立法需求、立法重点拥有较为宏观和准确的认识。在立法项目筛选和评判过程中，能科学地区分轻重缓急，保证作出符合立法目的和价值的判断。

（三）提高审议公开度与提升公众参与度

一般而言，立法规划草案由人大常委会法制工作机构，在广泛征求意见和进行论证的基础上正式提出，提请主任会议审议通过。在实践中，地方人大在提请主任会议审议之前，经过了多次内部审议。

第一，规范审议批准程序制度。审议批准立法规划的程序应当细化规范，增强可操作性。对于审议程序，不同地方的立法规划的审议程序并不完全一致。从实践来看，其程序一般与法规案提请审议和发布的程序基本一致，例如需要经过会议讨论、批准、公布等环节。对于审议公开形式，可以借鉴政府信息新闻发布会的方式，也可以在地方人大常委会公报上发布，还可以借助网络、微信公众号等新媒体发布立法规划审议进度以及对审议状况进行实时报道。通过建立审议主体与社会公众的双向沟通桥梁，改变以往社会公众的单

---

① 田豆豆：《湖北人大与高校共建地方立法智库》，载《人民日报》2018年11月21日，第17版。

向接收模式。在公开内容上，除了公开审议议程、审议内容和审议结果以外，还应当说明审议修改、调整的过程和理由，从而最大限度地提高审议透明度。

第二，完善公众参与审议制度。立法规划草案的审议过程，是各方利益博弈和交涉的过程。在传统的会议审议过程中，地方人大及其常委会往往以邀请少数专家学者、人大代表参加其组织的内部座谈会、论证会的形式对立法规划草案进展情况进行意见交流。社会公众极少被吸纳进地方人大及其常委会的内部会议过程。事实上，唯有使多方利益主体在立法活动中充分表达，才能真正汇集民意并凝聚共识。在今后的立法规划审议过程中，应该在地方立法机关与社会公众之间形成程序化的审议沟通模式，建立和完善立法规划审议听证程序，通过规范的制度设计，保障公民充分行使立法参与权，从而提高立法规划编制的民主性。

（四）监督立法规划项目落实与强化理由说明

立法规划的编制主要是为了促进未来地方立法工作稳步有序开展，因此组织实施立法规划才是最终目标。对于立法规划的实施，重在严格规划项目单位责任履行和监督，协调规划确定性与灵活性的关系。

一是建立规划实施监督制度。在立法规划的实施过程中，应当加强对立法规划项目实施情况的检查。人大常委会法制工作机构，要担负起立法规划执行情况的督促检查责任，经常了解和定期分析立法规划的执行情况，一则督促立法规划项目顺利完成，二则根据实际情况对立法规划适时进行调整。不论是立法项目的提出主体，还是负责监督实施的人大机构，都应当按照立法进度依法及时开展相关立法活动，明晰工作责任制，对于无故拖延和不作为等行为，应当按照相关问责机制予以追究。

二是建立规划理由说明制度。规划理由说明制度指对于立法规划的修改、补充或其他变动应当具备充足的理由说明，并经由法定程序进行调整和公开。罗马法谚有云："立法理由不存在，法律也不应存在。"[1] 规划理由说明不仅是基于立法正当性的考虑，也是立法民主性的必然要求。立法规划是立足于地方立法机关专业判断基础上对有关立法的一种宏观设想，对于整个立法具有导向性的作用，本身并不具有实质约束力。然而，立法规划一般是立法工作机构在深入调查论证后，经过一定程序形成的。一经制定，就应该认真执行。但是，在立法实践中，毕竟立法规划时间跨度长、涉及面广，实施中可能会遇到各种可变因素。需要注意的是，在对立法规划作适当的调整时，应当经过严格的论证和充足的理由说明，并依据严格的程序来进行。对列入立法规划不能按时提交审议的项目，申报部门应当及时向人大立法相关工作机构作出书面报告。

---

[1]　王利明著：《法治：良法与善治》，北京大学出版社 2015 年版，第 104 页。

【事例分析】

一、立法规划调整的一般步骤

2015年十二届全国人大常委会立法规划经调整后再次公布。对比2013年公布的立法规划，发现进行了较大的调整。调整后的立法规划一、二类项目从原有的68件增至102件，实际增加了制定能源法、房地产税法，编纂民法典等34件项目。此次调整将十八届三中、四中全会决定明确提出的立法项目增加列入立法规划。通过修改立法规划更好地实现立法和改革决策相衔接，确保重大改革于法有据、立法主动适应改革和经济社会发展需求①。

对立法规划进行如此重大的调整势必需要经过一定的程序进行。虽然目前《立法法》仅对立法规划的编制进行了规定，但是立法规划调整的程序也应当与立法规划的编制程序保持一致。具体而言就是由全国人大常委会法制工作委员负责根据党中央有关立法工作的部署以及人大代表们所提交的议案和建议对原有的立法规划进行初步的调整，制作立法规划修改之后的草案，重新对立法规划中的立法项目进行统筹安排。然后再由全国人大常委会法制工作委员会将调整之后的立法规划草案提请全国人大常委会委员长会议审议通过，报请党中央批准后再通过全国人大常委会公报和中国人大网等渠道向社会公开。保持立法规划的编制和调整程序的一致性，既是将立法规划相关工作纳入规范化的程序轨道的前提，保证立法规划的每一个环节和步骤都能够配合得当、制约有度、井然有序，最大化地实现程序的民主、科学、效率价值，又能够保证立法规划编制程序的整体协调性，降低立法程序的成本，提高立法的效率。

二、立法规划修改的项目来源

在2015年对十二届人大常委会立法规划进行调整后，该届立法规划在原规划的基础上新增了制定能源法、房地产税法，编纂民法典等34件立法项目。通过对全国人大各专门委员会关于人大代表提出议案的审议报告和全国人大常委会法工委立法规划室负责人的说明等内容进行分析，可以发现立法规划修改所新增的立法项目主要有三个来源：一是将党中央的政策和决议中明确提出的立法项目纳入调整后的立法规划；二是将人大代表提出的议案转化为立法规划中的立法项目；三是向全社会征集立法项目的建议。

2013年十二届全国人大常委会立法规划出台到2015年对立法规划进行修改的时段中，党中央出台了许多政策性的文件和决定，其中对立法工作产生了重大影响的主要是2013年十八届三中全会通过的《中共中央关于全面深化改革若干重大问题的决定》以及2014年十八届四中全会通过的《中共中央关于全面推进依法治国若干重大问题的决定》两项决定，这两项决定明确提出了未来我国立法工作的重要任务与方向，对立法工作具有极其重

① 《十二届全国人大常委会立法规划作出调整 增加编纂民法典等34件立法项目》，载中国政府网：https://www.gov.cn/xinwen/2015-08-05，content-2909009.htm，最后访问日期：2023年9月8日。

要的指导意义。例如十八届三中全会决定中明确提出要完善税收制度并落实税收法定原则、加强反腐败制度保证以及推进文化体制机制创新等；十八届四中全会也明确提出了制定公共文化服务保障法和文化促进法、建立宪法宣誓制度、抓紧出台反恐怖等一批急需法等。以上党中央有关立法工作的决定最终都在立法规划中得以落实，是党领导立法工作基本原则的体现。在立法规划中将党的方针政策转化为具体的立法项目也是践行"善于使党的主张通过法定程序成为国家意志"的必然要求。立法规划工作中坚持党的领导，是加强立法规划全局性、系统性、科学性的关键举措，确保了立法规划的政治正确，同时又能够通过党的决定来体现人民意志，维护人民当家做主的地位，推进全过程人民民主。

2015年对立法规划进行调整所增加的项目除了来自党的方针政策以外，人大代表向全国人大所提出的议案同样是立法规划中立法项目的重要来源之一。人大代表是国家权力机关的组成人员，代表人民的利益和意志依法行使国家权力，《立法法》第五十六条也强调编制立法规划应当认真研究代表议案和建议。在对立法规划进行调整时，人大代表所提出议案当然应当作为立法规划的项目来源之一。如原全国人大常委会法律委员会在对十二届全国人大三次会议中代表提出的议案进行审议时，就将代表议案所提出的民法典编纂、环境保护税法等7个单行税法列入了调整后的立法规划。[①] 将代表议案和建议作为立法项目的来源是加强人大及其常委会在立法工作中的主导作用的重要环节，同时也能够拓宽人大代表参与立法的渠道，充分发挥人大代表民意、反映民生的重要作用，从立法的源头上增强立法的民主性。

除了上述两种来源，为了贯彻民主立法的原则，从法律法规制定的源头阶段贯彻全过程人民民主，立法规划在编制以及调整的过程中还会向全社会广泛征集意见，将社会群众的意见转化为立法项目。

三、立法规划的正文内容

第一，从立法项目的排列顺序来看，自九届全国人大常委会进行立法规划以来，宪法及宪法相关类的立法项目一直排在所有立法项目的第一位。此种立法项目的安排体现了对宪法根本法地位的尊重，彰显了宪法的权威。

第二，十二届立法规划调整后，立法项目中排在第一位是"关于建立宪法宣誓制度的决定"，前所未有地将立法性决定这一类立法项目置于如此优先的地位。而在前几届的立法规划中，立法性决定的位置往往处于中间偏后，甚至不作为立法规划的项目予以安排。作为少有的立法规划中明确规定的立法性决定，"关于建立宪法宣誓制度的决定"是贯彻落实十八届四中全会会议要求，加强宪法实施和监督的重要举措。立法性决定是中国特色

---

① 《全国人民代表大会法律委员会关于第十二届全国人民代表大会第三次会议主席团交付审议的代表提出的议案审议结果的报告》，载《中华人民共和国全国人民代表大会常务委员会公报》2016年第1期。

社会主义法律体系中独具特色的规范性文件，自中华人民共和国成立之后，立法性决定在我国的法治建设中发挥着弥补法律漏洞和完善法律体系的重要作用，强有力地推动了改革开放和法治中国建设的进程①，其在一定程度发挥了法律的效力，故而立法性决定纳入立法规划中体现了立法规划对立法工作的统筹谋划作用，将立法工作的方方面面都纳入安排，使立法工作能够有条不紊地进行下去。与2015年立法规划对立法性决定的重视相适应的是，全国人大常委会2016年立法工作计划首次在立法审议工作部分对立法项目的分类进行了调整，新增了"做好改革试点授权决定相关工作"的内容，将全国人大常委会本年度的改革、授权决定也纳入立法年度工作计划。从以上趋势可以看出，立法性决定愈发受到了全国人大常委会的重视，将改革、授权决定纳入立法年度计划中，使得立法决定工作也能够按照规划、计划的安排进行，是坚持立法规划科学性、可行性原则的体现。

第三，将立法项目按照现实条件分类进行安排，立法规划将立法项目分成了三类："条件比较成熟、任期内拟提请审议的法律草案""需要抓紧工作、条件成熟时提请审议的法律草案""立法条件尚不完全具备、需要继续研究论证的立法项目"。从上述三类项目不同的表述可以看出，三类立法项目的分类标准在于立法条件是否成熟，对于条件比较成熟的第一类立法项目应当重点安排，尽量推动该类立法项目进入立法程序成为正式的法律，第二类项目的重要性则次之，还需要继续开展法律的制定和修改工作，第三类项目则是立法条件尚不具备，故而第三类立法项目并不做具体安排，仅简略地表明第三类立法项目所处的领域，指出未来立法研究的方向。这样安排使得立法规划整体详略结合，既能够合理有序地对未来的立法工作进行安排，同时又能够避免立法规划的僵化，为后续社会生活的变化预留了足够的调整空间，以便及时开展立法活动。

四、立法规划的实施效果

前文从立法规划的调整程序、内容以及立法项目的来源进行了分析，在此基础上还需要对立法规划调整后的实施效果进行分析，以便全方位展示立法规划的编制与实施的全过程。如表4-1所示，十二届全国人大常委会立法规划一类立法项目的完成率为60.5%，二类立法项目的完成率为19.2%，总体完成率为50%。

表4-1

十二届全国人大常委会立法规划立法项目	第一类立法项目	第二类立法项目	总计
完成数量	46件	5件	51件
完成率	60.5%	19.2%	50.0%

---

① 金梦：《我国立法性决定的规范分析》，载《法学》2018年第9期。

从不同立法项目的完成率来看，第一类项目作为重点安排的项目完成率显著高于第二类立法项目。此与九届委员长李鹏强调的"立法工作要有计划、有重点、有步骤地进行"① 相一致，立法工作大体上是按照立法规划所安排的重点工作进行立法。未在立法规划时限内完成的立法项目中，一部分立法项目如监察法、检察官法（修改）在时限内提请审议并在下一届立法规划的时限内完成了立法任务，但是还有部分立法项目如电信法、原子能法等则并未提请审议。若将已经提请审议但并未通过的立法项目计算在立法规划的完成项目中，立法规划的完成率将会有一个较大的提升。但是应当认识到，立法规划中的部分项目一直都未进入正式的立法程序，说明立法规划的编制和实施在未来还存在改进的空间，这同样是我们未来需要着重研究的部分。

【延伸探讨】

《中华人民共和国慈善法》于 2016 年 3 月 16 日正式通过审议并公布，但是《慈善法》在立法规划与立法计划中的位置却经历了数次调整。2006 年 "慈善事业促进法" 纳入了《国务院 2006 年立法工作计划》的二级名单，后于 2008 年作为《十一届全国人大常委会立法规划》中的一类项目，紧接着被纳入了《全国人大常委会 2009 年立法工作计划》的预备项目，但是始终未能通过审议。后又在 2013 年公布以及 2015 年修改后的《十二届全国人大常委会立法规划》中作为一类项目予以安排，直至 2015 年以及 2016 年才被该年度的立法工作计划正式提上日程，并在 2016 年立法计划中改名为《慈善法》，最终通过审议并向社会公布。

问题提示：

1. 立法规划的统筹引领作用如何落实？
2. 立法规划与立法计划二者之间存在何种关系？

【课后阅读】

［1］ 王起超：《新〈立法法〉强化立法规划的法理基础——基于立法规划的实证研究》，载《政治与法律》2023 年第 10 期。
［2］ 汤能干：《地方立法科学立项的原则、标准和程序》，载《湖南社会科学》2023 年第 3 期。
［3］ 杨惠、于晓虹：《中国立法效率影响因素的再审视——基于全国人大常委会立法规划的实证分析（1991—2019 年)》，载《中国法律评论》2022 年第 2 期。
［4］ 陈书全、马鹏斐：《设区的市年度立法计划的实践检思与程序完善》，载《理论探索》2022 年第 4 期。

---

① 李鹏著：《立法与监督：李鹏人大日记》，新华出版社 2006 年版，第 295 页。

［5］苏波、李启祥：《立法规划编制工作的探究与强化》，载《人大研究》2022年第9期。

［6］朱最新：《论证抑或评估：地方立法立项的程序选择》，载《地方立法研究》2021年第2期。

［7］刘松山：《地方人大立法规划的十个问题》，载《地方立法研究》2020年第4期。

［8］叶萍：《立法中的协商式监督》，载《湖南科技大学学报（社会科学版)》2020年第5期。

［9］刘风景、周磊：《立法规划的属性、职能与编制》，载《扬州大学学报（人文社会科学版)》2020年第2期。

［10］龙婧婧：《试论地方立法立项标准体系的建立》，载《人大研究》2019年第9期。

［11］孔德王：《议程设置视角下的立法规划》，载《人大研究》2019年第5期。

［12］张燕：《地方立法立项与起草程序的内在机制及其完善》，载《山东社会科学》2019年第5期。

［13］卢护锋：《设区的市立法的精准化路径：基于立法选题的思考》，载《政治与法律》2019年第3期。

［14］王丹：《新时代地方立法规划制度的审视及其完善》，载《人大研究》2019年第3期。

［15］王培剑：《全国人大常委会立法规划制度对代表提案权影响的实证研究》，载《人大研究》2018年第6期。

［16］张钦：《制定立法计划应当考虑的主要因素——以设区的市立法实践为参照》，载《人大研究》2018年第6期。

［17］张三鑫、汪全胜：《地方立法的立项论证探讨》，载《重庆社会科学》2017年第10期。

［18］郭清梅：《公开征集立法项目建议的国内外比较研究》，载《西安交通大学学报（社会科学版)》2017年第6期。

［19］柯旭、吴章敏：《地方性法规立项论证若干问题研究》，载《地方立法研究》2017年第4期。

［20］张显伟，胡永德：《地方立法立项程序的建构》，载《地方立法研究》2017年第4期。

［21］张婷：《论地方立法的立项论证制度》，载《江汉大学学报（社会科学版)》2017年第3期。

［22］周伟：《立法项目论证制度研究》，载《甘肃政法学院学报》2017年第2期。

［23］于兆波：《非垄断性和非命令式的美国总统立法计划权》，载《北京理工大学学报（社会科学版)》2017年第1期。

［24］黄良林：《论地方立法的权限和范围：兼评温州市地方立法立项》，载《地方立法研究》2017年第2期。

［25］ 谢崇科：《立法需求的利益识别与平衡——基于一个立法选项的实证思考》，载《人大研究》2016 年第 3 期。

［26］ 石东坡：《立法需求的生成与确立问题探究——析〈立法法〉第 72 条第 4 款》，载《法学论坛》2016 年第 1 期。

［27］ 周伟：《论地方立法项目征集制度的完善》，载《江汉大学学报（社会科学版）》2016 年第 1 期。

［28］ 宋方青：《论立法规划的强化》，载《地方立法研究》2016 年第 1 期。

［29］ 黄武：《关于地方人大常委会编制立法规划的分析思考》，载《人大研究》2014 年第 2 期。

［30］ 黎堂斌：《新时期地方人大立法规划问题与对策探讨》，载《人大研究》2013 年第 1 期。

［31］ 穆中杰：《地方立法立项机制的实然回顾及反思》，载《法治研究》2007 年第 6 期。

［32］ 曾圣谡：《行政立法计划程序研究》，载《云南大学学报（法学版）》2007 年第 5 期。

［33］ 刘惠荣、柏杨：《立法规划的基本要求：科学性与民主性》，载《学习与探索》2004 年第 6 期。

［34］ 李刚：《关于地方立法选项机制的思考》，载《人大研究》2003 年第 1 期。

专题五　立法草案的设计

【事例介绍】

　　加强立法工作组织协调，进一步健全科学合理、高效权威的立法工作组织协调机制，对于提高立法质量，更好发挥立法在社会主义现代化建设中的保障作用，具有重要的意义。为高质量完成重点立法任务，切实解决各类体制机制问题，加大统筹协调的力度，2021 年 3 月 5 日江苏省苏州市十六届人大常委会第 49 次主任会议讨论通过了《关于重要立法项目实行"双组长"负责制的规定（试行)》（以下简称《规定》），对于重要法规起草"双组长"制度从规则设计层面做了明确规定。《规定》共十条，对"双组长"制的内涵、运行模式、工作机制等方面作出了规定。实行由人大分工联系的副主任和政府分管负责人共同牵头负责立法的"双组长"工作机制，是各省市人大在加强立法工作组织协调的探索中形成的有益经验。建立"双组长"工作机制，明确进一步加强人大与政府工作联系，有力推动了立法工作开展。在"双组长"工作机制下，构建"双组长、立法工作者、实务工作者、人大代表、专家学者"相结合的立法起草小组，形成常态化联系机制和督导协调机制，各担其责、密切协作，全程对接、发挥合力。在"双组长"立法工作机制下，人大、政府等各方都能够全程参与立法进程，充分表达意见，有利于加强党对立法工作的领导、增强立法的民主性、发挥立法对改革的引领和推动作用。"双组长"制已经在全国部分省市推动施行，作为地方立法工作中的一项重要的制度创新，对立法工作尤其是立法草案设计环节的影响深远。

【法律问题】

　　1. 立法草案与立法议案有什么区别？

　　2. 立法草案的设计属于立法的正式程序吗？

　　3. 立法草案设计有几种模式？

　　4. 立法草案的起草阶段主要包含哪些方面的工作？

【法条链接】

《中华人民共和国立法法》（2023 年修正）

　　第五十七条　全国人民代表大会有关的专门委员会、常务委员会工作机构应当提前参与有关方面的法律草案起草工作；综合性、全局性、基础性的重要法律草案，可以由有关的专门委员会或者常务委员会工作机构组织起草。

专业性较强的法律草案，可以吸收相关领域的专家参与起草工作，或者委托有关专家、教学科研单位、社会组织起草。

第七十四条 行政法规由国务院有关部门或者国务院法制机构具体负责起草，重要行政管理的法律、行政法规草案由国务院法制机构组织起草。行政法规在起草过程中，应当广泛听取有关机关、组织、人民代表大会代表和社会公众的意见。听取意见可以采取座谈会、论证会、听证会等多种形式。

《行政法规制定程序条例》（2017 年修订）

第十三条 起草行政法规，起草部门应当深入调查研究，总结实践经验，广泛听取有关机关、组织和公民的意见。涉及社会公众普遍关注的热点难点问题和经济社会发展遇到的突出矛盾，减损公民、法人和其他组织权利或者增加其义务，对社会公众有重要影响等重大利益调整事项的，应当进行论证咨询。听取意见可以采取召开座谈会、论证会、听证会等多种形式。

起草行政法规，起草部门应当将行政法规草案及其说明等向社会公布，征求意见，但是经国务院决定不公布的除外。向社会公布征求意见的期限一般不少于 30 日。

起草专业性较强的行政法规，起草部门可以吸收相关领域的专家参与起草工作，或者委托有关专家、教学科研单位、社会组织起草。

《规章制定程序条例》（2017 年修订）

第十四条 部门规章由国务院部门组织起草，地方政府规章由省、自治区、直辖市和设区的市、自治州的人民政府组织起草。

国务院部门可以确定规章由其一个或者几个内设机构或者其他机构具体负责起草工作，也可以确定由其法制机构起草或者组织起草。

省、自治区、直辖市和设区的市、自治州的人民政府可以确定规章由其一个部门或者几个部门具体负责起草工作，也可以确定由其法制机构起草或者组织起草。

《关于重要立法项目实行"双组长"负责制的规定（试行）》（2021 年苏州）

第一条 为了加强和改进重要法规草案起草工作，完善重要法规起草工作推进机制，提高立法质量和效率，根据本市实际情况，制定本规定。

第二条 本规定所称重要立法项目，是指有关贯彻落实市委重大决策部署、涉及部门多、社会影响面广、人民群众关注度高、立法难度大的项目。

第三条 本规定所称"双组长"负责制，是指由市人大常委会和市人民政府分管领导共同担任组长，承担重要立法项目起草工作的组织实施，协调、研究解决立法中的重大事项，确保法规草案按计划提请市人大常委会会议审议的立法工作推进机制。

第四条 实行"双组长"负责制的重要立法项目，应当在市人大常委会年度立法计划中确定。根据工作需要，经主任会议决定，可以调整实行"双组长"负责制的重要立法项目。

"双组长"负责制立法项目确定后，市人大有关专门委员会或者常委会工作机构，应当及时制订"双组长"负责制工作方案，成立立法工作领导小组，明确工作内容和要求。

第五条 实行"双组长"负责制，应当建立由"双组长"、副组长、成员组成的立法工作领导小组。

"双组长"由市人大常委会分管人大有关专门委员会或者常委会工作机构的副主任和市人民政府分管法规起草单位的副市长担任。

副组长由市人大常委会联系人大有关专门委员会或者常委会工作机构的副秘书长、市人民政府协助分管法规起草单位的副秘书长、市人大有关专门委员会或者常委会工作机构主要负责人、法规起草单位的主要负责人担任。

成员由市人大有关专门委员会或者常委会工作机构、法制工作委员会、市司法局、法规起草单位，以及相关部门的分管负责人担任。

立法工作领导小组可以下设办公室，承担日常具体工作。办公室设在法规起草单位，由法规起草单位的主要负责人担任办公室主任。

第六条 "双组长"立法工作领导小组通过召开会议、开展联合调研考察等形式履行职责、开展工作。

第七条 "双组长"负责制立法项目确定后，立法工作领导小组应当及时召开会议启动立法工作，对法规草案起草工作的总体思路、时间进度、立法调研安排、起草责任落实等重大事项，作出具体部署和安排，保障起草工作顺利有序推进。

法规草案在提请市政府常务会议讨论前，立法工作领导小组应当召开会议，听取法规草案的起草情况、主要内容，协调、研究法规适用范围、管理体制机制、部门职责分工、重大制度设计、行政处罚、行政许可、行政强制、重大争议和焦点矛盾等重大问题，以及拟提请市政府常务会议讨论解决的事项，将重大利益调整和重大争议问题解决在提请市人大常委会会议审议之前。

除前两款规定外，根据工作需要，"双组长"可以临时召集会议，协调、研究解决立法中有争议的重大问题。

第八条 在法规草案提请市人大常委会会议一审前，市人大常委会分管领导应当召集市人大有关专门委员会或者常委会工作机构全体会议，听取市人大有关专门委员会或者工作机构立法调研情况汇报，研究法规草案中重大制度措施的合法性、合理性、可操作性，并讨论审查意见报告的主要内容等。

市人大有关专门委员会或者常委会工作机构全体会议可以邀请立法工作领导小组其他成员参加。

第九条 法规草案一审后仍有重大争议、重大问题需要协调解决的，由市人大常委会分管立法工作的副主任和市人民政府分管法规起草单位的副市长共同协调、研究解决。

第十条　本规定自主任会议通过之日起试行。

【基础知识】

一、立法草案的释义

（一）立法草案的概念

立法草案从字面上而言是指拟成而未经有关机关通过、公布的，或虽经公布而尚在试行的法令、规章、条例等文本。学界对立法草案概念的专门研究不多，现有观点之间也存在区别，如学者罗传贤认为立法草案是"具有规范效果的法律条文，已经有关机关拟定，而尚未经立法机关审议通过及正式公布施行之公文书"。[1] 学者周旺生认为立法草案是法案起草的结果即"由有关主体将拟议提交有关机关审议、表决的法的原型按一定的要求诉诸文字的活动，也即通常所说的法律、法规、规章等规范性法文件草案的起草"。[2] 学者孙敢认为"法的草案是指提交给有权立法的主体审议和表决的规范性文件的原型"。[3] 学者谷安梁认为立法草案即"提交审议的法律草稿或文本"。[4] 通过梳理可知，前述学者虽对立法草案的理解略有不同，但对其进行比较与概括，可以提炼出立法草案概念的"最大公约数"，即立法草案是指有关主体提交给有权立法的主体进行审议、表决，且尚未经批准通过及正式公布实施的法律草稿或文本。

（二）立法草案与关联词语的概念辨析

无论是在学术研究中还是实践中，立法草案常常与议案、立法议案等相近词语相混淆甚至是混用。因此，对这些关联词语进行辨析，有利于正确认识、理解立法草案，其区别主要在于：

（1）立法草案与议案。议案指相关主体按照一定程序向有关审议主体所提交的议事原案，属于对各种议事提案、议事原型的总称。[5] 其与立法草案之间的区别主要表现在范围和内容两个方面。就范围而言，议案包括法案、立法案、立法议案、法律草案、法规草案等，立法草案亦属于广义上议案的一种；就内容而言，法律草案的内容一般涉及法律法规等具有法律性的内容，而议案的内容既可以是法律性内容，也可以涉及财政预算、人事任命、外交与战争等内容。

---

[1]　罗传贤著：《立法程序与技术》，台湾五南图书出版股份有限公司 2018 年版，第 91 页。

[2]　周旺生：《论法案起草的过程和十大步骤》，载《中国法学》1994 年第 6 期。

[3]　孙敢、侯淑雯主编：《立法学教程》，中国政法大学出版社 2000 年版，第 176 页。

[4]　谷安梁主编：《立法学》，法律出版社 1993 年版，第 101 页。

[5]　周旺生著：《立法学教程》，北京大学出版社 2006 年版，第 441 页。

（2）立法草案与立法议案。立法草案与立法议案是最易混淆的概念，立法议案是指享有立法提案权的机关、组织或人员（以下简称为提案主体）按照法定的程序和方式向特定的立法机关提出的关于制定、修改、废止某项法律法规的动议①。立法议案又可称为"法案""法律案""法规案""立法案"等。在英国，立法议案被称为 Bill，主要指向立法机关提交以备审议制定为法律的议案，经立法机关审议通过后便成为法律，称作 Act 或 Statute。立法机关的法律（Act 或 Statute）同司法机关所创制的判例法（Caselaw）统称为 Law。在美国，立法议案被称为 Proposal，主要指立法机关提交以备审议制定为法律的议案。当法案（Proposal）经立法机关审议通过后便成为法令，也称作 Act。立法机关的法令（Act）经行政长官核定并完成其他规定的程序时便成为法律，称作 Law②。

立法议案与立法草案的区别主要表现在提出主体和内容两个方面。就提出主体的区别而言，立法议案的提出主体通常由法律规范作出明文规定。换言之，立法提案权是一项法定的专属职权，立法议案作为向立法机关提请审议的对象，其提出的主体具有明确的指向。我国《宪法》和《立法法》以及有关组织法和议事规则对享有立法提案权的主体都进行了具体规定。以《全国人民代表大会组织法》为例，全国人民代表大会主席团、全国人民代表大会常务委员会、全国人民代表大会各专门委员会、国务院、中央军事委员会、国家监察委员会、最高人民法院、最高人民检察院，可以向全国人民代表大会提出属于全国人民代表大会职权范围内的议案；一个代表团或者三十名以上的代表联名，也可以向全国人民代表大会提出属于全国人民代表大会职权范围内的议案。但是并非有权主体提出的所有立法议案均会被纳入议程，法律案能否列入大会议程取决于其能否通过起过滤作用的"前置性"审议程序对其进行实质性的"法律案成熟度"判断③。

就内容上的区别而言，相较于立法草案内容的独立性，立法议案的内容具有整体性。立法议案内含材料一般包括立法草案说明、立法草案文本以及立法参照依据材料等，立法议案是"一套"内容详实的议案。根据《立法法》第五十八条的规定，提出法律案时应当同时提供该立法议案的草案文本以及说明，以及必要的参阅材料。立法议案制定完毕后，需经提案主体向立法机关正式提出，才有可能被列入议事日程，从而成为立法机关所审议的对象。

（三）立法草案的特征

作为提交有权立法主体审议和表决的规范性文件的原型，立法草案具有其独有的特征，主要表现为如下：

（1）制定主体的广泛性。立法草案的制定主体并不一定具有立法提案权，如《立法

---

① 汪全胜：《论立法提案》，载《新疆大学学报（哲学社会科学版）》2004 年第 3 期。
② 郭道晖主编：《当代中国立法》，中国民主法制出版社 1998 年版，第 1244 页。
③ 陈玉山：《法律案成熟度及其论证框架》，载《政法论坛》2020 年第 6 期。

法》第五十七条规定，综合性、全局性、基础性的重要法律草案可以由有关的专门委员会或者常务委员会工作机构组织起草；专业性较强的法律草案可以吸收相关领域的专家参与起草工作或者委托有关专家、教学科研单位、社会组织起草。可见，立法草案既可以由具有立法提案权的主体产生，也可以由不具有立法提案权的主体产生。

（2）内容的独立性。相比较而言，提交审议的立法议案通常为"一套"文件，其中既包括立法草案文本，还包括立法草案说明、立法参照依据材料等系列论证性材料，具有整体性。而立法草案只包含拟立法律性规范文件的具体法条本身，仅仅是"一份"单独的规范文件，并不需要与其他文件结合使用。

（3）结果的临时性。由于立法草案是尚未经批准通过及正式公布实施的法律草稿或文本，因此，其结果本身具有较强的临时性。既有可能因内容不具有合法性或合理性而被驳回，也可能因缺乏可行性或必要性而面临修改。

（四）立法草案设计的作用

立法草案设计处于立法活动的事中阶段，虽不如立法活动的最终环节——颁布实施引人注目。但是，立法草案设计对于推动立法工作的建设具有巨大作用，根据其影响的范围可以将其概括为内部作用和外部作用两种。

（1）内部作用。即立法草案设计对于某项立法活动本身的作用。良法是有效开展法治建设的基本前提。[1] 立法草案设计作为立法活动的关键一环，直接体现立法意图，草案的质量是决定后期审议修改以及法律案能否顺利通过的关键，其合理性更事关法律案生效后的实施效果。

（2）外部作用。即指立法草案设计对于整个立法领域的作用。通过强化立法草案设计可以助推立法人才队伍建设。"法治人才是具有丰富的法治知识、娴熟的法治技能，符合特定的法律道德标准，从事立法、执法、司法、法律服务等工作的专门人才。"[2]《中共中央关于全面推进依法治国若干重大问题的决定》明确指出，全面推进依法治国必须全面加强法治工作队伍建设。立法队伍属于法治专门队伍中重要的一支，起草、修改规范性文件为其重要工作内容之一，立法草案设计能力是评估我国立法队伍整体技能水平的重要衡量标准。强化立法草案设计，对于加强立法起草理论研究、助推立法人才队伍建设、提升立法质量和效率具有重要意义。

二、立法草案起草人的概念及特征

法案起草主体是将应当以书面形式提交立法主体审议的规范性文件的议事原型表达形成文字的机关、组织和人员的总称，即立法提议和法的草案的创制者。法案起草人属于法

---

① 石东洋、逯恒纳：《行政立法草案的审查思维、标准与方法》，载《中国司法》2020 年第 10 期。

② 刘风景：《法治人才的定位与培养》，载《南开学报（哲学社会科学版）》2017 年第 5 期。

案起草主体最重要的组成部分，其可以被界定为将应当以书面形式提交立法主体审议的规范性文件的议事原型表达形成文字的人员。① 法案起草主体的另外两个构成部分即法案起草机关和法案起草班子均主要由法案起草人构成。

法案起草人的特征主要表现为：其一是角色定位为难题解决者。法案起草人需要解决的难题是多方面的，除了理解立法者意图并形成清楚明确有逻辑性的草案文本外，还面临着协调处理纷繁复杂的利益关系、解决超出起草人日常经验范围的技术性问题等难题。其二是准入条件严苛。法案起草难度较大，对称职法案起草人设有严苛的准入条件要求。法案起草人可以分为职业起草者、半职业起草者、非职业起草者三类，职业起草者要求在法制工作领域尤其是立法工作领域中职业素质高于平均水平，并且兼具丰富的立法实践经验、相当的立法理论修养和较高的立法研究水平的人员。半职业法案起草者，应当是在法学领域尤其是立法学领域有相当研究和较高水平的人。同时，二者应当确保法案能够正确反映决策者、提案者的立法意图，懂得立法的一般方法和基本条件，具有较高的文字表达能力等系列技能。而非职业起草者也应当朝具备前述条件的方向努力。②

三、立法草案设计模式的类型

（一）人大内部工作机构起草设计模式

党的十八届四中全会提出"健全有立法权的人大主导立法的体制机制"。2023 年 9 月，全国人大常委会委员长赵乐际在全国人大常委会立法工作会议中强调，要坚持人大在立法工作中的主导作用，认真做好组织法律起草、重大问题协调、审议把关等工作。因此，地方政府部门主导立法向地方人大及其常委会主导立法转变，克服政府部门组织立法起草中的行政化倾向、"部门利益保护"倾向，确定地方人大在立法体制中的主体地位和主导作用，是新时期提高立法质量的重要保证，是实现科学立法、民主立法、依法立法的必然要求。由人大主导立法起草是扭转人大在立法中被动消极的地位，实现法定意义上人大立法权回归的当务之急。③ 人大内部工作机构起草设计模式是指具有立法权的人大常委会主导完成法案起草的任务，主要包括由人大内部专门工作机构单独起草设计、由人大工作机构组织联合起草设计两种情形：

（1）人大内部专门工作机构单独起草设计。人大内部专门工作机构单独起草设计的工作机构又可以细分为两种类型：第一种是由相关委员会起草，一般负责在其管理事项范围内起草相应的立法草案，如全国人大环境与资源保护委员会起草《长江保护法（草

---

① 郭道晖主编：《当代中国立法》，中国民主法制出版社 1998 年版，第 1254～1256 页。
② 郭道晖主编：《当代中国立法》，中国民主法制出版社 1998 年版，第 1254～1256 页。
③ 朱述洋：《地方人大主导立法起草的困境与出路》，载《人大研究》2016 年第 5 期。

案)》。第二种是由人大常委会的法制工作委员会起草。可以看出，在人大内部并非所有的内部工作机构都可以承担起草主体这一身份，一些机构因其工作性质和职能范围无法承担起草工作，如全国人大设置的办公厅、代表资格审查委员会等。应当注意的是，受制于各专门委员会的职责和人员的限制，人大工作机构本身进行法案起草的比例相对较低。

（2）人大工作机构组织联合起草设计。相较于人大工作机构自己主持起草来说，人大工作机构组织联合起草设计更为常见，此种模式下，人大相关委员会或法工委为牵头组织者，政府法制办、主管部门和相关部门组成"固定班底"，根据情况需要，还可"特邀"提出议案的人大代表和专家学者、行政相对人，共同参与地方立法调研起草，并加强立法组织协调，召开立法协商会和专题研讨会。在 2015 年《立法法》确立"人大主导立法"之前，一般由政府部门对口起草，人大工作机构组织联合起草只是例外。在 2015 年《立法法》修改后，人大工作机构组织联合起草的情形愈加增多，比例愈加提高。如 2015 年安徽省提请审议的 18 件法规草案中，由安徽省人大专门委员会或常委会工作委员会牵头组织联合起草的有 9 件，占到总数的一半。① 由相关委员会组织政府有关部门采用联合起草模式制定立法草案的方式，有助于协调有关方面的利益与关系，部门优势也能得到发挥，为法规进一步的执行做好准备，尤其是对分歧较大的重点难点问题进行"主控"，有效防止部门利益倾向和地方保护。此外，还能充分利用社会资源，吸引专业人士积极参与立法。人大工作机构组织的起草相比机构单独起草的优势在于，通过利益交流与博弈平台的搭建促成了法案列入议程之前协调各种利益关系并为后续提请审议提供高质量的法规草案奠定基础。

（二）委托起草设计模式

梳理委托起草设计模式前，有必要明确委托起草设计的性质。关于委托起草行为的性质，不同学者基于不同的立场对其有着不同的理解，主要形成了如下两种观点：

（1）委托立法说。此种观点认为，委托起草是将有立法权的主体委托第三方起草法律草案的行为，视为委托立法②。此类观点中，还有学者认为委托起草是将某一特定立法项目的全部或者其中的部分通过立法招标等方式委托给第三方，以期通过中立、多元的民主参与途径，消除法规制定中的部门色彩，提高立法的科学性、民主性、公正性③。

（2）立法辅助工作说。此种观点认为，委托起草是一种立法辅助工作，受托承担法律

---

① 范天娇：《牵头起草法规案占年度审议"半壁江山"》，载《法制日报》2016 年 1 月 5 日。
② 胡峻：《地方政府规章制定中的委托立法》，载《行政论坛》2007 年第 5 期。
③ 王仰文：《地方人大委托"第三方"参与立法的理论诠释与实践思考》，载《河北法学》2014年第 10 期。

草案起草工作的第三方不是立法机关或其工作人员，而是立法辅助人员，是协助立法机关及人民代表履行立法职责，从事的主要是立法准备或辅助工作。委托起草主要追求的是立法的科学性和一定程度上的公正性①。

实际上，起草立法草案是一种立法准备活动，并非立法活动本身，我国《立法法》关于全国人大及其常委会的"立法程序"的规定中，只将从法案到法的阶段视为立法活动，起草立法草案并未被规定在"立法程序"之中。因此，本书认为将委托立法起草定性为一种辅助工作更符合法律规定。

2014年十八届四中全会审议通过了《中共中央关于全面推进依法治国若干重大问题的决定》（以下简称《决定》），《决定》提及要"健全立法机关主导、社会各方有序参与立法的途径和方式。探索委托第三方起草法律法规草案"。现行《立法法》第五十七条第二款明确规定："专业性较强的法律草案，可以吸收相关领域的专家参与起草工作，或者委托有关专家、教学科研单位、社会组织起草。"各地方有关的立法条例也做了相应的规定。

实践中，在《立法法》明确委托起草制度之前，地方已经开展过一系列尝试，如1998年重庆市人大常委会委托西南政法大学起草《司法鉴定条例》，开启了全国范围内省级人大首次委托专门院校立法的先河②；2004年，湖北省原省经委委托中南财经政法大学起草《湖北省反窃电条例》，受到省政府法制办等部门的肯定；2006年，由中南财经政法大学法学专家起草的《湖北省行政执法条例》，经省十届人大常委会第24次会议审议通过③。委托起草是立法民主化的表现，不仅使立法从源头上直接摆脱部门利益化的影响，而且由于委托主体中立者的身份，更容易接受来自社会公众等各方利益群体的各种诉求和意见。委托第三方起草模式兼具参与主体的专业性、参与阶段的主导性、参与地位的中立性等优势特征。④ 在委托起草中第三方的组织形态是否多元、选择过程是否公开、在起草过程中与立法部门和社会公众能否良性互动、对起草结果的评价主体是否独立客观、评价标准是否科学、违约责任是否明确都会对起草实效产生不同的影响。⑤

实践中的委托起草，主要采用直接委托和竞争招标两种方式。直接委托方式中，主要是依托立法智库展开立法草案设计工作。如部分地方人大依托地方高等院校建立了一批"立法研究中心"或"立法基地"等名称各异但功能类似的机构，由地方人大及其常委会与对应高等院校签订合作共建协议并拨付给高校一定的研究经费，高校研究中心或基地则

① 张峰振：《论委托第三方起草法律草案制度》，载《内蒙古社会科学（汉文版）》2016年第1期。
② 郑伟华：《地方立法质量提升路径研究——以重庆市直辖以来地方立法为例》，载《公民导刊》2018年第6期。
③ 赵良英、李明璞：《委托起草法规开阔立法新思路》，载《湖北日报》2007年1月17日，第2版。
④ 王书娟：《委托第三方起草之立法模式探析》，载《东南学术》2019年第1期。
⑤ 王书娟：《地方立法委托第三方起草实效之影响机理分析》，载《河北法学》2019年第5期。

承担一些地方性法规或地方政府规章的起草工作。例如湖北省人大常委会与武汉大学、华中科技大学、中南财经政法大学以及中南民族大学共同建立的"湖北省地方立法研究和人才培养基地"。

在竞争招标方式中，招标人将需要拟定的立法项目公开发布，由符合条件的组织、机构或个人投标应标，由招标人在众多应标者中进行选择，确立投标人，签订委托拟定法规草案的协议。如2015年，江苏省南京市人大常委会首次在媒体发布了《南京市地方性法规起草招标公告》，采用公开招标的方式委托第三方起草《南京市住宅物业管理条例》①等。采取公开竞争招标方式，可以吸纳更多部门、社会团体、专家学者参与到法案起草的竞争中，有益于提高立法质量。

（三）政府专职法制机构起草设计模式

政府专职法制机构指专门从事法律性规范文件制定的部门，2018年党和国家机构改革之前，国务院原设有法制局，后改为国务院法制办公室，承担统筹规划国务院立法工作的责任，负责起草或者组织起草有关重要法律草案、行政法规草案。地方各级政府也一般在其办公厅设有法制机构，从事地方政府规章的起草组织工作。2018年党和国家机构改革，国务院法制办与司法部合并组建新的司法部，原国务院法制办的职责由司法部相关机构行使。地方各级人民政府也都进行了相应的改革成立新组建的司法厅、司法局等。与政府内部的其他职能部门不同，在法案起草上，政府专职法制机构不涉及自己本部门的利益，其本身的职能职责也不涉及起草法案所调整规制的社会关系，因而可以被视为一个"中立者"的角色。虽然在立法宗旨、原则、依据及有关草案的重难点和重要制度设计方面，还需要人大的主导，但人大通常不会介入政府专门法制机构的具体工作之中，政府专职法制机构起草设计又可以细分为如下两种方式：

（1）政府专职法制机构单独起草设计。对政府专职法制机构而言，其职责并不仅限于对相关立法的起草设计工作，加之其编制和人力有限，由其单独起草设计立法草案的情况并不常见。从地方上来看，以山东省司法厅为例，山东省司法厅下设三个立法处室（立法一处、立法二处、立法三处）可负责地方性法规以及政府规章的起草工作，而每个处设一名处长，二至五名职员不等，三个处有一定的职责分工，通过受省人大及其常委会委托或省人民政府的安排，起草地方性法规草案。各地省级政府法制部门基本上是这样的一种设置与安排，也有的法制部门并不负责起草而只负责审批。

（2）政府专职法制机构组织起草设计。政府专职法制机构组织起草比政府专职法制机构单独起草更为常见。一般而言，政府专职法制机构组织起草设计的立法通常涉及多个政府行政部门的职责，不适宜由政府专职法制机构或是某个单独的政府行政部门进行起草，

---

① 肖姗：《南京市人大常委会首次采用招标方式委托第三方起草地方性法规》，载《南京日报》2015年1月5日。

而由政府专职法制机构进行组织起草。一来可以发挥各个部门对于立法所涉事项的专业优势，二来也可以在一定程度上限制单个部门利益倾斜。在此种模式下，政府专职法制机构可以在起草工作中很好地进行内部工作沟通和协调交流，一方面有效解决立法工作中的矛盾及问题，另一方面也使得部门利益冲突在起草过程中得以化解，促成各种不同利益的协调与均衡，避免因部门间意见对立和矛盾导致立法在此阶段出现搁浅。

四、立法草案设计的整体要求

（一）以正确的政治方向为前提

立法草案是民意的集中反映，是整个立法过程中进行商讨的核心内容，也是形成正式法律文本的基础。因此，立法草案的设计走向，直接影响立法草案本身的方向。党的十八大以来，党中央多次强调坚持党对立法工作的全面领导。2023 年 9 月，全国人大常委会委员长赵乐际在全国人大常委会立法工作会议中指出，立法必须旗帜鲜明讲政治，并且具体地落实到包括立法草案设计在内的立法工作全过程各环节。因此，在立法草案设计时，要提高政治判断力、政治领悟力、政治执行力，牢牢把握立法工作正确政治方向。

（二）以深厚法学理论为支撑

立法草案的设计是技术性活动，运用立法技术需要深厚的法学理论作为支撑。只有系统掌握法律的概念、法律的原理，掌握法律发展规律，才能用法言法语概括社会中混沌的立法需求，才能够将社会需求设定为行为规范。法案制作必须掌握国家的政治制度和立法体制，才能清楚立法权限划分，提供可行的方案，处理好不同法律规范、不同制度之间的协调关系。掌握系统的法学理论也是对所有法治人才的要求，是所有法律工作者的必备素养①。法学理论是立法草案设计的重要支撑。

（三）以充足的技能训练为基础

立法草案质量的高低取决于立法工作者的立法技能水平，因此对于相关工作人员必须开展具体的技能训练。法案制作不仅是理论的，更是实践的。法案制作技能不仅是言传的，更是养成的，只有通过不断的实际操作、演练才能形成良好的技能。在立法人才培养中应当加强立法技能训练，具体开设"法案制作""法规点评"实务课程，就像通过"模拟法庭""经典案例分析"等实务课程培养司法人才一样，让学生亲自参与法案制作，在活动中熟悉法案制作过程，积累法案制作经验，掌握立法技术规范。通过"法规点评"，评价现行立法的得与失，总结立法经验。立法人才培养必须对立法部门、立法专家开放，

---

① 邓世豹：《论建立法案制作为中心的立法人才培养机制》，载黄建武主编：《立法评论》，法律出版社 2016 年版，第 286 页。

通过在立法部门建立实习实践基地，邀请立法专家言传身教，强化立法人才培养。以法官、检察官、律师等司法人才为中心的法学教育难以胜任立法人才培养工作①。

（四）善于运用整体性思维

熟悉法学原理，掌握法案制作技术的立法人才还有专门的素质要求，即具有整体性思维。法案制作中思维过程主要呈现归纳思维特点，立法决策程序遵循个别到一般、从归纳民意到集中表达民意的基本逻辑过程，明显区别于行政和司法的实施程序的一般到个别、法律规范适用于个案的基本逻辑过程。执法者突出演绎思维，而立法者突出归纳思维，将社会中碎片化的、模糊的立法需求抽象归纳出一般的社会行为模式，概括出一般的行为规则。法案制作过程中必须具有良好整体性思维，既注意到法律规范设计的完整性，还要考虑到拟设定法律规范与其他法律规范之间的关系。法律体系是一个整体，必须注意到拟设计法律规范在整个法律体系中的地位，只有具备整体性思维，才能熟悉各种制度之间的衔接关系，才能保证制度统一性。②

（五）通悉古今中外制度文明

法案制作必须熟悉古今中外制度文明。立法是为了解决问题，一些问题并不是本国特有的，也不是当下特有的。一些同样的问题在国外存在、在过去发生。国外是如何处理这些问题，前人是如何处理这些问题，有什么成功经验和教训，都是当今制度设计可资参考、借鉴的。任何制度设计都不是凭空设想的，今天的制度设计可以从古今中外制度文明中找到启发与借鉴。因此，比较方法成为制度设计的重要思维方法，在立法实务中运用较多。立法设计中比较方法运用可简化为"共同问题—不同解决方法—解决理由的描述—理由异同的分析—解决方案的评价—预测"等步骤。比较分析方法的有效运用，有助于立法者或研究者通过比较分析不同国家或地区的立法制度挖掘对本国本地区可资借鉴的成熟的立法经验，进而发展和创新本国本地区立法制度。现代立法实务中比较分析法运用的三大规律性特点或情形包括：一是在有关涉外法律方面借鉴外国法、国际法；二是在国内事务领域中借鉴国外的相关立法；三是在全球化条件下制定国内法参照国际标准。③

五、立法草案设计的主要工作

立法草案的设计是一项艰巨、复杂、细致的工作，罗成典先生将其概括为：起草人必

---

① 邓世豹：《论建立法案制作为中心的立法人才培养机制》，载黄建武主编：《立法评论》，法律出版社2016年版，第287页。

② 邓世豹：《论建立法案制作为中心的立法人才培养机制》，载黄建武主编：《立法评论》，法律出版社2016年版，第287页。

③ 邓世豹：《论建立法案制作为中心的立法人才培养机制》，载黄建武主编：《立法评论》，法律出版社2016年版，第288页。

须"反复商酌，彻底研讨法律欲达成之目标或希冀规范之事物，并细考法律适用之对象，施行之范围，与实施之客观条件，然后拟定法律之结构，充实法案之内容，配制妥适之条文，详加推敲润饰，使法案内容旨有所归，意有所指，此乃法案起草最基本义理"。① 立法起草是立法准备阶段的一个重要的分阶段，属于一个由始到终的发展过程，包括若干区间。②

(一) 前期准备阶段

立法草案设计的事前准备阶段主要包括确定起草机关和组织起草班子、明确立法意图和广泛调研听取意见三个部分构成。

1. 确定起草机关并组织起草班子

立法草案的设计首先需要确定起草机关，以形成组织化的负责主体，保障起草工作的顺利进行。如前文所述，起草机关既可以是立法提案权的机关，也可以由其他工作机构或委托的机构负责。根据《立法法》和有关规定，在我国立法实践中，法律一般由全国人大专门委员会或全国人大常委会法制工作机构组织起草；行政法规由国务院有关部门或者国务院法制机构具体负责起草，重要行政管理的法律、行政法规草案由国务院法制机构组织起草；地方性法规则主要由地方人大常委会的法制工作机构组织起草；行政规章、自治条例、单行条例和其他规范性法律文件一般也有其相对确定的起草主体。③

确定起草机关后，则需要组织起草班子落实具体的起草工作。我国尚无一个专门的立法起草机构，也没有专职的起草人员，为确保起草工作的顺利进行，保证立法草案设计的质量标准，组织高效有力的起草班子是重中之重。起草班子的规模一般视所立之法的规模、重要性、复杂性而定，立法起草班子的成员应当具有较高的素质，较强的法治意识高度的责任心和严谨的工作作风，还应当具有丰富的立法实践经验或是相关业务能力。法案起草班子的成员构成应全面，一般包括：(1) 可以起决策作用的人员或可以代表决策者的人员，以促使法案起草工作达到理想的效率。(2) 有较高水平的立法工作者。(3) 有较高水平的立法研究专家、学者。(4) 通晓与该项法案相关的法律、法规及其他规范性法律文件者。(5) 精通业务的专家，即法案所要解决的专业或技术问题方面的专家。(6) 与法案所要解决的问题有重要关联的领域、方面或单位的人员。(7) 相关法学专家、学者。(8) 其他必要人员。④

在不同的立法草案设计的模式中，立法草案的起草班子相应地存在着不同的人员和组织构成。一般情况下，立法实践中属于哪方面的事项便由哪方面的主管部门负责起草。例

---

① 罗成典著：《立法技术论》，文笙书局 1987 年版，第 14~15 页。
② 周旺生：《论法案起草的过程和十大步骤》，载《中国法学》1994 年第 6 期。
③ 周旺生著：《立法学》，法律出版社 2009 年版，第 450 页。
④ 周旺生：《论法案起草的过程和十大步骤》，载《中国法学》1994 年第 6 期。

如，涉及行政管理方面的法律草案，一般国务院主管部门负责起草；对于涉及面广的法律，则由一个部门牵头，各有关方面联合组成起草小组。如行政法规由国务院组织起草，国务院年度立法工作计划确定行政法规由国务院的一个部门或者几个部门具体负责起草工作，也可以确定由国务院法制机构起草或者组织起草。从实际情况来看，部门规章一般由业务主管理部门承担起草任务；涉及几个部门的事项，由主要的主管部门牵头，其他有关部门参加，共同承担起草任务；综合性、全局性的事项，由法制工作机构牵头起草。除此之外，还一般需要具有较高水平的立法研究专家和学者以及可能与立法所要解决的问题有重要关联的领域、方面或者单位的相关人员参与。

2. 明确立法意图

立法意图是立法主体、立法决策者决定制定或变动某项法所希望达到某种目的的打算，亦称立法主旨。① 整个法案是围绕立法意图设计的。要较好地完成法案起草任务，务必明确立法意图，正如罗成典在评述里德狄克逊的观点时曾说，起草人从开始起草时就应当深入研究立法目的何在，在具有多重目的的情况下，又需要明确或者确定主要目的是什么、次要目的是什么，然后再进行起草。② 在立法实践中，形成和明确立法意图的过程一般由决策者或是立法提议者与立法起草者共同作用，决策者在作出立法决策时将主要目的大致告知起草者，然后由起草者加以研究并提出可供决策者参考的方案设计，如得到认可则进一步在起草具体条文中加以贯彻，若未被认可或是决策者的立法意图有所变动则由起草者再进行调整，得到认可后在正式起草过程中再加以落实。在我国立法实践中，立法规划和年度立法计划已经初步明确了起草某项法案的必要性和立法目的、所要解决的主要问题、依据的方针政策、拟确立的主要制度，这是进行起草工作的重要依据。

3. 广泛调研听取意见

调查研究作为人大的基本工作方法，也是法定职责。党中央印发《关于在全党大兴调查研究的工作方案》后，全国人大常委会党组召开会议，研究贯彻落实举措。立法起草调研是科学立法民主立法的重要保证，是依法立法的必然要求，也是立法实践的现实需要。③ 立法草案起草设计前的调研活动以及意见听取对于后面起草设计阶段有着重要的意义，是整个立法过程中不可或缺的一个步骤，也是起草设计前的一个重要环节。立法调研是指立法机关通过向公众、社会组织、国家机关等了解、搜集与特定地方立法相关的情况、材料，并通过分析、研究这些情况和材料，探求有关地方立法的必要性、可行性以及

---

① 周旺生著：《立法学教程》，北京大学出版社 2006 年版，第 454 页。
② 罗成典著：《立法技术论》，文笙书局 1987 年版，第 14 页。
③ 韩捷：《地方立法起草刍议》，载《人大研究》2019 年第 4 期。

如何立法（具体的制度设计）的活动方式。① 进行调查研究听取意见的主要目的包括：（1）弄清立法所要解决的主要问题有哪些，立法过程中的难点可能集中在哪些方面，有何解决难点的方式。（2）立法起草中是否会与上位法有抵触，如果可能存在抵触应当如何消解。（3）起草之中可能会涉及哪些方面的关系，如何协调和解决。（4）与本次立法起草相关的经验有哪些，包括中央与地方、本地与外地等，并判断是否可以吸取和借鉴。立法调研活动开展的充分与否直接影响后续立法工作进行的顺利程度。② 但是各地方立法条例对立法调研的规定较为粗疏，难以为地方各类立法调研提供统一、明确的指导。有必要制定统一立法调研规程，对地方立法中各种调研主体的调研和立法不同环节中的调研进行规范，同时，强化对调研报告和成果的甄别、使用、保存和分析的规范，明确不合规范的立法调研的处理方式和应当承担的法律责任。③ 并且，应当重视跨区域立法草案调研活动的开展，其价值在于解决地方立法的形式合理性与实质合理性统一问题，具有提升立法质量、提高立法效率、降低立法成本的正功能和导致立法膨胀、立法雷同的负功能，其负功能是立法机构追求地方立法形式合理性而忽视实质合理性的必然结果。④

（二）草拟具体条文阶段

前期准备环节都充分完成后，就进入草拟具体条文的阶段。该阶段是立法起草过程中的核心环节，前期决策者的立法决策、确定起草机关并组织起草班子、明确立法意图并进行广泛调查研究听取意见都是为此阶段做的必要准备。在该阶段，起草人员需要根据立法指导思想和相关法律规定，按照科学的立法方法，将立法意图以及具体规定通过法言法语以文字表达形式形成文件，并确定草案的名称、结构、具体条文等内容。

应当注意的是，虽然草拟具体条文阶段仍不属于法定的立法程序，但并不意味着不受到立法原则的约束，起草主体应当遵循《宪法》和《立法法》所确定的立法原则，在符合法定的权限和程序内，维护法制的统一和尊严，体现民主的要求与价值，科学合理地设定具体条款。另外，前期准备阶段已进行过充分的调研和听取意见的工作，在此阶段就需要高度关注调研和听取意见过程中形成的调研报告，在起草的过程中要选择性地吸收和尽可能利用立法技术解决前期调研过程中暴露出的问题。如《行政法规制定程序条例》中专门规定，起草行政法规，除应当遵循《宪法》和《立法法》所确定的立法原则外，还应当符合下列要求：体现改革精神，科学规范行政行为，促进政府职能向经济调节、社会管

① 饶世权：《论公众参与视野中的地方立法调研》，载《西北大学学报（哲学社会科学版）》2011年第6期。
② 汪全胜、卫学芝：《法案公开征求意见的法理分析及方式选择》，载《四川理工学院学报（社会科学版）》2017年第4期。
③ 陈焱光、张耀方：《地方立法调研规范化研究》，载《江汉大学学报（社会科学版）》2016年第5期。
④ 徐亚文、邹鑫：《比较法视野下的跨区域地方立法调研探析》，载《时代法学》2019年第2期。

理、公共服务转变；符合精简、统一、效能的原则，相同或者相近的职能规定由一个行政机关承担，简化行政管理手续；切实保障公民、法人和其他组织的合法权益，在规定其应当履行的义务的同时，应当规定其相应的权利和保障权利实现的途径；体现行政机关的职权与责任相统一的原则，在赋予有关行政机关必要的职权的同时，应当规定其行使职权的条件程序和应承担的责任。

（三）公开征求意见阶段

在草案条文草拟完成之后，往往还需以"征求意见稿"的形式向全社会公开，征求有关方面特别是法案决策者、同法案有利益关系的机关、组织和人员以及有关专家、学者的意见，了解草案可能存在的漏洞、缺点和其他问题，并且多采用专家论证咨询的方式吸取专业意见和建议，根据反馈信息对草案条文内容进行针对性的修改。

1. 公开征求意见稿

征求意见是具体条文起草完毕后、形成立法议案并提交正式审议前，广泛吸取各方面意见、建议和要求的一项程序性工作。这已经成为我国当前立法中的一项通行程序。《立法法》《行政法规制定程序条例》《规章制定程序条例》等法律法规都对将草案向全社会征求意见作出了规定，部分地方性法规也做了明确规定。例如《湖北省人大常委会制定地方性法规程序的规定》第十五条规定："审议修改法规草案时，应当征求有关方面、人民群众和人民代表以及提请审议机关的意见。"

公开征求意见往往采用"征求意见稿"的形式，通过各种渠道向全社会公布草案文本全文，并公布意见收集方式，征求意见的时间多为 30 日。随着信息时代的发展，2005 年，全国人大常委会依托中国人大网开通了法律草案征求意见系统。作为立法机关运用信息技术拓展公众参与的重要阵地，自法律草案征求意见系统开通以来，全国人大常委会通过草案公布和征求意见两个环节大力推行立法公众参与的电子化和信息化。[①] 公布法律草案、向社会广泛征求意见，成为积极推进科学立法、民主立法的一项重要举措。对于人民群众充分反映自己的意见和愿望，对于集思广益、凝聚共识、做好立法工作，对于宣传普及法律常识、增强全社会法律意识，对于国家行政机关、审判机关、检察机关等更好地贯彻实施法律，都具有重要意义。

2. 专家论证咨询

专家参与法案咨询和论证是提升立法质量和立法科学性的重要途径，通过将专家们所掌握的知识吸收进立法过程，可以很好地解决立法过程中所遇到的技术性难题。起草机关

---

① 张欣：《我国立法电子参与有效性的提升——基于公众参与法律草案征求意见（2005—2016 年）的实证研究》，载《法商研究》2018 年第 2 期。

或立法机构就法律或法规草案涉及重要问题，如权利、义务、权限、责任、救济等，可以邀请相关领域的专家对其必要性、可行性进行论证，提出意见供立法机关参考或借鉴。自2015年《立法法》修正以来，地方立法工作快速发展，在立法中邀请专家参与论证已成为地方立法常态，从各地的立法实践活动来看，专家参与地方人大立法论证形式主要有以下几种形式：一是"专家座谈会"。此种论证形式往往是由人大或政府组织的立法论证，涉及的论证项目内容更多地关乎社会公众利益的。二是"研讨论证会"，此种立法论证主要是通过第三方机构进行的立法论证，而且通常这种形式的专家论证往往以专题形式。三是"专家咨询论证会"，此种论证会主要是针对专业非常强的立法项目，涉及知识产权、统计等立法项目。"立法论证咨询在我国地方立法实践中已全面铺开，不少地方大胆探索、勇于创新、敢于实践，建立了较为完备、卓有成效、富有特色的立法论证咨询的工作制度机制，立法质量和效率显著提高。"①

（四）审查修改阶段

起草过程中的审查修改并不是由立法主体在法案提交审议后于审议环节进行的审查和修改，而是指立法草案稿在草拟完成并公开征求意见后，由决策者或起草者进行的审查和修改。立法草案的审查主体一般由决策者担任，也可以由起草者担任，立法草案主要审查以下内容：（1）是否贯彻了立法意图；（2）是否存在与上位法相抵触的内容；（3）篇章结构是否安排科学、协调；（4）内容是否可行，有无存在明显的内在矛盾与漏洞；（5）条文设计是否合乎立法语言要求。修改主体一般由起草者担任，也可以由决策者担任，对于修改的次数一般没有限制，修改次数的多寡主要取决于所立之法的规模、复杂程度、反馈意见的数量和重要性。每次修改既可以做全局修改，也可以只做局部修改，也可仅对某一具体重要问题进行逐个修改。修改任务的终结以得到决策者的认可为准。

（五）正式形成定稿阶段

形成立法草案的正式稿是立法草案设计环节的最后一步，也是关键环节，这一阶段工作的完成，宣告着立法草案设计的终结，立法过程即将进入下一阶段。定稿的形成即是立法草案设计的终结环节但也是起草中的一个过程，一定要确保在形成定稿时最大程度地消解可能存在的弊病，减少在后续提交审议环节时可能会遇到的麻烦。形成定稿的前提是起草人经过数次的修改后，认为立法草案已经成熟且对立法起草过程中的各个问题都逐一得到妥善解决，起草主体对目前草案所呈现的状态已经满意，决策者也已对此时的立法草案作出书面或口头认可，并决定形成定稿。

---

① 宋方青：《回顾与反思：地方人大立法论证咨询机制》，载葛洪义主编：《地方法制评论》，华南理工大学出版社2021年版，第24~32页。

【事例分析】

习近平总书记对地方人大及其常委会工作作出重要指示，要求地方人大及其常委会按照党中央关于人大工作的要求，围绕地方党委贯彻落实党中央大政方针的决策部署，结合地方实际，创造性地做好立法、监督等工作，更好助力经济社会发展和改革攻坚任务。2023年9月，赵乐际委员长在全国地方立法工作座谈会中指出，立法必须从国情和实际出发，坚持稳中求进，坚持守正创新，既不墨守成规、故步自封，也不急于求成、脱离实际。法规草案起草"双组长"制正是地方立法起草制度的探索与创新。

一、"双组长"制的内涵限定

法规草案起草"双组长"制是指人大常委会分工联系的副主任和政府分管负责人共同担任立法起草小组组长，全程组织推进重要法规草案起草工作，协调解决法规草案重要制度设计和重大问题的立法起草制度。"双组长"制具有以下特征：一是从适用情况上来看，并不是所有的法规草案的起草都要无差别地启动"双组长"制，而是需综合考虑法规难易程度、社会影响、重要性等方面的内容，只有立法起草难度大、社会影响广泛的重要立法工作才可能会启动"双组长"制。二是从适用环节上来看，"双组长"并非仅存在于立法工作开始之初。尽管立法起草环节的"双组长"是法规草案起草制度的一大创新，相较于其他环节其发挥作用的意义更大，但"双组长"制是贯穿整个立法过程始终的制度，不仅仅局限在起草环节，在立项规划、起草审议以及最后的实施阶段均要发挥"双组长"的积极作用。

二、"双组长"制的工作机制

(一) "双组长"制下起草前期准备阶段

起草前的准备阶段主要包括开展重要立法课题联合调研活动，由人大相关专门委员会与政府法制部门、法规涉及的主要政府部门联合开展调研，并且可视情况邀请第三方提供智力支持协助调研活动，通过整合各自的资源和优势，合力做好调研工作，分析立法的必要性和立法内容的合法性、可行性。

(二) "双组长"制下各组内的人员构成

法规正式列入立法制定项目后，由人大常委会办公厅和市政府办公厅联合发文，成立由人大分工联系的副主任和政府分管负责人共同担任立法起草小组组长的立法起草小组。"双组长"制下的起草小组除了两个组长之外，还可以设副组长、组员和联络员，日常工作由副组长具体负责。同时，起草小组可以邀请人大代表、立法专家作为组员全程参与立法起草工作，构建"双组长、立法工作者、实务工作者、人大代表、专家学者"相结合的立法起草小组。

（三）"双组长"的职责分配与协调

"双组长"是法规草案起草小组的第一责任人，主要承担着协调立法全过程中有关重要制度设计和重大问题协调解决的职责，这其中又主要聚焦在起草阶段的协调工作。首先，在形成法案并提请审议前，就应当将存在的问题及时妥善地于起草过程中解决，以保障起草工作的顺利进行。其次，在形成法案并提请审议进入正式的立法程序后，一旦仍出现需要协调解决的问题时，两位组长仍应当协调推进问题的解决。最后，即使法规得到通过，"双组长"仍旧肩负着督促监督法规顺利实施的责任，必要时可以听取有关法规实施的专题汇报，以及时解决法规实施过程中存在的问题。

（四）"双组长"制下组长的工作机制

从"双组长"立法工作机制的运作程序看，主要通过开展联合调研和召开全体会议的形式开展工作。根据法规调研论证、起草、提请审议、实施监督等阶段，"双组长"立法起草小组分别召开全体会议，确定各个阶段的主要工作任务，有针对性地开展联合学习考察或者调研，协调解决立法过程中的重大问题。

三、"双组长"制的积极作用

（一）有助于保障起草工作顺利进行

在起草阶段进行广泛的协调，是我国立法实践中的普遍做法，但是在实践过程中，由于利益的错综复杂和调整范围牵涉面较广，一项立法往往需要若干部门的协调配合才能完成，由于几乎每项法案都关联着管辖权限和财政拨款，围绕这些问题出现的部门之间的对立已屡见不鲜[1]，立法工作也最容易在这个阶段出现搁浅的现象。而在"双组长"制起草模式下，由人大常委会分工联系的副主任和政府分管负责人"带头"与相关部门进行沟通，联络员统筹做好协调保障工作，体制机制更顺畅，协调力度加大，矛盾问题更容易化解，立法工作效率明显提升。

（二）有助于各方立法能力的发挥

现阶段的立法工作很难保证一项立法起草立法工作仅需要单独的起草部门就能够完成，由于立法涉及的广泛性和复杂性，决定了立法需要多个部门共同参与，需要参与到立法起草过程中的各主体充分发挥自身的立法能力，形成合力推动立法工作的进行。在"双组长"制起草模式下，小组内部既有人大相关专门委员会、人大常委会法制工作委员会、政府法制机构、政府起草部门，又有相关方面的专家等，参与立法起草的各个成员的积极

---

[1]　苗连营、李培才：《论法案的起草》，载《河南广播电视大学学报》2020年第2期。

性、主动性能够被充分调动，各方资源和优势被充分整合，再通过各项会议和针对性的调研学习，打通可能存在的削弱各方立法能力发挥的障碍，使得由"双组长"主持下的常态化的立法合作平台和机制高效运转，各方的立法能力在此基础上得到充分的发挥。

（三）有助于保证立法起草质量

政府部门提请的立法项目，一般由政府部门形成立法议案提交人大进行审议，人大的相关专门委员会在审议阶段才会对法案进行初次审查，一般不介入起草的环节中，这就为政府部门在起草过程中的利益渗透留出了空间，而实行"双组长"制后，人大常委会分工联系的副主任作为小组长之一，组建有人大相关专门委员会成员参与的立法起草小组，提前介入并全程参与起草工作，充分发挥了人大的"主控"作用，避免在起草环节可能出现影响立法质量的问题产生。

四、"双组长"制带来的启示

（一）重视立法起草工作是高质量立法的必要一环

立法起草工作由于并非法定的立法程序，而是为提请审议的前期预备环节，有关起草主体在起草之时抱有惰性心理，一则认为可以习惯照搬上位法之规定或是重复上位法的条文，二则习惯"借鉴"同级其他省市已有的同类型法规规章，因而出现结合本地区实际情况少、解决突出显著问题力量弱、特色性不足的问题。法规草案的起草对于确保立法质量发挥着重要的基础性作用，立法质量不高的根源在于没有重视法规起草环节的工作重要性，导致法规草案起草质量不高，进而严重影响了立法工作整体质量提升。为此，重视立法起草作为立法工作的基础和源头环节，是提高立法质量和实效的关键。据统计，目前已有浙江省、内蒙古自治区、上海市、张家口市、滨州市、来宾市、唐山市、衡水市、烟台市等多个省市都在进行探索"双组长"制起草模式，"双组长"制已成为各地加强和改进立法起草工作的重要抓手，成为提高地方立法质量和效率的有效途径。

（二）提升立法工作的效能在于立法工作机制的创新

当前，全面深化改革和发展都处于关键时期，无论是中央层面还是地方层面，面临的改革发展任务对立法提出的要求，已经不仅仅是总结实践经验、巩固改革成果，而是需要通过立法凝聚改革共识、做好顶层设计、推动制度创新、引领改革发展。立法效能的低下很大一部分原因在于立法工作机制的陈旧，不能很好地调动立法的能力和立法的效率。"双组长"制是立法起草模式的工作机制创新。通过"双组长"制，在立法起草环节的思想得到了统一、工作进程得到了推进、各方立法能力得到了激活、立法质量得到了保障，充分说明了提升立法工作的效能在于对陈旧的立法工作机制进行大胆的创新，保证在立项、起草、调研、论证、评估、审议等各阶段各环节立法工作机制都能够体现立法与时俱进。

【延伸探讨】

　　湖北省地方立法研究和人才培养基地（中南财经政法大学），由湖北省人大常委会与中南财经政法大学于 2018 年 10 月 26 日共建成立。立法基地旨在推进地方立法专家论证咨询与人才培养机制创新，加强湖北省地方立法研究和人才队伍建设，提高湖北地方立法水平。在功能定位上，基地定位为"一库三基地"，即立法工作高端智库和立法实务论证咨询基地、立法理论研究与创新基地、立法人才培养基地。基地专家库由校内校外专家共同组成，根据实际需要，建立动态调整机制。校内专家 50~60 人，以本校法学专业专家、教授为主，并且吸收本校跨专业专家、学者；校外专家 20~30 人，由校外的法学知名专家、教授以及立法实务资深专家构成。基地成立后，已接受委托起草或者参与起草地方性法规、规章草案多件，如《湖北省地方金融监督管理条例（草案）》《湖北省家庭教育促进条例（草案）》《湖北省文明行为促进条例（草案）》等。该基地的建立和运行，对进一步完善湖北省地方立法工作体制机制，提高湖北省地方立法整体能力和水平，促进湖北省经济社会发展作出了突出的贡献。

问题提示：

　　1. 委托立法起草相较于其他起草模式的优势体现在哪些方面？

　　2. 委托立法起草应当注意和把握哪些问题？

【课后阅读】

[1] 王书娟：《委托第三方立法起草的理论证成》，载《北京理工大学学报（社会科学版）》2021 年第 3 期。

[2] 杨铜铜：《论立法起草者的角色定位与塑造》，载《河北法学》2020 年第 6 期。

[3] 何晓明、余文斌：《法规草案起草"双组长"制的运行模式、实践价值和经验启示》，载《人大研究》2020 年第 1 期。

[4] 王书娟：《地方立法委托第三方起草实效之影响机理分析》，载《河北法学》2019 年第 5 期。

[5] 张燕：《地方立法立项与起草程序的内在机制及其完善》，载《山东社会科学》2019 年第 5 期。

[6] 汪全胜、卫学芝：《人大主导的联合起草法案模式析论》，载《上海政法学院学报（法治论丛）》2019 年第 3 期。

[7] 王书娟：《委托第三方起草之立法模式探析》，载《东南学术》2019 年第 1 期。

[8] 汪全胜、卫学芝：《设区的市人大主导法案起草的困境与出路——基于山东省设区的市的考察》，载《河北法学》2018 年第 11 期。

［9］ 曹瀚予：《地方立法起草过程中部门协调问题探析》，载《山东社会科学》2018 年第 7 期。

［10］ 王怡：《论立法过程中的事实论证》，载《政治与法律》2018 年第 7 期。

［11］ 丁延龄：《行政立法起草模式之协商规章制定程序研究》，载《甘肃政法学院学报》2018 年第 3 期。

［12］ 刘松山：《人大主导立法的几个重要问题》，载《政治与法律》2018 年第 2 期。

［13］ 姜涛：《立法事实论：为刑事立法科学化探索未来》，载《法制与社会发展》2018 年第 1 期。

［14］ 卫学芝：《地方立法起草主体的实践反思与规制路径》，载《河北法学》2017 年第 8 期。

［15］ 李小红：《第三方主体参与法案起草工作的审视》，载《人大研究》2016 年第 12 期。

［16］ 丁祖年：《健全人大主导立法体制机制研究》，载《法治研究》2016 年第 2 期。

［17］ 汪全胜、黄兰松：《我国法案公开征求意见回应机制的建立与完善》，载《南通大学学报（社会科学版）》2015 年第 2 期。

［18］ 肖萍、周娟、辛振宇：《论地方立法起草主体法律规制的完善》，载《江西社会科学》2013 年第 12 期。

［19］ 胡弘弘：《论人大代表提案权的有效行使》，载《法学》2012 年第 5 期。

［20］ 穆中杰：《地方立法准备阶段应坚持的基本原则》，载《河南工业大学学报（社会科学版）》2009 年第 2 期。

［21］ 肖子策：《论地方立法起草方式改革》，载《法学》2005 年第 1 期。

［22］ 汪全胜：《试论构建我国的立法准备制度》，载《福建政法管理干部学院学报》2002 年第 1 期。

专题六 立法程序

【事例介绍】

    1992 年 10 月，党的十四大正式把建立社会主义市场经济体制确立为我国经济体制改革目标，在制度方面建立起符合市场经济需求的民事法律体系。1998 年 1 月，第八届全国人大常委会成立民法起草工作小组，负责起草《民法典草案》和《物权法草案》。2001 年 5 月，法制工作委员会完成《物权法草案（内部稿）》，2002 年 1 月，法制工作委员会将《中华人民共和国物权法草案（征求意见稿）》印发有关部门和法律科学教学研究单位征求意见。第九届全国人大常委会在五年立法规划中明确要求，"加快物权法的起草和民法典的编纂工作"，制定统一的物权法正式提上立法机关的工作日程。2002 年 12 月 23 日《中华人民共和国民法（草案）》在九届全国人大常委会第三十一次会议上被首次提请审议，物权法作为其中一编。2004 年 10 月，十届全国人大常委会第十二次会议对物权法草案进行第二次审议。2005 年 6 月，十届全国人大常委会第十六次会议第三次审议《物权法草案》，并决定向社会公布，征求社会各界修改意见。2005 年 7 月 10 日，《物权法草案（征求意见稿）》全文公布，面向社会征求意见，截至 8 月 20 日，社会各界共提出意见 11543 件。2005 年 10 月，十届全国人大常委会第十八次会议上第四次审议《物权法草案》，既要坚持正确的政治方向，又要适合于中国实际，尤其要解决现实生活中迫切需要规范的问题。2006 年 8 月，十届全国人大常委会第二十三次会议对《物权法草案》进行第五次审议；同年 10 月，十届全国人大常委会第二十四次会议第六次审议《物权法草案》；2006 年 12 月，十届全国人大常委会第二十五次会议第七次审议《物权法草案》，认为该草案已基本成熟，决定将《物权法草案》提请 2007 年 3 月召开的十届全国人大五次会议审议，2007 年 3 月，十届全国人民代表大会第五次会议经过第八次审议，《中华人民共和国物权法（草案）》以高票获得通过，国家主席胡锦涛签署第 62 号主席令，公布《中华人民共和国物权法》，自 2007 年 10 月 1 日起施行。2021 年 1 月 1 日，《中华人民共和国民法典》施行，《中华人民共和国物权法》同时废止，作为民法典物权编继续发挥规范作用。

【法律问题】

    1. 试析立法程序的概念。

    2. 试析立法程序与立法活动的区别与联系。

    3. 试析代议机关的立法过程。

4. 试比较代议机关与行政机关立法程序的异同。

【法条链接】

《中华人民共和国宪法》（2018 年修订）

第二条　中华人民共和国的一切权力属于人民。

人民行使国家权力的机关是全国人民代表大会和地方各级人民代表大会。

人民依照法律规定，通过各种途径和形式，管理国家事务，管理经济和文化事业，管理社会事务。

第二十七条　一切国家机关实行精简的原则，实行工作责任制，实行工作人员的培训和考核制度，不断提高工作质量和工作效率，反对官僚主义。

一切国家机关和国家工作人员必须依靠人民的支持，经常保持同人民的密切联系，倾听人民的意见和建议，接受人民的监督，努力为人民服务。

国家工作人员就职时应当依照法律规定公开进行宪法宣誓。

《中华人民共和国立法法》（2023 年修正）

第十七条　全国人民代表大会主席团可以向全国人民代表大会提出法律案，由全国人民代表大会会议审议。

全国人民代表大会常务委员会、国务院、中央军事委员会、国家监察委员会、最高人民法院、最高人民检察院、全国人民代表大会各专门委员会，可以向全国人民代表大会提出法律案，由主席团决定列入会议议程。

第十八条　一个代表团或者三十名以上的代表联名，可以向全国人民代表大会提出法律案，由主席团决定是否列入会议议程，或者先交有关的专门委员会审议、提出是否列入会议议程的意见，再决定是否列入会议议程。

专门委员会审议的时候，可以邀请提案人列席会议，发表意见。

第二十三条　列入全国人民代表大会会议议程的法律案，由宪法和法律委员会根据各代表团和有关的专门委员会的审议意见，对法律案进行统一审议，向主席团提出审议结果报告和法律草案修改稿，对涉及的合宪性问题以及重要的不同意见应当在审议结果报告中予以说明，经主席团会议审议通过后，印发会议。

第三十二条　列入常务委员会会议议程的法律案，一般应当经三次常务委员会会议审议后再交付表决。

常务委员会会议第一次审议法律案，在全体会议上听取提案人的说明，由分组会议进行初步审议。

常务委员会会议第二次审议法律案，在全体会议上听取宪法和法律委员会关于法律草案修改情况和主要问题的汇报，由分组会议进一步审议。

常务委员会会议第三次审议法律案，在全体会议上听取宪法和法律委员会关于法律草案审议结果的报告，由分组会议对法律草案修改稿进行审议。

常务委员会审议法律案时，根据需要，可以召开联组会议或者全体会议，对法律草案中的主要问题进行讨论。

第四十四条 法律草案修改稿经常务委员会会议审议，由宪法和法律委员会根据常务委员会组成人员的审议意见进行修改，提出法律草案表决稿，由委员长会议提请常务委员会全体会议表决，由常务委员会全体组成人员的过半数通过。

法律草案表决稿交付常务委员会会议表决前，委员长会议根据常务委员会会议审议的情况，可以决定将个别意见分歧较大的重要条款提请常务委员会会议单独表决。

单独表决的条款经常务委员会会议表决后，委员长会议根据单独表决的情况，可以决定将法律草案表决稿交付表决，也可以决定暂不付表决，交宪法和法律委员会、有关的专门委员会进一步审议。

第六十二条 签署公布法律的主席令载明该法律的制定机关、通过和施行日期。

法律签署公布后，法律文本以及法律草案的说明、审议结果报告等，应当及时在全国人民代表大会常务委员会公报和中国人大网以及在全国范围内发行的报纸上刊载。

在常务委员会公报上刊登的法律文本为标准文本。

第七十八条 行政法规签署公布后，及时在国务院公报和中国政府法制信息网以及在全国范围内发行的报纸上刊载。

在国务院公报上刊登的行政法规文本为标准文本。

第八十九条 地方性法规、自治条例和单行条例公布后，其文本以及草案的说明、审议结果报告等，应当及时在本级人民代表大会常务委员会公报和中国人大网、本地方人民代表大会网站以及在本行政区域范围内发行的报纸上刊载。

在常务委员会公报上刊登的地方性法规、自治条例和单行条例文本为标准文本。

第九十七条 部门规章签署公布后，及时在国务院公报或者部门公报和中国政府法制信息网以及在全国范围内发行的报纸上刊载。

地方政府规章签署公布后，及时在本级人民政府公报和中国政府法制信息网以及在本行政区域范围内发行的报纸上刊载。

在国务院公报或者部门公报和地方人民政府公报上刊登的规章文本为标准文本。

《中华人民共和国全国人民代表大会议事规则》（2021年修正）

第六十条 会议表决议案采用无记名按表决器方式。如表决器系统在使用中发生故障，采用举手方式。

宪法的修改，采用无记名投票方式表决。

预备会议、主席团会议表决的方式，适用本条第一款的规定。

【基础知识】

一、立法程序的内涵界定

（一）立法程序的词义

从词语结构上看，"立法程序"是由"立法"和""程序"两个构词要素组成的复合概念；而有关"立法"与"程序"的界定历来就众说纷纭，据此，"立法程序"一词的内涵与外延愈发丰富。

1. "立法"的词义分析

作为一种产生、变更、消灭成文法的活动，立法主要包括制定、修改、解释、废止几种情况。其中，"制定"即创制新法的活动，是立法中最基本、最常见的表现形式；修改、解释、废止则是法制定出来之后，为使其进一步臻于完善以适应不断变化的客观实际而进行的立法活动。这些活动都需要有权主体按照立法程序来完成，因此应将其置于立法程序的研究范围之内。①

2. "程序"的词义分析

《现代汉语词典》对"程序"的解释是："事情进行的先后次序：工作程序，会议程序。"②《辞海》的解释则为："按时间先后或依次安排的工作步骤。"③ 从法学的角度来看，程序主要体现为按照一定的顺序、方式和手续作出决定的相互关系。立法程序作为程序的一种，既符合程序的一般规律，同时又有特殊性；在不同时期、不同国家，对立法程序的理解不尽一致。

3. "立法程序"的概念

有学者认为，立法程序是有权的国家机关，在制定、认可、修改、补充和废止法的活动中，所需遵循的法定步骤和方法。④ 从程序外延的差异性看，有学者认为立法程序是指立法主体在产生和变动法规范性文件的活动中所必须遵循的法定的时间、顺序、步骤、方式的总称。⑤ 还有学者引入静态与动态的双层结构分析对概念进行界定，指出立法程序是由包括步骤、时序、方式三个要素在内的静态结构与由一系列连续发展立法行为组成的动

---

① 苗连营著：《立法程序论》，中国检察出版社2001年版，第2页。
② 《现代汉语词典》，商务印书馆1981年版，第137页。
③ 《辞海》（下册），上海辞书出版社1979年版，第4104页。
④ 周旺生著：《立法学教程》，北京大学出版社2006年版，第220页。
⑤ 刘明利编著：《立法学》，山东大学出版社2002年版，第131页。

态立法活动共同构成的。① 尽管学者对这一概念的理解存在些许差异，但在本质层面已基本达成共识。综上所述，既然立法程序和立法有着内在的联系，是规范立法权行使的一种程序，那么，只有从"立法"概念的内涵和外延两个方面综合考量，才能对"立法程序"作出相对确切的定义。现代立法程序是指有权的政权机关或者授权组织在制定、变动规范性法文件的活动中所必须遵循的步骤和方法。②

（二）立法程序的特征

1. 适用主体的特定性

立法程序是有权的国家机关在立法活动中所需遵循的步骤和方法。有权的国家机关，主要是指专门的、法定的立法机关，同时也包括宪法、法律授权可以行使部分立法权的其他机关。这一特征是立法程序的主体的反映。具体包括中央和地方在内的两级立法主体。

2. 适用范围的确定性

立法程序是立法活动中的步骤和方法，限定于立法主体进行立法的这一范围，其他活动所采取的步骤和方法，如立法机关行使立法职权以外的其他职权时的活动步骤和方法，不是立法程序。这一特征是立法程序的内涵和外延的反映，也包括对程序一词的解释。

3. 适用程度的法定性

立法程序是立法活动中法定的、所需遵循的而不是可有可无的步骤和方法。在立法过程中，立法主体要遵循许多步骤和方法，但并不是所有步骤和方法都是立法程序中的必要环节，只有立法主体遵循的、由法所确定的步骤和方法，才是立法程序中的必要的环节。具体而言，立法程序的法定性表现在两个方面。首先，立法活动必须有宪法或组织法授予的法定权限；其次，必须遵循法定的步骤和方法。这说明立法程序是严肃的、法定的、必须被遵循的。

（三）立法程序的功能

立法程序的功能，是指立法程序作为一种制度化的规范体系，在一定的价值取向引导下，基于其内在属性而具有的功用和效能。明确立法程序具有哪些基本功能，不仅能够提高人们对立法程序的重要性的主观认识，而且可以为立法程序的制度设置和运行提供各项重要的客观标准，从而有助于实现一国立法程序制度的良性发展。

其一是立法过程的民主化功能。首先，立法程序能够保证立法体现多数人的意志。法

---

① 苗连营著：《立法程序论》，中国检察出版社 2001 年版，第 3~5 页。
② 徐向华主编：《立法学教程（第二版）》，北京大学出版社 2017 年版，第 158 页。

律是人民意志的体现，立法的过程就是将人民意志上升为国家整体意志的过程。在立法程序中，多数表决通过法律案的原则，使多数人的意志能够形成合意，并将这种合意转化成全体人民的意志，以法的形式表现出来。这就充分体现了民主的立法是取决于多数，并以多数人的意志为转移的。其次，立法程序能够保障少数人的意见在立法过程中受到尊重。在现代社会，民主不仅仅意味着"大多数人的统治"和"少数服从多数"，它更意味着"多数对少数的尊重"，其完整的内涵应该是"尊重少数前提下的多数人的统治"。在立法程序运行的各个阶段，少数与多数享有平等的程序权利，有机会充分表达自己的意见和观点并通过交涉与说服而有机会使自身也成为多数。最后，立法程序能够保证公众直接参与立法过程。对于立法过程而言，民主化的一个主要方面就是要求立法机关的立法活动具有更多的公开性，通过各种途径听取公众的意见。通过公众的参与而促使立法民主化的过程，实际上是立法权向公众"回归"的过程。立法程序的公开性、参与性和自愿性则为公众直接参与立法提供了制度条件和有效保障。①

其二是立法决策的理性化功能。立法决策是立法机关在立法过程中对法律的制定、认可、解释、修改、补充、废止等作出决定的认识活动。立法决策理性化功能的实现取决于立法决策的公开性、交涉性和技术性。立法程序的公开性，为立法决策建立在多数人意见的基础上提供了制度性保证。而以多数人的意见为基础来作出立法决策，最大限度地减少决策的失误，尽可能地保证决策的客观性、公正性和正确性，是已被无数立法实践证明过的最佳决策机制。从结果来看，立法是一种集体性的选择与合意。然而，集体选择的结果并不一定就是最好的和可行的。因为"民主的真正价值显然不是取决于多数人的偏好，而是取决于多数人的理性"②。立法程序的交涉性有助于实现和保障立法决策过程中的多数人的理性。交涉性正是立法程序的基本特性之一，体现了立法程序的"沟通理性"，创造了一种立法决策过程中自由对话的条件和氛围，决策参与者相互间得以在自由开放和不受压制的环境中进行讨论、沟通和对话，以和平理性的方式达致共识。立法程序的技术理性主要表现为一整套理性的技术规则，是改善立法决策过程中选择的条件和效果的有力工具。N. 卢曼在论及选择与程序的关系时曾经指出："所谓程序就是为了法律性决定而预备的相互行为系统。"③ 立法过程中，决策者面对的往往是各种可供选择的行动方案，程序保证选择的非恣意性，通过充分考量各种方案，综合权衡各方利益，实现优化选择，获得最佳方案。④

其三是立法结果的正当化功能。"现代社会中法律程序的核心功能在于，通过自身的合理性为经由程序产生的结果之正确性提供担保。"⑤ 立法权作为一种创制性的国家权力，

---

① 参见易有禄：《立法程序的功能分析》，载《江西社会科学》2010 年第 5 期。
② 季卫东著：《法治秩序的建构》，中国政法大学出版社 1999 年版，第 51 页。
③ 季卫东著：《法治秩序的建构》，中国政法大学出版社 1999 年版，第 18 页。
④ 易有禄：《立法程序的功能分析》，载《江西社会科学》2010 年第 5 期。
⑤ 赵一单：《论快速立法》，载《地方立法研究》2021 年第 5 期。

它虽然可以为行政权和司法权提供正当性依据或基础，但它却不能为自身提供正当性基础。立法权行使结果的正当性，即法律的正当性同样不能从立法权本身获得证明。但是在公正合理的立法程序中，不同的甚至相互对立的价值追求及利益主张均可以得到充分的表达、展示和权衡，这样可以事先有效地把各种不满、怀疑和对抗消化在立法过程之中，从而使立法过程中的利益争端通过文明程序得以和平地解决，并为立法结果的权威性提供一种正当化前提。在此种意义上，公正合理的立法程序是立法结果正当化的主要途径。①

其四是权力控制的程序化功能。权力始终存在异化和被滥用的可能，因而对各种权力尤其是公共权力予以合法性和正当性的考量与制约，防止其走向腐败，便成为近现代法治的应有之义。立法权作为公共权力的基本形态之一，也存在异化和被滥用的危险，并且相较于行政权和司法权异化与滥用造成的危害，有过之而无不及。因此，需要寻求立法权的正当行使，以防止和避免立法腐败和立法寻租现象的发生。立法程序所具有的促使立法过程民主化、立法决策理性化和立法结果正当化等功能，实际上都从不同的侧面展现了立法程序对立法权正当行使的控制功能。正是由于立法程序的过程公开性、公众参与性以及技术理性，使得立法程序在控制立法者权力滥用、保障公民权利方面具有特殊的意义，将"以权利制约权力"和"以权力制约权力"的理论构想得以制度化和程序化。②

二、代议机关的立法程序

我国学界对代议机关立法程序的法定必要阶段存在几种观点：其一是"四阶段说"，即提出立法议案、审议法律草案、表决和通过法律草案、公布法律③；其二是"五阶段说"，即起草法律、提出立法议案、审议法律草案、表决和通过法律草案、公布法律④；其三是"六阶段说"，即制定立法规划、起草法律、提出立法议案、审议法律草案、表决和通过法律草案、公布法律。⑤ 学界之所以呈现出上述不同的观点，关键在于对立法程序与立法活动两个相近概念的不同理解。前者是形成规范性法条或法文件的法定步骤和方式，强调立法运作的规则性、严肃性，强调立法是一个遵守制度或受节制的过程；后者则是与形成规范性条文或法文件具有关联的全部活动，强调立法的阶段性、关联性和完整性。⑥ 现代社会的立法程序作为立法活动中特定主体所须遵循的法定步骤和方法，贯穿于整个立法活动过程中，两者紧密相连、相通，但是二者之间的区别也不容忽视。采"四阶段说"更为合理，即将立法程序与立法过程认定为两个不同的概念，立法规划和起草设计

---

① 易有禄：《立法程序的功能分析》，载《江西社会科学》2010 年第 5 期。
② 易有禄：《立法程序的功能分析》，载《江西社会科学》2010 年第 5 期。
③ 孙敢、侯淑雯主编：《立法学教程》，中国政法大学出版社 2000 年版，第 183 页；刘明利编著：《立法学》，山东大学出版社 2002 年版，第 131 页；孙国华主编：《法的形成与运作原理》，法律出版社 2003 年版，第 164 页。
④ 苗连营著：《立法程序论》，中国检察出版社 2001 年版，第 162 页。
⑤ 李步云、汪永清主编：《中国立法的基本理论和制度》，中国法制出版社 1998 年版，第 144 页。
⑥ 徐向华主编：《立法学教程》，北京大学出版社 2017 年版，第 160 页。

均具有一定的独立价值，立法程序仅包括法案的提出、法案的审议、法案的表决和通过以及法案的公布等四个阶段。

（一）法案的提出

提出法案，就是由有立法提案权的机关、组织和人员，依据法定程序向有权立法的机关提出关于制定、认可、修改、补充和废止规范性法律文件的提议和议事原型的专门活动。这是由法案到法的阶段得以展开的前提性、基础性的程序。① 其中涉及的几个关键内容包括立法提案权的享有主体、立法提案权的行使要求、法案的列入议程与审查、撤回立法提案。

1. 立法提案权的享有主体

现今各国立法的提案权主要由下列机关、组织和人员行使：议会和议员；国家元首；政府和政府首脑；成员国或下一级政权；司法机关；政党和有关社会团体；一定数量的选民；法定其他机关。但需要注意的是，由于国情和立法制度存在差别，部分国家的立法提案权由较多机关、组织和人员行使，可能超出上述范围；部分国家的立法提案权则集中于较少机关、组织和人员之手，只由上述范围中的部分机关、组织和人员行使。② 我国现阶段国家立法的立法提案权归属制度是：全国人大主席团、全国人大常委会、国务院、中央军委、国家监察委员会、最高人民法院、最高人民检察院、全国人大各专门委员会、全国人大的一个代表团或三十名以上的代表，可以向全国人大提出属于全国人大职权范围内的法律案；全国人大常委会委员长会议、国务院、中央军委、国家监察委员会、最高人民法院、最高人民检察院、全国人大各专门委员会、全国人大常委会组成人员十人以上，可以向全国人大常委会提出属于常委会职权范围内的法律案。而地方立法中地方性法规案、自治条例案和单行条例案的提案权归属，根据《地方组织法》和参照《立法法》的有关规定，由本级人大规定。③ 从现实角度看，目前我国人大代表行使立法提案权发挥的作用并不显著，主要原因在于立法任务日益繁重背景下，人大代表履职能力不足；作为政策的制定者和公共事务管理者，机构在法案提出阶段具有先天优势，程序障碍也限制了人大代表立法提案权的充分行使。④

2. 立法提案权的行使要求

为提高立法提案的质量和立法机关工作效率，各国一般都对立法提案权的行使规定了

---

① 周旺生著：《立法学教程》，北京大学出版社 2006 年版，第 241 页。
② 周旺生著：《立法学教程》，北京大学出版社 2006 年版，第 242 页。
③ 周旺生著：《立法学教程》，北京大学出版社 2006 年版，第 248 页。
④ 张筱倜：《全国人大代表立法提案权行使之程序障碍及完善》，载《湖北社会科学》2017 年第 2 期。

限制性条件，主要涉及以下四个方面：一是对立法议案提出和接受事项的限制性要求，这一要求包括"单向"和"双向"限制性要求。单向限制性要求是指立法提案主体只能就职权或业务范围内的立法事项行使此权力。双向限制性要求意味着既对立法提案主体提出立法议案的事项进行限制，也对立法主体接受立法议案的事项作了限制。二是议员或代表联名提出立法议案的人数要求，包括最高或最低限制性要求。三是提出的时间要求。四是提出的方式要求，通常包括口头与书面两种形式。在我国，立法提案主体不能向受案主体提出超过该主体职权范围的立法议案；人大代表和常委会组成人员个体不能行使立法提案权，只有达到最低法定人数才能集体提出；立法提案主体应在法定时间内提出立法提案。① 由于当前关于代表提案的法律规范不尽明确，因此实践中代表的提案行为不尽规范。对此，议案产生的过程中需要明确议案的构成要件、细化议案的内容范围、增设议案产生的前置程序、允许委托起草主体以增强专业性、宽限议案的提交期限、规定辩论程序等。②

3. 法案的列入议程与审查

提出立法议案主体的广泛程度往往体现了启动立法程序时多元利益主体的诉求；议案是否最终能够真正进入正式立法议程并获得审议，由各国立法议案列入议程制度决定。基于众多立法需求与有限立法资源之间存在的客观矛盾，立法议案通常需要经过审查才能进入正式议程。对此，我国现行法律对不同立法提案主体提出的立法议案能否列入中央权力机关议程作出了三种不同的规定：其一，具有领导受案主体权力的主席团和常委会委员长会议作为立法提案主体提出的法案，不必经过审查即可直接列入议程；其二，享有立法提案权的国家机构，如国务院、常委会等，以及专门委员提出的法案，则须经过程序性审议方可列入议程；其三，对经由代表团、三十名以上代表或常委会组成人员十人以上提出的法案，须经过实质性审查才可以列入议程。③ 在实质性审查中，又包括由主席团或者委员长会议决定是否列入会议议程，或者先提交专门委员会进行审议，提出是否列入会议议程的意见，再由主席团决定是否列入会议议程；以及在全国人大闭会期间先向常委会提出然后进一步处理。④ 这种实质性审查在一定程度上构成了对人大代表提案权行使的限制，造成的结果是"从1979年到目前为止，还没有代表团和代表联名提出的法律案被列入议程审议通过，代表团和代表联名提出的其他议案被列入全国人大会议议程或常委会会议议程的也很少"⑤。

---

① 徐向华主编：《立法学教程》，北京大学出版社 2017 年版，第 169~171 页。
② 胡弘弘：《论人大代表提案权的有效行使》，载《法学》2012 年第 5 期。
③ 徐向华主编：《立法学教程》，北京大学出版社 2017 年版，第 172 页。
④ 周旺生：《再论全国人大立法运作制度》，载《求是学刊》2003 年第 4 期。
⑤ 乔晓阳主编：《立法法讲话》，中国民主法制出版社 2000 年版，第 114~115 页。

4. 撤回立法提案

撤回立法提案是指由于客观现实情况的变化或附案本身的缺陷等各种原因，享有立法提案权的机构或人员在提出法案后要求撤回的活动；但基于对成本、公共利益、合法期待与社会稳定性的考量，通常需要在一定程度上受到时间和理由方面的限制。我国现有规范规定凡列入议程的法案，在交付表决前，提案人要求撤回的，若符合法定条件并履行法定程序，则对该法案的审议即行终止；但同时这种撤回存在三个方面的限制，其一是需要在法定的期间内进行，其二是应说明撤回的理由，其三是须经过法案进入议程决定主体的同意。①

（二）法案的审议

审议法律草案是指有权立法主体及其组成人员对列入议程的法案所附法律草案，根据法定程序进行正式的审查和辩论的活动。② 该立法阶段涉及三个关键内容，包括审议权行使的主体、审议的规则和审议的步骤。

1. 审议权的行使主体

一般来说，各国立法机关的全体会议、领导机构和专门委员会，都可以通过分工合作来参与行使法案审议权，但各国立法机关中这几个方面掌握的审议权有大小之分。在我国，审议向全国人大提交的法律案的权力，由下述机关、人员和会议行使：人大常委会和委员长会议，人大预备会议，人大主席团和主席团会议，人大代表，由代表组成的代表团和代表团会议，人大专门委员会和委员会会议，人大开会期间的座谈会议、小组会议、小组联席会议，人大全体会议。审议向全国人大常委会提交的法律案的权力，由委员长会议、常委会组成人员和常委会会议以及专门委员会行使。③

2. 审议的规则

（1）审议的方式规则。各国议会或代表大会审议法律草案的两种基本方式为公开审议和秘密审议，且以前者居多；具体包括立法听证会、公民自由旁听立法会、转播审议实况及公开审议记录和出版发行审议记录。在我国，会议审议是最主要的审议方式。具体包括：小组会议、联组会议委员长会议、常委会全体会议、专门委员会会议、代表团会议、准联组会议、主席团会议以及代表大会全体会议等。④

代表团审议是人大基本的审议方式，《立法法》第十八条对代表团审议法律草案作了

---

① 徐向华主编：《立法学教程》，北京大学出版社 2017 年版，第 173 页。
② 徐向华主编：《立法学教程》，北京大学出版社 2017 年版，第 174 页。
③ 周旺生著：《立法学教程》，北京大学出版社 2006 年版，第 249~250 页。
④ 徐向华主编：《立法学教程》，上海交通大学出版社 2011 年版，第 185~187 页。

专门规定。代表团是人大代表按选举单位组成的参加大会的临时性组织。鉴于人大规模庞大，为提高审议效率，除举行全体会议外，人大代表大多数情况下以代表团为单位行使权利和履行义务。充分发挥代表团在审议过程中的作用，是人民代表大会制度的基本要求。

有关专门委员会审议是具有专业技术性的审议方式。全国人民代表大会设有民族委员会、宪法和法律委员会、监察和司法委员会、财政经济委员会、教育科学文化卫生委员会、外事委员会、华侨委员会、环境与资源保护委员会、农业与农村委员会、社会建设委员会和全国人民代表大会认为需要设立的其他专门委员会。这些专门委员会是全国人大的常设委员会，有比较广泛的职能，其职能之一就是依照《立法法》第十七条的规定审议法律案。从审议涉及内容看，是一种全局性的审议，在各种审议中扮演关键性角色。

分组会议审议是将常委会组成人员分成若干小组开会，以在较小的人员范围内对进入议程的法律草案进行审议。《立法法》第十九条对此审议方式作出了明确规定。联组会议审议是常务委员会审议法律案时，根据需要召开的，由委员长或一位副委员长主持，常委会全体组成人员参加，对法律草案中的主要问题进行讨论的会议。准联组会议审议则是全国人民代表大会主席团常务主席召开的，由团长或代表团推选的有关代表参加的，就法律案中的重大问题进行审议的联合会议。

除了有权立法主体组成人员以举行会议方式进行的正式审议外，常见的非正式审议方式还有：全国人大及其常委会为审议法律草案而进行的调查，广泛征求立法意见；以及宪法和法律委员会、有关的专门委员会和常务委员会工作机构就法律草案所涉及的专门性问题，组织有关方面的代表和专家座谈讨论，人大法制工作机构组织专题座谈，等等。

（2）审议的制度规则。通过上述梳理，不难发现审议规则中内涵丰富的审议制度，集中体现为三审制度和统一审议制度。三审制度是指列入常委会会议议程的法律案，一般应当经过三次内容重点各有不同的常委会会议审议后，才能交付表决的制度。统一审议制度是指对列入人民代表大会或常委会会议议程的法律或法规案，在各代表团或常委会组成人员和有关专门委员会提出审议意见的基础上，由具有统一审议职能的机构进行审议，并向代表大会主席团或常委会提出审议结果报告和草案修改稿的制度。与此同时，学界已从不同方面发掘了我国人大立法审议机制目前存在的各类问题，主要包括：立法程序中人民代表大会及其常委会的规范地位与实际功能之间产生内在张力的问题[1]；统一审议的制度合理性问题[2]，宪法和法律委员会与其他专门委员会的分工问题[3]，以及人大代表和常委会组成人员如何充分运用宪法和法律赋予的代表职能问题[4]。同时，有学者通过对历史与现状的分析，指出当前人大审议机制实际规范与功能之间的偏差具体体现在会议议程的实际

① 韩大元：《论人民代表大会之宪法地位》，载《法学评论》2013年第6期。
② 周伟：《全国人大法律委员会统一审议法律草案立法程序之改革》，载《法律科学》2004年第5期。
③ 蒋劲松：《论人大各专门委员会的独立报告权》，载《人大研究》1995年第7期。
④ 宋方青：《论立法公平之程序建构》，载《厦门大学学报（哲学社会科学版）》2007年第1期。

决定权偏移、统一审议中委员会功能放大和议事成员的实际议事功能较弱等三个方面。对此，立法审议应当具备公正、科学、民主和效率等价值，通过进一步明确统一审议的职能分工、完善立法听证程序、设置立法辩论程序等途径优化我国人大立法审议机制。①

3. 审议的步骤

（1）普通审议步骤。全国人民代表大会及其常委会的审议步骤方面：就全国人民代表大会的审议步骤而言，第一，在首次审议某一法律草案的全体会议上，由提案人负责说明法律草案的基本精神、内容及立法意图等；第二，各代表团、有关专门委员会进行充分讨论，发表修改意见；第三，宪法和法律委员会根据各代表团和有关专门委员会的审议意见，对草案进行统一审议，并向主席团提出审议结果报告和草案修改稿，对重要的不同意见应在报告中说明；第四，主席团审议和通过上述报告与修改稿后，印发会议，并将修改后的法律草案提请大会全体会议表决。

就全国人大常委会的审议步骤而言，《立法法》第三十二条明确规定了三个步骤，一审是在全体会议上听取提案人的说明，由分组会议进行初步审议；二审是在全体会议上听取宪法和法律委员会关于法律草案修改情况和主要问题的汇报，由分组会议进一步审议；三审是在全体会议上听取宪法和法律委员会关于法律草案审议结果报告，由分组会议对法律草案修改稿进行审议。

地方人民代表大会及其常委会的审议步骤方面：就地方人民代表大会审议地方性法规的步骤而言，《立法法》和《地方组织法》对此只有原则性规定。各地议事规则和实践中的普通做法是：第一，由提案机关（或人员）的负责人员在审议该法规草案的第一次全体会议上作草案的说明，并由专门委员会向该次大会作审查结果的报告；第二，各代表团会议和分组会议审议；第三，由负责统一审议的机构提出审议结果的报告和草案修改稿；第四，主席团会议审议，决定或表决有重大分歧的问题；第五，主席团决定将修改后的法规草案提交大会表决。

就地方人大常委会审议地方性法规的步骤而言，《立法法》和《地方组织法》对此同样只有原则性规定。各地议事规则和实践中的普通做法是：提案机关的负责人向审议该法案的第一次常委会全体会议作说明；有关专门委员会向常委会会议作审查结果的报告，其中对需要常委会会议经过两次以上审议的法规草案，有关专门委员会在第一次会议审议时可不提出审查结果的报告，而在第二次会议上提出；常委会分组、联席或全体会议审议和修改；主任会议根据第三次审议情况，提请常委会会议表决，或交有关专门委员会或起草部门进一步修改并提出报告，在下一次或以后的常委会会议上再行审议，或建议人大常委会决定提请人民代表大会审议。

---

① 宋方青、王翔：《论我国人大立法审议机制的功能与优化》，载《厦门大学学报（哲学社会科学版）》2018年第6期。

（2）特殊审议步骤。除普通审议步骤外，《立法法》也确认了人大及其常务委员会审议法律案时，如果必要，可依法适用加速、延期和终止等特殊审议步骤。[1]

加速审议是指在法定的条件发生时，人大常委会可以减少审议次数，即将普通三审降为二审或一审后，交付表决。它是在保障审议民主价值的同时提高了立法审议效率的一种特别审议步骤。如《立法法》第三十三条规定，列入常务委员会会议议程的法律案，各方面意见比较一致的，可以经两次常务委员会会议审议后交付表决部分修改的法律案，各方面的意见比较一致的，也可以经一次常务委员会会议审议即交付表决。

延期审议是指在法定的条件发生时，人大或人大常委会可以增加自身审议次数和审议时间或者通过授权其他有关立法主体审议以增加审议次数和审议时间。这是立法主体加强审议力度以保障审议中民主价值得以实现的一种特别审议步骤。如《立法法》第二十四条规定，列入全国人民代表大会会议议程法律案的延期审议和第四十一条规定法律案经常务委员会三次会议审议后的进一步审议。

终止审议是指在提案人要求撤回法律案或出现终止审议的法定条件时，人大或人大常委会可以在表决法律草案前依法终止审议。如《立法法》第二十三条和第四十条规定，列入全国人民代表大会或常务委员会会议议程的法律案，在交付表决前提案人要求的撤回，与第四十二条规定列入常务委员会会议审议的法律案，因各方面对制定该法律的必要性、可行性等重大问题存在较大意见分歧搁置审议满两年的，或者因暂不付表决经过两年没有再次列入常务委员会会议议程审议的，由委员长会议向常务委员会报告，该法律案终止审议。

（三）法案的表决和通过

通常来说，法案的表决与通过紧密相连，不可分割。表决法案，是有权机关和人员对法案表示最终的、具有决定意义的态度，即表决者最后对法案是赞成还是不赞成的态度，是立法权享有者在立法过程中行使表决权的专有活动；通过法律草案则是经过表决活动后呈现的结果。

1. 表决法律草案的程序

表决完毕，法律草案的最终命运就将决定。因此，为防止表决中出现错误和弊端，各国都规定了严格的表决程序。根据表决主体的不同，可将表决法律草案程序分为两种，一是立法机关表决的普通程序，二是全民公决的特别程序。

表决的普通程序是指由立法机关成员行使表决权，以决定法律草案通过与否的程序。以两院制国家表决法律草案为例，主要包括两种程序，其一是任何草案须经两院表决通过才能正式成为法律，其二是下院拥有表决权而上院仅能表示异议。并且，基于两院表决过

---

[1] 徐向华主编：《立法学教程》，上海交通大学出版社 2011 年版，第 193 页。

程中经常出现分歧，通常需要对于往返制度、下院定夺制度、上院决定制度以及两院协调与联合制度等制度加以适用。①

全民公决法案有两种情况：一是在立法机关对法案审议、表决之后，再由公民对法案表示赞成与否的表决，这种情况可以称为公民复决。二是有的法案，立法机关无权对其进行表决而只能由公民直接表决，或是有的法案公民可以直接进行表决而不必先经立法机关表决后再由公民复决。我国尚无公民公决的法定制度，也无公民公决的实践。《立法法》中重要法律案可向公众公布、征求意见的规定，作为民主原则的一种体现，与公民公决有密切联系，但不是公民公决。②

2. 表决法律草案的方式

（1）公开表决和秘密表决。公开表决是指表决者的态度、立场明显可以被外界知晓的表决方式。依据议员的态度和姓名是否同时被记录并被外界知晓的标准，又可以划分为无记名和记名。秘密表决是指表决者的意思表示不被外界知晓的表决方式，常见的方式有无记名投票和无记名电子表决器表决等。根据最新修正的全国人民代表大会议事规则，会议表决议案采用无记名按表决器方式。如表决器系统在使用中发生故障，采用举手方式。宪法的修改，采用无记名投票方式表决。结合相关的实践惯例，我国表决法律草案的方式应当为一种无记名的秘密投票。

（2）整体表决和部分表决。以是否将法律草案全部文本作为一个整体，要求表决者表明态度为划分标准，可分为整体表决和部分表决两类。整体表决就是由表决者对整个法律草案表示赞成、反对或弃权的态度。部分表决就是由表决者对法律草案逐条、逐节或逐章表示赞成、反对或弃权的态度，最后再就整个法案进行表决；或者是由表决者对法律草案中有争议的部分进行表决，并且对争议部分的表决结果不影响整部法律草案最终命运的表决方式。我国《立法法》并未规定表决对象究竟应为法律草案整体还是部分，在立法实践中，立法主体对大部分法律草案采用了整体表决方式。③

2023年《立法法》中第四十四条单独表决条款具有丰富的内涵。第二款、第三款就全国人民代表大会常务委员会立法程序中的重要条款单独表决问题作出专门规定，其中的"条款""重要""意见分歧较大""个别""单独""可以"等几个关键词是理解该项制度的切入点。"条款"即为单独表决对象的外在形式；不限于"条"与"款"，它主要是指"条"，还包括条以下的款、项、目等内容具体的法律规定。"重要"可理解为需要单独表决的条款为整个法案之关键、枢要，并非可有可无、无关痛痒。"意见分歧较大"意味着常委会组成人员对于重要条款存在着激烈的观点交锋。"个别"意指在整个法律草案中，

---

① 徐向华主编：《立法学教程》，北京大学出版社2017年版，第186~187页。

② 周旺生著：《立法学教程》，北京大学出版社2006年版，第263页。

③ 徐向华主编：《立法学教程》，上海交通大学出版社2011年版，第198页。

需要单独表决的条款数量很少，所占比例极低。"单独"表决系相对于整体表决、逐步表决的第三种法案表决方式。"可以"是指重要条款单独表决并非立法的必经程序。①

3. 通过法律草案的原则与规则

通过法律草案采用以少数服从多数为原则的多数表决制。全国人大审议的普通法律案由全体代表的过半数通过；宪法修改案由全体代表的三分之二以上多数通过。全国人大常委会审议的法律案，由常委会全体组成人员的过半数通过。地方性法规案、自治条例案和单行条例案的通过，参照法律案的通过制度办理。行政法规和行政规章作为政府或政府部门的规范性法律文件，它们的产生不同于法律、法规。根据《立法法》的规定：行政法规的决定程序依照国务院组织法的有关规定办理；部门规章应当经部务会议或委员会会议决定，地方政府规章应当经政府常务会议或全体会议决定。此外，依据《宪法》和《立法法》的规定，批准是我国在对一些地方性法规及自治条例和单行条例表决通过后设置的一项制约程序。②

（四）法案的公布

公布法案是指有权公布法律的机关或人员，在特定期间内，采用法定方式将有权立法主体通过的法正式公之于众的活动。法案的公布是否应被视为立法程序的闭合环节，目前仍存在一些探讨。有学者认为，在我国，法律公布不是立法的必经程序，不是法律成立的基本标志，而是法律成立后由法定主体将其公之于众的一个具体环节，是处于立法过程与法律实施过程之间、拥有多个构成要素的一项独立制度。之所以得出该论断，是基于我国的国家主席不参加立法工作，而只能根据全国人大及其常委会的决定签署公布法律的主席令，这里的"签署"并不包含证明和确认的作用，只表明以国家的名义公布法律。据此需要与国外一经元首签署法律即意味着新法律正式成立和立法程序全面结束的制度区分开来。③

1. 公布法案的意义

公布法律是立法程序中的一个具有独立地位和重要价值的活动。从立法程序完成阶段看，作为立法过程中的第四道程序，公布是法生效的一个必要步骤，也是法律草案变为生效法律的关键性飞跃。草案获得通过后，如果不按法定时间、步骤以及必要形式予以公布，该法律仍将不具有法律效力，不能对人们的行为和一定的社会关系起到规范和调整的作用。从成文法公布的意义看，正因任何法律文件或条文在未按照法定形式公布以前都不

---

① 刘风景：《重要条款单独表决的法理与实施》，载《法学》2015年第7期。
② 周旺生著：《立法学教程》，北京大学出版社2006年版，第265页。
③ 李克杰：《法律公布是立法程序还是独立制度?》，载《学术交流》2020年第11期。

具有约束力，公布程序才成为对掌权者随意创制法的一种限制，也是对公民权利不受肆意侵犯的一种保护。①

2. 公布法案的主体

根据各国宪法规定，法律公布权主要由国家元首和立法机关领导机构行使，包括国家元首、立法主体的领导机构或常设机关。我国语境下，凡全国人大及其常委会表决通过的法律，一律由国家主席公布；且我国国家主席签署公布法律令的性质完全不同于西方国家元首所行使的公布权。各地能够行使公布地方性法规以及自治条例和单行条例的主体为主席团或常务委员会。②

3. 公布法案的要求

关于公布的期限，我国规范尚未明确，实践中一般的做法是，或在通过后的当日公布，或在通过后间隔数日公布。关于公布的方式，我国国家主席公布法律的方式是以主席令的形式公布在特定的载体上，即《中华人民共和国全国人民代表大会常务委员会公报》（以下简称《全国人大常委会公报》）和在全国范围内公开发行的报纸上刊登，并以《全国人大常委会公报》上刊登的法律文本为标准文本；地方做法与此类似。关于公布后的生效期限，法的生效时间虽没有明文统一规定，但实践中包括自法律公布之日起生效、由该法律自行规定生效日期、或者法律公布后到达一定期限才开始生效。③

三、行政机关的立法程序

除了代议机关的立法，行政立法也是立法活动中的一个重要现象。行政机关的立法程序，是指有权的行政机关在制定、修改或废止行政规范性法文件的活动中必须遵循的法定步骤和方法。④ 行政机关立法程序最鲜明的特征在于其双重性。行政机关的立法活动兼具行政和立法的双重性质。具体而言，一方面，行政机关立法活动产生的结果是具有法的效力的规则，因此这种活动首先具有立法性，与行政机关发布行政命令、采取行政措施等其他行政行为相区别；另一方面，行政机关的立法活动是以行政机关为主体针对行政管理事项进行的规则制定活动，具有明显的行政性，又不同于代议机关的立法活动。基于此，行政机关的立法程序也具有双重含义：既是一种规则制定程序，必须经过起草、审查、公布等环节；同时也是一种行政程序，由行政机关主导并最终作出决定，而无须经过诸如审议、表决等代议机关立法必经的程序。⑤ 相较对立法机关行使立法权过程的研究，目前我

---

① 徐向华主编：《立法学教程》，上海交通大学出版社 2011 年版，第 202 页。
② 徐向华主编：《立法学教程》，北京大学出版社 2017 年版，第 193~194 页。
③ 徐向华主编：《立法学教程》，北京大学出版社 2017 年版，第 194~195 页。
④ 徐向华主编：《立法学教程》，北京大学出版社 2017 年版，第 195 页。
⑤ 徐向华主编：《立法学教程》，北京大学出版社 2017 年版，第 195~196 页。

国法学理论界对行政机关行使立法职能过程中必须遵循的法定程序所包含的必要阶段的研究较为鲜见。根据 2017 年修订的《行政法规制定程序条例》和《规章制定程序条例》，我国行政机关立法程序主要包括立项、起草、审查、决定、公布、备案等阶段。①

（一）立项

立项是行政立法的第一步，通过立项，对制定行政法规和规章的必要性、紧迫性和可行性进行深入论证，根据近期经济社会发展形势和政府工作重点，确定意图通过行政立法实现的目标，制定一定时期内的立法计划和时间表。② 当前我国行政机关的立法动议权是由行政机关内部掌握的。其中行政法规由国务院有关部门根据需要向国务院报请立项；部门规章由国务院部门内设机构或其他机构根据需要向本部门报请立项；地方政府规章由人民政府所属工作部门或下级人民政府基于需要向隶属政府报请立项。报送行政法规或规章的立项申请均应当对立法项目所要解决的主要问题、依据的方针政策和拟确立的主要制度等作出说明。与此同时，行政法规或规章立法计划的拟订权由各制定主体的法制机构行使。

立法计划的立项权，从根本上讲，是立法权的启动，因此，立项权的行使不仅仅应当有内部程序，还应当增加外部程序，也就是说在上述国务院、各部门和地方政府拟定和审批立法计划的基础之上，更应当增加公众参与和专家论证。目前饱受诟病的部门立法或者立法部门化，即法律、行政法规成为国务院部门维护各自利益、通过立法进一步扩大各自执法权、规避责任风险的途径，而部门规章和地方政府规章的情况更是如此。为了解决立法部门化的问题，从立法的立项开始就应当增加公众参与和专家论证，在条件成熟的机构和部门还可以设计立项权行使的规则和程序，使立法的启动能更多体现社会需求、民众需求，更符合科学性和合理性。③

（二）起草

起草是行政立法最关键的部分，也标志着行政立法从计划向实质形态转化，是对已经列入立法计划的某一行政法规或规章的具体制定工作。行政法规由国务院组织起草，国务院的一个或几个部门具体负责起草工作，也可由国务院法制机构起草或者组织起草。规章的草拟权属于国务院部门和地方人民政府，由其内设机构或其他机构具体实施，也可委托组织专家起草。起草行政法规或规章，应当广泛听取有关机关、组织和公民的意见。如果涉及其他主管部门的职责或与其他部门关系密切的，起草单位应当征求有关部门的意见或与有关部门进行协商；经过协商不能达成一致意见的，应当在上报送审稿时说明情况和理

---

① 刘莘主编：《行政立法原理与实务》，中国法制出版社 2014 年版，第 122 页。
② 刘莘主编：《行政立法原理与实务》，中国法制出版社 2014 年版，第 122 页。
③ 刘莘主编：《行政立法原理与实务》，中国法制出版社 2014 年版，第 125 页。

由。最后行政法规或规章草案由起草单位报送审查，报送的内容分为三个部分：起草单位负责人签署的草案、理由说明以及有关材料。

（三）审查

审查是行政机关内部的专门机构对行政立法草案拟定稿进行的审核和复查。行政法规或规章送审稿的审查由制定主体的法制机构进行。审查内容包括送审稿是否符合宪法、法律和上位法的规定；是否体现切实保障公民、法人和其他组织合法权益的精神；是否体现科学规范行政行为、促进政府职能转变的改革精神；是否与有关的行政法规或规章协调；是否正确处理了有关机关、组织和公民对送审稿主要问题的意见；是否符合立法技术要求等。出现下列情形之一时，有关法制机构可以缓办或者退回起草单位：一是制定行政法规或者规章的基本条件不成熟；二是有关部门或者机构对送审稿的主要制度存在较大争议，起草单位未与之协商的；三是送审稿没有起草单位负责人签名，或者所附材料不符合要求的。

法制机构在审查送审稿的过程中需要根据情况进行一系列征求意见的工作，在充分听取意见并进行协商之后，法制机构应当对送审稿进行修改并形成草案，并拟定起草说明，其中包括制定行政法规或规章拟解决的主要问题、确立的主要措施以及与有关部门的协调情况等。草案和起草说明均需由法制机构主要负责人签署，提出提请行政法规或规章制定机关审议的建议。

（四）决定

行政法规和规章的颁布应由制定机关的首长办公会议（政府常务会议或者全体会议、部务会议或者委员会会议）决定。依照《国务院组织法》有关规定，办理行政法规的决定程序是行政机关立法程序中的关键程序，决定着行政法规或规章能否被通过。行政法规草案由国务院常务会议审议，或者由国务院审批。部门规章应当经部务会议或者委员会会议决定。地方政府规章应当经政府常务会议或者全体会议决定。法制机构应当根据有关会议审议意见对行政法规或规章草案进行修改，形成草案修改稿。制定行政法规是国务院的重要工作内容，因此，除了不属于重大问题的行政法规修改，其他的情况，一般而言都应当经过国务院常务会议或者全体会议讨论决定。规章也是一样，部门规章应当经部务会议或者委员会会议决定。地方政府规章应当经政府常务会议或者全体会议决定。

（五）公布

行政法规草案修改稿报请总理签署国务院令公布施行。规章草案修改稿报请本部门首长或者省长、自治区主席、市长签署命令予以公布。其中公布令的内容包括：公布行政法规或规章的命令应载明制定机关、序号、名称、通过日期、施行日期、行政首长署名以及公布日期。其中部门联合规章由联合制定的部门首长共同署名公布，使用主办机关的命令序号。行政法规或规章应当自公布之日起 30 日后施行；但涉及国家安全、外汇汇率、货币政策的确定以及公布后不立即施行将有碍行政法规施行的，可以自公布之日起施行。

（六）备案

备案是我国行政机关立法的必经程序之一，同时也是一种监督手段。现行《法规规章备案条例》对备案程序进行了较为完整的规定，主要涉及报送备案的主体、承担备案工作的具体机构、提交格式、处理结果以及未报送备案的责任追究等问题，从制度上改变了我国长期以来备案职责不清、备而不审以及无法追究不及时备案者责任等状况。

【事例分析】

《物权法》从最初列入立法规划到着手起草，到提交草案，到先后进行的七次审议，再到最后的表决通过与公布，大体上呈现出了一个完整的立法过程。除了注重在起草环节立足专业基础坚持科学立法，历次的审议过程更是贯彻了民主立法的原则。一方面，在后提交审议的草案基本是对上一次审议意见予以吸收的修改版本，且不断得以调适与完善；另一方面，草案在审议过程中坚持群众路线，通过各种途径和方式广泛征求公众意见。《物权法》制定过程充分体现了民主原则，堪称中国民主立法与"开门立法"的典范[①]；有学者专门撰文对《物权法》立法过程给予了客观的评说，认为应当辩证看到物权立法过程中不可忽视的成就与尚且存在的不足。[②] 而通过聚焦物权立法过程中更加具体的审议程序，可以对我国立法程序中的审议制度和公开参与制度形成一个更加深入的认识。

一、物权立法过程中的七次审议

2002 年 12 月 23 日《中华人民共和国民法（草案）》在九届全国人大常委会第三十一次会议上被首次提请审议，物权法则是作为其中的一编首先于 12 月 17 日提请全国人大常委会会议审议并作出了《〈中华人民共和国民法（草案）〉的说明》中关于物权法草案的说明。[③] 2004 年 7—8 月，全国人大法律委员会根据常委会组成人员以及地方、部门和专家的意见，对民法草案第二编物权法进行了修改，形成了《中华人民共和国物权法（草案）》；被再次提请 10 月举行的十届全国人大常委会第十二次会议审议。[④] 2005 年 6 月 26 日，全国人大法律委员在十届全国人大常委会第十六次会议上对《中华人民共和国物权法

---

① 孟勤国：《中国物权法的历史价值》，载《法学》2007 年第 9 期。

② 童之伟：《物权立法过程该如何做恰当评说——兼答赵万一教授等学者》，载《法学》2007 年第 4 期。

③ 全国人大常委会法工委民法室：《物权法立法背景与观点全集》，法律出版社 2007 年版，第 12 页。

④ 全国人大常委会法工委民法室：《物权法立法背景与观点全集》，法律出版社 2007 年版，第 16 页。

（草案）》（三次审议稿）（以下简称《物权法草案》）的修改情况作出了汇报。① 与此同时，会议上有委员建议将《物权法草案》向社会全文公布，广泛征求意见；委员长会议对此予以采纳。2005 年 10 月 22 日举行的十届全国人大常委会第十八次会议上，《物权法草案》第四次提交审议。在这份草案中，群众提出的许多意见都得以吸纳，一些引起广泛争议的问题有了明确说法。② 2006 年 8 月，十届全国人大常委会第二十三次会议对物权法草案进行了第五次审议；同年 10 月十届全国人大常委会第二十四次会议对《物权法草案》进行第六次审议。2006 年 12 月 29 日，全国人大常委会第二十五次会议对《物权法草案》进行第七次审议并通过有关议案，决定将《物权法草案》提请 2007 年 3 月举行的十届全国人大五次会议审议。经过先后七次审议，2007 年 3 月 16 日，第十届全国人民代表大会第五次会议经过第八次审议最终通过《中华人民共和国物权法》（以下简称《物权法》）。

可以看到，《物权法草案》经由提出并交全国人大常委会先后进行了七次审议，远远超出《立法法》规范下确立的三审制度；每次审议时所针对的内容亦是在原有草案的基础上不断吸纳了新的观点与意见。之所以造成这种现象，一方面是基于物权法调整对象的范围之广、法律关系协调的难度之大，相较于一般法律审议程序而言需要更多的审议次数与更长的审议周期；另一方面与物权立法中相较以往更加关注立法程序原则与制度密不可分。最初作为《民法典草案》中单独一编时，物权编对物权法的调整范围、基本原则、所有权、用益物权、担保物权、登记制度、物权的保护以及相邻关系、共有、善意取得、拾得遗失物、发现埋藏物、占有等作出了规定；经由九届全国人大常委会进行了初次审议。十届全国人大常委会组成后，高度重视制定物权法的工作，将其排在整个民法立法进程中最优先的位置，列入五年立法规划和 2004 年立法计划；经由法工委进行立法调研和草案修改工作形成物权法草案，到再次提请审议的期间内，一些常委会组成人员和有些地方、专家对国有企业的财产权、农民集体所有权、建筑物区分所有权、特许物权以及登记制度和宅基地使用权转让的相关事项提出了争议观点，法律委员会均予以研究回应，并在后续通过开展座谈、调研，对草案二次审议稿进行了逐条审议。2005 年 6 月，法律委员会召开会议，再次对草案二次审议稿进行审议，最高人民法院负责同志列席。此次审议对部分章节、条款进行了调整与修改，在此基础上形成了三次审议稿。

而于同年 10 月 22 日第四次提请全国人大常委会会议审议的《物权法草案》中，面向群众公开征集意见的成果显著，公众的许多意见在草案中得以吸纳，诸多与群众自身利益

---

① 全国人大常委会法工委民法室：《物权法立法背景与观点全集》，法律出版社 2007 年版，第 23 页。

② 全国人大常委会法工委民法室：《物权法立法背景与观点全集》，法律出版社 2007 年版，第 29 页。

密切相关的问题在此次审议中也进一步明确①：包括为坚决防止国有资产流失，将城镇集体所有财产归属的具体化规定留给相关的法律、法规加以适用；明确住宅建设用地期满自动续期，使用费标准授权国务院规定；征收征用均应予"合理补偿"，明确拆迁属于征收的范围，且进一步界分了"公共利益""补偿标准"的定义；确定了物业服务用房归属于业主、业主可以个人名义提起诉讼；规定土地承包地经营权可以有条件进行抵押，坚持农村宅基地使用权转让抵押不放开。针对全国人大常委会组成人员和社会各界关注的问题，全国人大常委会负责同志多次召开座谈会，认真听取有关方面的意见。根据常委会组成人员的审议意见和其他各方意见，《物权法草案》经过不断修改、完善，在许多重要的问题上达成共识。2006 年 8 月，十届全国人大常委会第二十三次会议对《物权法草案》进行了第五次审议。同年 10 月，十届全国人大常委会第二十四次会议对《物权法草案》进行第六次审议。全国人大法律委员会及法制工作委员会根据常委会组成人员的审议意见和各方面的意见，对草案的许多章节和条款继续进行修改补充。同年 12 月 29 日，全国人大常委会第二十五次会议以 155 票赞成、1 票弃权的表决结果，高票通过了有关议案，决定将《物权法草案》提请 2007 年 3 月举行的十届全国人大五次会议审议。

二、物权立法过程中存在的问题

有学者在对物权立法过程进行评说时，客观地概括出了这一过程中所存在的几个突出问题：第一，《物权法草案》（建议稿）最初的起草事务基本被清一色民法学科人员所包揽；第二，面对宪法基本经济制度条款与市场经济条款的抵牾，全国人大常委会没有启动宪法解释程序正式解释宪法加以消除，而是采用了按宪法原有的套路安排《物权法》相关条款的办法处理；第三，《物权法草案》在作为议案提请十届全国人大五次会议审议表决前，已经由全国人大常委会审议了 7 次，但只公开了一个审议稿即征求意见稿；第四，参与《物权法草案》立法讨论的一小部分学者，谈论问题政治化、口号化、意识形态化有余而学术性不足，否定性有余而建设性不足。② 回归到法定化立法程序的框架下讨论，最初的起草阶段尚未纳入其中；而全国人大常委会是否应当启动宪法解释程序消除条文抵牾、草案是否应当广泛公开面向公众征求意见以及参与草案讨论的专家学者所应当具备的素质，无疑属于立法程序研究中需要考量的方面。

在《物权法草案》合宪性调试的程序问题上，呈现出一个从存在违宪嫌疑、有明显不合宪瑕疵，到消除违宪嫌疑和瑕疵，最后归于合宪的过程，应当被视为主持《物权法草

---

① 全国人大常委会法工委民法室：《物权法立法背景与观点全集》，法律出版社 2007 年版，第 31~42 页。

② 童之伟：《物权立法过程该如何做恰当评说——兼答赵万一教授等学者》，载《法学》2007 年第 4 期。

案》的立法机关工作机构、宪法学者、法理学者和民法学者以及一切关心法律的合宪性的人们共同努力的结果。[1] 其一，通过向民法界之外的其他学科工作者，尤其是宪法科学领域的专家学者征求意见，原草案中一些明显不合宪的条款得以在全国人大审议有关议案时引发重视，并经由法律委员会及时予以修改。其二，通过法律委员会、法制工作委员会召开座谈会，邀请提出有关议案和意见的全国人大代表参加，听取中央有关部门、单位、专家意见和常委会委员意见，对草案中不能准确反映当时中国现实状况的规定进行修改。其三，通过多次审议与激励争论，最终将"根据宪法，制定本法"写入《物权法》的结果，遏制了《物权法草案》隐含的欲使《物权法》乃至今后的民事立法强行超越现有宪法架构的意图。然诸如"坚持公有制为主体"的要求与"保障一切市场主体的平等法律地位和发展权利"的规定之间在理论层面存在的明显矛盾，最终仍无法解决；全国人大常委会启用宪法解释的程序缺位，使得这一问题未能从根本上解决。与此同时，尽管专家学者在《物权法草案》的整个审议过程中起到了不可或缺的作用，然在一些技术性问题的处理上尚且存在缺漏，导致专家立法制度落实中出现偏差。

需要注意的是，尽管《物权法草案》（第三次审议稿）公开征求意见历来被视为是"开门立法"的典范，但为了实现公民的有效参与，《物权法草案》仅仅公布七稿中的一稿显然远远不够。与此同时，公布草案征求意见稿和网上公开草案稿是有差别的，前者相对更加正式，表示起草机构主动有所征询，后者则是仅面向部分公民的知情权。据此，立足于《物权法草案》修改的整个过程，公开和公众参与制度似乎未能得到充分的落实。但也正是因为其中第三次审议稿的公开，为之后法案的制定更加注重公众参与提供了指引。

三、物权立法过程中的公众参与

公众立法参与的民主性首先体现在公众参与立法过程中的广度与深度。在《物权法》制定过程中，各地群众通过网络、报刊、电台等媒体和来信广泛参与、积极进言，仅在《物权法草案》向社会公布征求意见期间，全国人大常委会法制工作委员会就收到 11543 件群众意见；与此同时，26 个省区市和 15 个较大市的人大常委会、47 个中央有关部门、16 个大公司、22 个法学教学研究机构和法学专家也提出不少意见；全国人大法律委员会、全国人大常委会法制工作委员会召开 3 个座谈会，听取部分全国人大代表、常委会委员、省区市人大常委会、中央有关部门和法学专家的意见。[2] 可以看到，上述立法草案在征求意见时，公众所提出修改意见的数量远远超出了以往公开的立法项目，亦反映出公众对立法参与程度之广。在《物权法》的制定过程中，公众立法参与的深度则集中体现在公众意见对草案走向的实际影响。首先，在最初的启动阶段，整个物权立法进程一开始就因多位

---

[1]　童之伟：《物权立法过程该如何做恰当评说——兼答赵万一教授等学者》，载《法学》2007 年第 4 期。

[2]　裴智勇：《物权法草案"四审"消化万余条群众意见》，载《人民日报》2005 年 10 月 25 日。

专家学者在是否需要制定上意见未统一而暂陷延滞。而在后续草案出台并公开面向社会公众征求意见的阶段，于 10 月 22 日第四次提请全国人大常委会会议审议的《物权法草案》中，群众提出的许多意见都得以吸纳，诸多与群众自身利益密切相关的问题也进一步明确。

此外，需要注意到立法公开所蕴含的更加本质的现代民主基础，在我国语境下表现为公民基本权利保障和民主政治进程推动。① 就公民权利保障而言，立法公开是通过设置正当程序对公民的广泛权利进行全方位的保障：首先，知情权是人民得以实现立法事项参与的逻辑起点；其次，保障公民的参与权是立法公开的必然延伸；再次，保障公民的表达权是立法公开的核心价值，也是实现前述知情权和参与权的具象载体；最后，保障公民的监督权属于贯穿于整个立法公开的应有之义。而对于民主政治的推进，立法公开有利于克服代议制民主的局限性，是实现政治公开和政治参与的重要途径。通过更加开放、透明的立法公开，民众获得更加方便、快捷的立法参与渠道和方式，人民群众得以成为最基本的立法主体，进而推动我国民主政治发展进程；得以了解民主运作程序，熟悉公共管理事务的方式，进而积累起政治参与经验，更加全面地投身到我国民主政治建设的进程中。

【延伸探讨】

2008 年汶川地震期间，为增援济赈，四川省内尤其是重灾区建立起了三百余个各级各类志愿者服务站。志愿者服务站不仅在抗震期间发挥了举足轻重的作用，灾后仍然继续发挥着志愿服务的功能。志愿服务活动呈现出一种持续蓬勃发展的样态，同时也为志愿者服务规范化发展提出了立法需求。基于此，四川省人大有关机关着手深入调研，通过立足志愿者服务的实践，挖掘志愿服务活动过程中需要加以规范的问题。2009 年 1 月 14 日，四川省人大代表联名提出关于制定《四川省志愿服务促进条例》的议案。同年 5 月 14 日，《四川省志愿服务条例》立法调研座谈会在西南交通大学举行，邀请了大量服务在一线的志愿者和公众参与，听取他们关于条例修改完善的意见。会后，四川省人大和团省委相关领导肯定了与会人员对草案提出的意见和建议；在草案的后续修改过程中，志愿者代表、志愿者组织代表、接受志愿服务群体代表、有关的社会组织代表以及公众代表所提出的，涉及草案构成和内容、法律和法规表述的专业性、志愿服务组织管理、志愿服务组织运作以及志愿者的社会认同等各方面的意见和建议都在草案后续修改的过程中得以不同程度地吸纳。2009 年 9 月 25 日，四川省十一届人大常委会议表决通过《四川省志愿服务条例》。可以看到，该条例从最初的立法动议到草案的公布，到召开座谈会讨论草案的修改，再到吸纳各方建议形成最终稿并予以表决通过的全过程。

① 李店标著：《立法公开研究》，吉林大学出版社 2012 年版，第 57~60 页。

问题提示：

 1. 地方层面的公众立法参与与中央层面的公众立法参与存在哪些异同？

 2. 在促使地方公众立法参与过程中，哪些主体发挥了重要作用？

 3. 试析《四川省志愿服务条例》从立法动议到具体起草各个阶段的公众立法参与。

【课后阅读】

［1］封丽霞：《民主立法：全过程民主的展现》，载《中国党政干部论坛》2021 年第 7 期。

［2］宋才发：《地方立法的基本程序及功能研究》，载《河北法学》2021 年第 3 期。

［3］夏正林：《论法律文本及其公布》，载《政治与法律》2021 年第 1 期。

［4］吴维旭：《社会分歧议题立法中的司法政治与"公投"政治博弈——对台湾地区同婚立法过程的一项分析》，载《台湾研究》2020 年第 5 期。

［5］林彦：《宪法解释应嵌入立法程序》，载《中国社会科学院研究生院学报》2020 年第 2 期。

［6］孙莹、农智杰：《论审议环节在"人大主导立法"中的地位作用》，载《人大研究》2020 年第 1 期。

［7］王怡：《认真对待公众舆论——从公众参与走向立法商谈》，载《政法论坛》2019 年第 6 期。

［8］高建新：《广泛、深度、有效的公众参与是实现良法善治的重要路径》，载《中国司法》2019 年第 4 期。

［9］张婷：《立法理由说明的民主功能与制度建构》，载《环球法律评论》2019 年第 4 期。

［10］刘睿：《我国立法参与模式的规范分析》，载《人大法律评论》2019 年第 2 期。

［11］牟效波：《我国新行政立法程序的进步与保守：比较的视角》，载《北京行政学院学报》2019 年第 1 期。

［12］邢斌文：《论立法过程中法律草案合宪性的判断标准》，载《政治与法律》2018 年第 11 期。

［13］王怡：《论立法过程中的事实论证》，载《政治与法律》2018 年第 7 期。

［14］周宇骏：《中国地方性法规立法程序合法性的审查基准研究》，载《江西财经大学学报》2018 年第 6 期。

［15］丁国峰、代桂明：《论地方立法审议程序制度的构建和完善——以设区的市的立法审议为视角》，载《学术探索》2017 年第 4 期。

［16］汪全军：《合法性视角下的立法程序及其完善》，载《湖南大学学报（社会科学版）》2016 年第 2 期。

［17］肖棣文、姜逾婧、朱亚鹏：《如何形成政策共识：社会政策立法过程中的协商政治——以南方省残疾儿童保护政策立法为例》，载《政治学研究》2016 年第 2 期。

［18］管兵、岳经纶：《立法过程中的公众参与：基于〈物权法〉和〈就业促进法〉立法

参与的研究》，载《政治学研究》2014 年第 4 期。

［19］孙莹：《立法过程研究述评》，载《中山大学法律评论》2014 年第 4 期。

［20］胡弘弘：《论人大代表提案权的有效行使》，载《法学》2012 年第 5 期。

［21］朱芒：《行政立法程序调整对象重考——关于外部效果规范与程序性装置关系的考察》，载《中国法学》2008 年第 6 期。

［22］刘爱龙：《正当立法程序生成的伦理机理》，载《河北法学》2008 年第 5 期。

［23］徐向华：《地方立法统一审议制度的法定功能》，载《法学》2007 年第 11 期。

专题七 立法监督

【事例介绍】

2003年1月25日，河南省洛阳市中级人民法院开庭审理了汝阳县种子公司诉伊川县种子公司玉米种子代繁合同纠纷一案。法院在确定伊川公司所应赔付的金额时，遇到了争议焦点即针对种子价格问题原被告双方主张适用不同的法律规定。汝阳公司认为依据《中华人民共和国种子法》（以下简称《种子法》）的立法精神，赔偿损失的计算方法应按市场价格定。伊川公司则主张赔偿数额应当按照《河南省农作物种子管理条例》及《河南省物价局、农业厅关于制定主要农作物种子价格管理办法的通知》（以下简称《通知》）规定的政府指导价来定。2003年5月27日洛阳市中级人民法院作出（2003）洛民初字第26号判决书，认定："《种子法》实施后，玉米种子的价格已由市场调节，《河南省农作物种子管理条例》作为法律价位较低的地方性法规，其与《种子法》相冲突的条款自然无效，而河南省物价局、农业厅联合下发的《通知》又是根据该条例制定的一般性规范性文件，其与《种子法》相冲突的条款亦为无效条款"，遂判令伊川公司按市场价格赔偿汝阳公司经济损失。2003年10月13日，河南省人大常委会法制室对洛阳市人大常委会就《河南省农作物种子管理条例》实施中有关种子经营价格问题的请示作出答复，答复认为《河南省农作物种子管理条例》中关于种子经营价格的规定与《种子法》没有抵触，应继续适用。洛阳市中级人民法院在其民事判决书中宣告地方性法规有关内容无效的行为实质是对河南省人大常委会通过的地方性法规的违法审查。答复同时责成洛阳市人大常委会依法行使监督权，纠正洛阳市中级人民法院的违法行为，对直接责任人员和主管领导依法作出处理。2003年11月7日，洛阳中院党组作出书面决定，撤销了此案主审法官李慧娟的审判长职务，并免去其助理审判员的资格，同时撤销了当时受委托签发判决书的一位副庭长的职务。

【法律问题】

1. 立法监督的内涵是什么？
2. 立法监督应当遵循哪些特有原则？
3. 立法监督的主要类型有哪些？
4. 我国的立法监督体制是怎样的？
5. 立法监督的方式和具体程序有哪些？

【法条链接】

《中华人民共和国宪法》（2018 年修正）

第五条第三款 一切法律、行政法规和地方性法规都不得同宪法相抵触。

第六十二条 全国人民代表大会行使下列职权：

……

（二）监督宪法的实施；

……

第六十七条 全国人民代表大会常务委员会行使下列职权：

……

（七）撤销国务院制定的同宪法、法律相抵触的行政法规、决定和命令；

（八）撤销省、自治区、直辖市国家权力机关制定的同宪法、法律和行政法规相抵触的地方性法规和决议；

……

第八十九条 国务院行使下列职权：

……

（十三）改变或者撤销各部、各委员会发布的不适当的命令、指示和规章；

（十四）改变或者撤销地方各级国家行政机关的不适当的决定和命令；

……

第一百条 省、直辖市的人民代表大会和它们的常务委员会，在不同宪法、法律、行政法规相抵触的前提下，可以制定地方性法规，报全国人民代表大会常务委员会备案。

设区的市的人民代表大会和它们的常务委员会，在不同宪法、法律、行政法规和本省、自治区的地方性法规相抵触的前提下，可以依照法律规定制定地方性法规，报本省、自治区人民代表大会常务委员会批准后施行。

第一百零四条 县级以上的地方各级人民代表大会常务委员会讨论、决定本行政区域内各方面工作的重大事项；监督本级人民政府、监察委员会、人民法院和人民检察院的工作；撤销本级人民政府的不适当的决定和命令；撤销下一级人民代表大会的不适当的决议；依照法律规定的权限决定国家机关工作人员的任免；在本级人民代表大会闭会期间，罢免和补选上一级人民代表大会的个别代表。

第一百零八条 县级以上的地方各级人民政府领导所属各工作部门和下级人民政府的工作，有权改变或者撤销所属各工作部门和下级人民政府的不适当的决定。

第一百一十六条 民族自治地方的人民代表大会有权依照当地民族的政治、经济和文化的特点，制定自治条例和单行条例。自治区的自治条例和单行条例，报全国人民代表大会常务委员会批准后生效。自治州、自治县的自治条例和单行条例，报省或者自治区的人民代表大会常务委员会批准后生效，并报全国人民代表大会常务委员会备案。

《中华人民共和国立法法》（2023 年修正）

第八十条　省、自治区、直辖市的人民代表大会及其常务委员会根据本行政区域的具体情况和实际需要，在不同宪法、法律、行政法规相抵触的前提下，可以制定地方性法规。

第八十一条　设区的市的人民代表大会及其常务委员会根据本市的具体情况和实际需要，在不同宪法、法律、行政法规和本省、自治区的地方性法规相抵触的前提下，可以对城乡建设与管理、生态文明建设、历史文化保护、基层治理等方面的事项制定地方性法规，法律对设区的市制定地方性法规的事项另有规定的，从其规定。设区的市的地方性法规须报省、自治区的人民代表大会常务委员会批准后施行。省、自治区的人民代表大会常务委员会对报请批准的地方性法规，应当对其合法性进行审查，认为同宪法、法律、行政法规和本省、自治区的地方性法规不抵触的，应当在四个月内予以批准。

省、自治区的人民代表大会常务委员会在对报请批准的设区的市的地方性法规进行审查时，发现其同本省、自治区的人民政府的规章相抵触的，应当作出处理决定。

除省、自治区的人民政府所在地的市，经济特区所在地的市和国务院已经批准的较大的市以外，其他设区的市开始制定地方性法规的具体步骤和时间，由省、自治区的人民代表大会常务委员会综合考虑本省、自治区所辖的设区的市的人口数量、地域面积、经济社会发展情况以及立法需求、立法能力等因素确定，并报全国人民代表大会常务委员会和国务院备案。

自治州的人民代表大会及其常务委员会可以依照本条第一款规定行使设区的市制定地方性法规的职权。自治州开始制定地方性法规的具体步骤和时间，依照前款规定确定。

省、自治区的人民政府所在地的市，经济特区所在地的市和国务院已经批准的较大的市已经制定的地方性法规，涉及本条第一款规定事项范围以外的，继续有效。

第八十五条　民族自治地方的人民代表大会有权依照当地民族的政治、经济和文化的特点，制定自治条例和单行条例。自治区的自治条例和单行条例，报全国人民代表大会常务委员会批准后生效。自治州、自治县的自治条例和单行条例，报省、自治区、直辖市的人民代表大会常务委员会批准后生效。

自治条例和单行条例可以依照当地民族的特点，对法律和行政法规的规定作出变通规定，但不得违背法律或者行政法规的基本原则，不得对宪法和民族区域自治法的规定以及其他有关法律、行政法规专门就民族自治地方所作的规定作出变通规定。

第五章　适用与备案审查（本章全部条款）

《中华人民共和国地方各级人民代表大会和地方各级人民政府组织法》（2022 年修正）

第十条　省、自治区、直辖市的人民代表大会根据本行政区域的具体情况和实际需要，在不同宪法、法律、行政法规相抵触的前提下，可以制定和颁布地方性法规，报全国人民代表大会常务委员会和国务院备案。

设区的市、自治州的人民代表大会根据本行政区域的具体情况和实际需要，在不同宪法、法律、行政法规和本省、自治区的地方性法规相抵触的前提下，可以依照法律规定的权限制定地方性法规，报省、自治区的人民代表大会常务委员会批准后施行，并由省、自治区的人民代表大会常务委员会报全国人民代表大会常务委员会和国务院备案。

省、自治区、直辖市以及设区的市、自治州的人民代表大会根据区域协调发展的需要，可以开展协同立法。

第四十九条　省、自治区、直辖市的人民代表大会常务委员会在本级人民代表大会闭会期间，根据本行政区域的具体情况和实际需要，在不同宪法、法律、行政法规相抵触的前提下，可以制定和颁布地方性法规，报全国人民代表大会常务委员会和国务院备案。

设区的市、自治州的人民代表大会常务委员会在本级人民代表大会闭会期间，根据本行政区域的具体情况和实际需要，在不同宪法、法律、行政法规和本省、自治区的地方性法规相抵触的前提下，可以依照法律规定的权限制定地方性法规，报省、自治区的人民代表大会常务委员会批准后施行，并由省、自治区的人民代表大会常务委员会报全国人民代表大会常务委员会和国务院备案。

省、自治区、直辖市以及设区的市、自治州的人民代表大会常务委员会根据区域协调发展的需要，可以开展协同立法。

第七十四条　省、自治区、直辖市的人民政府可以根据法律、行政法规和本省、自治区、直辖市的地方性法规，制定规章，报国务院和本级人民代表大会常务委员会备案。设区的市、自治州的人民政府可以根据法律、行政法规和本省、自治区的地方性法规，依照法律规定的权限制定规章，报国务院和省、自治区的人民代表大会常务委员会、人民政府以及本级人民代表大会常务委员会备案。

依照前款规定制定规章，须经各该级政府常务会议或者全体会议讨论决定。

第七十五条　县级以上的地方各级人民政府制定涉及个人、组织权利义务的规范性文件，应当依照法定权限和程序，进行评估论证、公开征求意见、合法性审查、集体讨论决定，并予以公布和备案。

《中华人民共和国民族区域自治法》（2001 年修正）

第十九条　民族自治地方的人民代表大会有权依照当地民族的政治、经济和文化的特点，制定自治条例和单行条例。自治区的自治条例和单行条例，报全国人民代表大会常务委员会批准后生效。自治州、自治县的自治条例和单行条例报省、自治区、直辖市的人民代表大会常务委员会批准后生效，并报全国人民代表大会常务委员会和国务院备案。

第二十条　上级国家机关的决议、决定、命令和指示，如有不适合民族自治地方实际情况的，自治机关可以报经该上级国家机关批准，变通执行或者停止执行；该上级国家机关应当在收到报告之日起六十日内给予答复。

《行政法规制定程序条例》（2017 年修订）

第十八条 报送国务院的行政法规送审稿，由国务院法制机构负责审查。

国务院法制机构主要从以下方面对行政法规送审稿进行审查：

（一）是否严格贯彻落实党的路线方针政策和决策部署，是否符合宪法和法律的规定，是否遵循立法法确定的立法原则；

（二）是否符合本条例第十二条的要求；

（三）是否与有关行政法规协调、衔接；

（四）是否正确处理有关机关、组织和公民对送审稿主要问题的意见；

（五）其他需要审查的内容。

《规章制定程序条例》（2017 年修订）

第十九条 规章送审稿由法制机构负责统一审查。法制机构主要从以下方面对送审稿进行审查：

（一）是否符合本条例第三条、第四条、第五条、第六条的规定；

（二）是否符合社会主义核心价值观的要求；

（三）是否与有关规章协调、衔接；

（四）是否正确处理有关机关、组织和公民对规章送审稿主要问题的意见；

（五）是否符合立法技术要求；

（六）需要审查的其他内容。

【基础知识】

一、立法监督释义

有权力必有制约，一切权力都要依法设置、依法运作、依法监督，对立法的监督自然也不例外。在新的历史方位下，越是强调发挥立法在法治建设中的引领和推动作用，就越是要通过立法监督制度保障立法主体制定的法律符合科学立法、民主立法、依法立法的原则要求。

（一）立法监督的概念

关于立法监督的界定，不同学者基于不同的立场对立法监督的内涵和外延有着不同的理解，主要形成了如下四种观点：

（1）立法机关监督说。此种学说认为，立法监督就是立法机关的监督，认为立法监督的主体只能是立法机关，其他国家机关和社会团体因为不享有法定的立法权，因而不能成为立法监督的主体。"立法监督的内容除了对立法活动本身进行监督外，还包括人事监督、财政监督和工作监督等，只要是立法机关依法实施的监督活动，都被认为是立法监督。"①这一观点实际上是以立法机关这一主体地位为基础，将立法监督理解为"立法机关的监督"或者"立法权的监督"，"立法机关监督的对象是除立法机关之外的其他国家机关的行为"②。因此，该说较贴近宪法学意义上的立法监督，但从广义上去理解立法监督既难以符合当前我国的立法监督工作实践，也为准确识别立法学意义上的立法监督制造了一定的混淆。

（2）立法权监督说。此种学说认为，立法监督就是对立法权的监督，是"权力机关（中央和地方）对制定法律规范性文件的权力行使（即立法权的行使）进行监察和督导的一种专门活动"③，他们认为立法权是立法监督的客体，立法权的运行是立法监督的唯一内容。立法权监督说的进步意义在于将立法权作为受监督之对象，试图避免立法权行使的恣意性，但是该说对立法权行使的过程和结果没有形成较完整的认知，仅将立法监督的主体限制于权力机关，而把立法监督对象确定为立法权的行使，实际上是将"立法监督视为立法机关的一种内部监督"④。

（3）多元主体监督说。此种学说认为，立法监督指的是一切国家机关、社会团体、公民和其他组织对国家立法权运行及其结果的审查和控制。该学说的积极意义在于丰富了立法监督的主体和立法监督的途径，属于较为广义上的概念界定。但是这一观点容易忽视公民和其他组织的立法监督，更多的是"舆论上、道义上、政治上的一种威慑力，不具有法律效力"⑤，其立法监督的刚性往往并不通过法律上的制度设计得到保障。

（4）立法活动监督说。此种学说认为，立法监督是特定的机关对立法活动的审查和督促。特定机关是指享有立法权的国家机关，立法活动则包括立法权的运行过程、运行机制和立法权行使的结果（规范性文件或称立法文件）。该说认为，立法监督的对象是立法活动。持这类观点的学者，有的认为对立法活动的监督应侧重监督立法权的运作过程；有的认为对立法活动的监督应着重于对立法文件的监督，即对有关机关制定的规范性文件是否违反法律、法规，是否相互矛盾和协调，进行检查并作出处理。例如蔡定剑认为"我们所说的立法监督，是指对立法活动的监督，主要是针对立法文件的监督"⑥；也有学者提出立法监督"是对立法权运作过程和立法权运作结果两个方面内容的审查和控制，这两方面都是监督的重点，不存在孰轻孰重的区分"⑦。

①　邓世豹主编：《立法学：原理与技术》，中山大学出版社 2016 年版，第 172 页。
②　周伟：《立法监督的概念》，载《法学》1996 年第 12 期。
③　王勇飞、张贵成著：《中国法理学研究综述与评价》，中国政法大学出版社 1992 年版，第 465 页。
④　王建华、杨树人著：《地方立法制度研究》，四川人民出版社 2009 年版，第 190 页。
⑤　万其刚著：《立法理论与实践》，北京大学出版社 2006 年版，第 234 页。
⑥　蔡定剑：《立法监督初探》，载《人大工作通讯（中国人大）》1994 年第 17 期。
⑦　胡建淼主编：《公权力研究》，浙江大学出版社 2005 年版，第 168 页。

与立法机关监督说、立法权监督说、多元主体监督说相比，立法活动监督说已经成为学界通说。它一方面强调有权进行立法监督的主体是特定主体；另一方面强调立法监督的客体（对象）是立法活动，认为立法监督应该贯穿于立法创制的全过程，不仅要监督立法权的运行过程，还要监督立法权的运行结果——立法文件。概言之，"立法是立法权的运作和实现，它既表现为动态的过程，又表现为静态的结果"。① 因此本书比较赞同通说的观点，并将立法监督界定为：立法监督是指特定的监督主体在法定的权限内，依照法定程序，对立法过程及结果所进行的审查和监控。

（二）立法监督的特征

1. 立法监督的法定性

立法监督活动是一个系统的过程，因而其监督主体、监督权限、监督范围、监督程序等都需要遵循宪法和法律的预先设定和安排。首先，立法监督的主体是能够直接受理和处理立法监督事项的专门机关。宪法、法律可以将此职权授予立法机关、司法机关或者行政机关。例如：我国对地方性法规实施监督的主体主要是全国人大常委会和省级人大及其常委会；而法国、德国、奥地利等国则设置专门的宪法委员会或宪法法院，由其开展对立法的合宪性、合法性审查监督。其次，立法监督依法定权限进行。通过立法监督可能导致规范性文件的生效、修改、废止等结果发生，因而监督主体只能在法定范围内针对法定监督对象行使监督权，既不能越权监督，也不能造成监督惰怠。再次，立法监督的对象范围法定。对立法监督对象的合理法律安排，其实是立法监督权设置中的核心问题之一，包括立法过程和立法结果两个方面。最后，立法监督必须依照法定的程序进行。有权监督主体违背法定程序行使的立法监督权是不正当且无效的监督。"程序否定"原则在立法监督中同样适用。②

2. 立法监督的程序性

立法监督是政治民主的一种具体形式，因而需要设置相应的程序机制提供保障和限制。正当的立法监督程序能够约束各种"恣意"的立法监督行为，③ 从而避免和预防立法监督权滥用或者惰怠问题的出现，切实维护立法监督的效益。无论是法定监督机关主动开展的立法监督还是依企事业组织、社会团体或公民建议而决定开展的立法监督，都必须置于严格的法定程序之中。现代法治国家立法监督的一大特点便是将立法监督的各个环节和各种形式具体化为严格而合理的程序。例如：我国《立法法》对全国人大常委会的立法备

---

① 曹海晶著：《中外立法制度比较》，商务印书馆2016年版，第458页。
② 黄文艺主编：《立法学》，吉林大学出版社2000年版，第254页。
③ 邓世豹主编：《立法学：原理与技术》，中山大学出版社2016年版，第174页。

案审查程序予以明确规定，包括审查启动、内部审议、审查意见反馈和审查决议四个程序环节。立法监督通过严格的程序性，能够最大限度地保障立法监督权力行使的合法性、合理性和有效性，也能够维护立法监督权的严肃性和权威性。

3. 立法监督的权威性

立法监督是国家权力运作的具体形式之一，因此其必然具有较高的权威性，这也是立法监督能够取得监督实效的重要保证。这种权威性体现在三个方面：一是立法监督主体的法律地位通常高于被监督主体的法律地位，从而能够实现对监督对象有效的审查、督导和处理。例如：全国人大常委会有权对设区的市人大常委会制定的地方性法规进行监督，全国人大常委会的法律地位高于设区的市人大常委会的法律地位。二是立法监督主体必须具有相对的独立性。在立法监督活动中，有权监督主体应严格按照法定的职权和程序独立行使权力，不受其他任何国家机关、社会团体和个人的干涉。为保证立法监督主体组织系统的独立性，有些国家的立法监督主体多由精通立法理论和掌握立法专业技术的立法专家组成，或者是为立法监督主体配备法律专家组成的咨询和服务机构。① 三是立法监督的结果具有强制性。通过对立法活动和结果的审查和控制，对违法或不适当的立法予以强制性否定（包括不予批准、改变或者撤销等决定），被否定的立法文件便不能产生法的效力或者丧失全部或部分法的效力。权威性和强制性对于立法监督而言至关重要，如若立法监督丧失该特性，则会使得监督流于形式。

(三) 立法监督的功能

立法越权、立法冲突、立法混乱、立法不作为和立法疏漏等现象的存在，不仅会损害立法的权威，也会使公民的正当权益受到不利影响。因此立法监督制度的一个重要目的就是要"防止恶法、劣法、笨法的出现"②，保障立法活动及其结果符合人民利益和社会需要。

1. 保障科学立法的功能

加强立法监督有助于保障立法的科学性。科学立法的实现既有赖于立法者的精心设计，又依托于立法监督者的监督和控制。一方面，立法监督可以有效预防不当立法。不当立法既包括立法行为的不适当，也包括立法内容的不适当。立法行为的不适当，通常表现为立法主体不能按照科学有效的立法程序和相关立法制度的安排开展立法工作，由此产生立法恣意的危害。实践中出现的立法不作为和乱作为现象，实际上就是立法行为不适当的典型例证。立法内容的不适当，通常既包括立法内容是否符合立法权限、位阶符合宪法法

---

① 曹海晶著：《中外立法制度比较》，商务印书馆 2016 年版，第 464 页。
② 周旺生著：《立法学》，高等教育出版社 2009 年版，第 324 页。

律的要求，也包括立法的内容"好不好、管不管用、能不能解决实际问题"①。而立法监督的重要功能就在于从源头上关注立法过程和立法内容，使立法者的权力得到及时的控制。另一方面，立法监督具有补救和改进的功能。立法监督的目的不仅在于发现立法过程中存在的问题，还在于针对监督中发现的问题采取得力妥当的措施，纠正不科学的立法程序、摒弃不合理的立法内容，从而增加立法的可行性，使损失得到弥补或降至最低限度，这也是节约立法资源的要求。同时，立法监督并不是一次性的活动，"及时归纳总结监督中发现的问题，认真探索立法活动的规律，能为今后的立法提供科学指导"②。因此，可以通过立法监督程序在立法活动中及时发现错误，进行认真总结，吸取经验教训。这将有助于进一步完善立法程序，改进立法方法，加强立法管理，从根本上提高立法质量。此外，立法监督还兼具检测和评价作用。立法监督实施的过程亦是对立法行为和结果的检测过程，通过对立法机关和立法工作人员的立法行为及其效果进行检测和评价，既有利于科学判断立法质量，也有助于明确立法责任，克服立法工作中现实中存在的消极因素，使立法始终在科学公正的高质量轨道上健康发展。

2. 保障民主立法的功能

"人民民主是社会主义的生命"，"民主立法是我国人民民主在立法领域的体现"③。一方面，加强立法监督是立法民主化的基本要求，立法监督的存在与否与民主状况相关联。没有民主便没有立法监督，没有立法监督也表明没有完备的民主制度。在当代民主制度框架下，立法权也应当受到有效的监督和控制。究其原因就在于立法权也容易出现专断，甚至严重背离人民的意愿。有学者认为"从某种意义上讲，立法权的异变或腐败可能会产生比行政权、司法权异变或腐败更大的危害性"④。置于我国的国情下思考，做好立法监督，是由我们的根本政治制度决定的。我国的一切权力属于人民，人民享有管理国家与社会事务的权力，立法权源于人民，一切立法权的行使，都绝对不允许违背人民的意志。而人民意志的表达不仅是通过立法文本，更要通过立法监督工作来检验立法过程和结果是否偏离了民意的轨道。另一方面，各有权主体通过各种法定方式实施的立法监督本身"既是立法民主化的体现，也是立法民主化的保障"⑤，在立法监督过程中能表达人民的意志和愿望。例如，在对立法过程的监督中，立法工作必须严格按照法定程序开展，以保障人民的意志在立法的立项、起草、审议、批准的各个阶段都能得以贯彻。而在对立法文本的监督审查过程中，也要着重解决使立法准确反映经济社会发展和人民利益的要求，使立法能够回应

①　习近平著：《论全面坚持依法治国》，中央文献出版社 2020 年版，第 20 页。
②　徐向华主编：《立法学教程》，上海交通大学出版社 2011 年版，第 260 页。
③　谭波、赵智：《习近平法治思想中立法理论的立场指向与思路》，载《河南财经政法大学学报》2022 年第 3 期。
④　曹海晶著：《中外立法制度比较》，商务印书馆 2016 年版，第 465 页。
⑤　石佑启、朱最新主编：《地方立法学》，广东教育出版社 2015 年版，第 258 页。

人民群众的期盼。

3. 保障法律体系和谐的功能

立法监督有助于实现法律体系的和谐统一。恩格斯认为，"法不仅必须适应于总的经济状况，不仅必须是它的表现，而且必须是不因内在矛盾而相抵触的一种内部和谐一致的表现"①。我国虽然是单一制国家，全国只有一个法律体系，但是我国现行立法体制是党中央统一领导和一定程度分权的，多级并存、多类结合的立法权限划分体制。由此产生的立法主体的多元化、法律形式的多样性以及立法工作者的自身局限性等因素，就有可能出现不同层次和不同位阶的法律法规之间的矛盾和冲突。为此，有学者强调，应通过立法监督制度"消除规范性文件之间的冲突，从而实现国家整个法律体系内部的协调统一"②。应当认识到，法律体系的内在和谐统一是树立立法权威的基本前提，"任何国家的法律体系都强调和谐有序，要求不同层次、类别的法律在效力和等级上有一定的排序"③，这样才能够保障相同层次的立法相互协调，不同层次的立法不互相冲突。也正是在这一意义上，通过立法监督可以有效地采取多种措施消解各类立法性文件之间的矛盾，从而维护国家的法制统一和立法的权威。随着 2011 年全国人大常委会宣布中国特色社会主义法律体系已经形成，为了推动我国法律体系的内在和谐，立法监督领域更应当有所作为，从而有效助力中国的法治建设。同时也应当注意到，法律体系的和谐有赖于立法工作有步骤、有规划性地推进，经济社会发展、区域空间协调等因素会持续带动立、改、废、释、纂等立法工作发展，以应对不断变动的社会需求。这就需要发挥立法监督的调节器作用，从而实现法律体系在动态中寻求和谐。

二、立法监督的原则

立法监督的原则是监督主体进行立法监督所必须遵循的行为准则，应当贯彻于整个监督工作的始终。立法监督所坚持的原则应以民主、科学、法治为基本要求，以解决立法监督实践中的现实问题为导向。④

（一）系统全面原则

立法监督是一个完整的系统，不同的监督主体在分工负责的基础上，相互配合、相互补充，共同形成对立法活动和立法结果的整体性、多层次、全方位的监督。因此，应当以

---

① 中共中央马克思恩格斯列宁斯大林著作编译局编著：《马克思恩格斯选集（第四卷）》，人民出版社 1995 年版，第 702 页。

② 刘莘、覃慧：《论我国"法制统一"的保障体系——兼评修正后〈立法法〉的有关规定》，载《江苏社会科学》2015 年第 4 期。

③ 邓世豹主编：《立法学：原理与技术》，中山大学出版社 2016 年版，第 175 页。

④ 孙潮、荆月新：《论立法监督》，载《政治与法律》1995 年第 4 期。

系统思维作为基本出发点，去研究认识多元多级的立法监督对象，把握立法监督的整体规律，分析各监督程序环节的具体情况。① 同时，在立法监督过程中，应当客观承认监督对象的广泛性和多样性，遵循全面监督原则，即凡是有可能导致立法偏离民主、法治、科学轨道的行为和内容均应当纳入立法监督的范围予以全面细致的审查。也即是说，从立法的主体权限、方式步骤到立法的形式和内容，立法过程的各环节都应当置于监督之下。贯彻立法监督的系统全面原则，有助于实现多类型、多层次立法监督方式的有机结合，从而保障立法活动内部的稳定、和谐、有序和统一。

（二） 监督法定原则

立法监督是系统性工程，因而需要法定化、制度化的保障。在实际的立法监督工作中，立法监督权也可能存在"不用""误用""滥用"等情形。应当认识到，立法监督的目的不是制定一部新的法律、法规或者规章②，也不是为了借行使立法监督权之机，直接对立法过程进行不当干预，甚至以监督审查立法为名影响司法裁判。故而，在权力可能遭受被不当使用这一风险的前提下，更应当恪守监督法定原则。监督法定原则主要体现在监督主体的资格、监督的对象范围、监督的方式与处理以及后续的责任归属都应当有明确的法律依据。换言之，在法定原则指导下进行的立法监督，既会因制度的法定化而使其权力行使的正当性依据得到补强，同时也会将立法监督主体开展立法监督工作的权限、范围、方式、程序等内容牢固限制在特定的法律框架下，使立法监督权本身也不能恣意。

（三） 质效兼顾原则

立法监督应当树立起质效兼顾的原则导向，从而确保立法监督的实效性，提升立法监督质量。应当认识到，劣法的出现不但不能起到调控社会关系、引领和推动法治建设的效果，反而可能会侵犯公民的合法权益，制造法律体系的紊乱，损害立法的权威。从我国的立法监督实践来看，公民和组织的审查建议以及人大机关的主动审查是启动立法监督的常见方式。2021 年，国务院有关主管部门对有的民族自治地方民族教育条例等法规提出了审查建议，这是全国人大常委会法工委首次收到国务院部门的审查建议。

三、立法监督的主要类型

立法监督的类型是指以不同的标准对立法监督进行分类，例如：以立法监督发生的条件不同为标准，可以将立法监督区分为常规监督和非常规监督；以立法监督的指向不同为标准，可以将立法监督区分为内容监督和形式监督，等等。不同类别的立法监督相互交

---

① 万其刚：《关于立法监督的研究综述》，载《中外法学》1997 年第 5 期。
② 吴光辉、孙启福主编：《立法学》，重庆大学出版社 1997 年版，第 301 页。

又，作用各异，综合运用才能最大限度地发挥立法监督的功效。① 从立法监督理论和实践效用角度衡量，常见的立法监督类型可以包括以下三类。

（一）内部立法监督和外部立法监督

根据立法监督是否来源于立法主体自身，可以将立法监督分为内部立法监督和外部立法监督。所谓内部立法监督，是指在立法主体内部所实施的立法监督。其中又有两种情况的区分：第一种是立法主体对自身的立法所实施的监督。如瑞典，议会议长在立法过程中发现法案有违背宪法的情形，可以拒绝将其提交表决。第二种是立法主体相互之间的监督。如全国人大常委会对国务院制定行政法规和有关地方人大及其常委会制定地方性法规实施的监督，国务院对其所属部门制定规章的监督。立法主体相互之间的监督，主要是上级立法主体对下级立法主体或其所属立法主体的立法所实施的监督。

所谓外部立法监督，是指立法主体之外的国家机关、社会组织和个人，对立法主体的立法活动及其结果实行的监督。② 在我国，根据《立法法》第一百一十条的规定，有关国家机关和社会团体、企业事业组织以及公民认为行政法规、地方性法规、自治条例和单行条例同宪法或者法律相抵触的，可以向全国人民代表大会常务委员会书面提出进行审查的建议。这种立法监督就是外部立法监督。外部立法监督的监督主体范围颇为广泛，它不像内部立法监督那样具有直接的国家强制性，其最终效果如何，也不由监督者的意愿所决定。内部立法监督和外部立法监督各有作用，它们对于立法的健康发展，对于防止立法出现异化或是其他负面情况，都是重要的。

（二）事前审查型立法监督、事后审查型立法监督以及事前和事后相结合型立法监督

根据规范性文件是否生效从而开展监督为标准，可将立法监督分为事前审查型立法监督、事后审查型立法监督以及事前和事后相结合型立法监督。

所谓事前审查型立法监督，是指在规范性文件生效以前，由有关国家机关对其所实行的立法监督。有些国家规定，在法律、法规通过、颁布之前要经过合宪性审查。如法国的宪法委员会就有合宪性审查的功能。根据法国宪法的规定，议会制定的组织法在颁布以前，议会两院的内部规章在执行以前，均应提交宪法委员会审查，以裁决其是否符合宪法。事前审查型的立法监督利弊共存。其优点主要在于，能够在比较短的规定时间内就对有关立法予以审查，可以减少立法审查过度拖延时日。事前审查还可以避免某些违背宪法和上位法的法律、法规和规章的出台，有利于提高立法者的威信，维护国家法制的统一性。其缺点主要在于，有许多问题只有在法的实施的过程中才能逐步发现，事先的抽象审查不易完全发现立法中的违背宪法、法律的问题。因为法律在实施过程中，由于社会生活

---

① 徐向华主编：《立法学教程》，上海交通大学出版社 2011 年版，第 257 页。
② 周旺生著：《立法学》，高等教育出版社 2009 年版，第 337 页。

的发展变化，才可能会引起违背宪法、法律的问题。

所谓事后审查型立法监督，是指在法的实施过程中，基于有关机构或公民等就某一规范性文件的合宪性、合法性问题向法定的立法审查机关提出审查的诉求，而由该机关对立法所进行的立法监督。这种立法监督主要是由普通法院、宪法法院及其他专门行使宪法监督职能的机构等来行使。这种立法监督一般与某一具体个案相联系，它主要通过对个案的法律审查，对该个案所涉及的相关法律作出判断。事后被动审查型的立法监督也是利弊共存。事后审查型的立法监督可以在一定程度上避免事前立法监督的缺陷，可以发挥有关当事人在与己相关的案件中发现并提出相关立法在实质性内容方面违背宪法、法律的积极性。实际上，也只有在具体的案件中，才可能更清晰地、多方位地发现某一法律、法规和规章与宪法及上位法在内容上有矛盾或冲突。但是，这种立法监督毕竟是被动的，只能在事后发现违背宪法法律的问题，会对有关当事人造成一定的损害或不便。

所谓事前和事后审查结合型立法监督，是指在规范性文件颁布生效的前后，分别设定不同的审查机制和程序而对其合宪性、合法性予以审查的立法监督。这种立法监督力图既发挥事前审查和事后审查的优点，又弥补其缺陷。有些国家规定，有关法律、法规在通过生效前要经过审查，而且在法的实施过程中也可以对其提起审查。中国、葡萄牙、斯里兰卡等国家采取这种类型的立法监督。这种立法监督制度对于减少立法冲突、维护宪法权威等，确有益处，但仍有不足之处。这主要表现在，它容易影响到法律的稳定性。① 因此，有学者建议事前监督和事后监督应当遵循"有限结合"的原则，事前立法监督主要针对立法权限及程序，事后立法监督则集中审查立法的实体内容。②

（三）立法过程监督和立法结果监督

根据立法监督的内容不同，可分为立法过程监督和立法结果监督。所谓过程监督是指法规范出台之前，对其从立法计划到具体立法环节的全流程监督。过程监督与事前监督具有一定的相似性，但前者更加注重对各立法程序进行监督，而后者则强调立法过程已经基本结束后所产生的立法文件进行监督。依据立法的阶段过程，各程序环节均有不同的监督目标指向。在立法准备阶段，主要从立法规划、决策是否科学、必要和紧迫；法案起草的过程是否科学、规范，草案内容是否达致立法文件质量控制标准，能否反映立法宗旨和立法意愿；法案制定主体的人员配备是否合理齐全；开展立法工作的现实条件和财政保障等方面进行监督。在正式立法阶段，主要监督立法主体是否具备资格权限，法定的立法程序（提案、审议、表决、公布）是否按步骤有序进行等。

所谓结果监督是指对制定机关已经形成的立法文件进行监督。主要包括：规范性文件是否违宪、是否具备合法性、适当性和可实施性；立法文件的结构体系、语言逻辑等立法

① 朱力宇、叶传星主编：《立法学》，中国人民大学出版社 2015 年版，第 221 页。
② 杨临宏著：《立法学：原理、制度与技术》，中国社会科学出版社 2016 年版，第 225 页。

技术方面是否存在缺陷；同等效力的立法文件之间是否存在矛盾或冲突；规范性文件能否适应形势发展的需要，有无必要适时调整、补充、修改、清理或者废止等。过程监督和结果监督共同构成立法监督的主要内容，两者应当并重。

四、立法监督的主体、对象和内容

（一）立法监督的主体

一般认为，立法监督的主体是指享有立法监督权并对立法实施监察和督促的各类国家机关。[①] 由于世界各国的国家性质、政权组织形式以及历史传统等差异性，立法机关的主体也各不相同，主流的立法监督主体大概包括代议机关、国家元首、行政机关、司法机关和专门机构五类。而就我国的宪法和法律的规定来看，当前立法监督的主体有如下几类：

1. 全国人民代表大会

全国人民代表大会是我国的最高国家权力机关，因此在我国立法监督体系中具有最高的地位和权威。根据《宪法》《立法法》《全国人民代表大会组织法》等相关法律的规定，全国人民代表大会的立法监督权主要体现在：（1）全国人民代表大会有权修改宪法和监督宪法的实施；（2）全国人民代表大会有权改变或者撤销全国人民代表大会常务委员会不适当的决定，包括不适当的立法；（3）有权撤销全国人民代表大会常务委员会批准的违背《宪法》《立法法》规定的自治条例和单行条例。在我国，全国人民代表大会并不会直接地对地方立法和行政立法实施监督，全国人民代表大会及其常务委员会和地方人大及其常务委员会分别享有相应的立法监督权，这一安排既照顾到全国人民代表大会的会期制度，也有利于充分发挥中央和地方两个积极性，使地方人大能够较为灵活地行使立法监督权。

2. 全国人民代表大会常务委员会

全国人民代表大会常务委员会是全国人民代表大会的常设机关，也是我国的立法机关。根据《宪法》《立法法》《全国人民代表大会常务委员会监督法》的规定，全国人民代表大会常务委员会有以下几个方面的立法监督权：（1）全国人民代表大会常务委员会是宪法实施的监督机关，自然有监督除全国人大以外其他立法主体的立法行为是否违背宪法的权力；（2）全国人大常务委员会的撤销权，全国人民代表大会常务委员会有权撤销同宪法和法律相抵触的行政法规，有权撤销同宪法、法律和行政法规相抵触的地方性法规，有权撤销省、自治区、直辖市的人民代表大会常务委员会批准的违背《宪法》《立法法》规

---

① 在特定条件下，个人也能够成为立法监督的主体，例如部分其他国家中总统对法案的批准或者否决，公民对法案的公决。参见肖金明、尹凤桐：《世界各国立法监督制度论纲》，载《东方论坛》1999年第2期。

定的自治条例和单行条例；（3）全国人大常务委员会的裁决权，对法律冲突的裁决权。如果法律之间对同一事项的新的一般规定与旧的特别规定不一致时，或根据授权制定的法规与法律规定不一致时，或地方性法规与部门规章之间对同一事项的规定不一致，国务院认为应当适用部门规章时，由全国人民代表大会常务委员会裁决；（4）全国人大常务委员会的批准权，自治区的自治条例和单行条例，必须报全国人民代表大会常务委员会批准后方可生效；（5）全国人大常务委员会的备案权，行政法规、地方性法规、自治条例和单行条例报全国人民代表大会常务委员会备案。

3. 国务院

国务院是我国的最高行政机关，也是对行政立法进行监督的重要主体，其主要包括以下几项立法监督权：（1）国务院的裁决权，部门规章之间、部门规章与地方政府规章之间对同一事项的规定不一致时，由国务院裁决；（2）国务院的改变和撤销权，国务院有权改变或者撤销不适当的部门规章和地方政府规章；（3）国务院的备案权，省、自治区、直辖市制定的地方性法规，设区的市、自治州制定的地方性法规，自治州、自治县制定的自治条例和单行条例以及部门规章和地方政府规章都要报国务院备案。国务院的立法监督权虽低于全国人民代表大会及其常务委员会，但其监督的内容较为具体，与普通民众息息相关。国务院是否能够有效行使立法监督权，直接影响到百姓的生活、政府的行为和法律的威信。

4. 地方人大及其常务委员会

（1）省、自治区、直辖市人民代表大会。根据《立法法》《地方各级人民代表大会和地方各级人民政府组织法》的相关规定，省、自治区、直辖市的人民代表大会有权改变或者撤销它的常务委员会制定和批准的不适当的地方性法规。

（2）省、自治区、直辖市，设区的市和自治州的人民代表大会常务委员会。省、自治区、直辖市，设区的市和自治州的人民代表大会常务委员会有权撤销本级人民政府制定的不适当的政府规章。省、自治区、直辖市的人民代表大会常务委员会有权审查批准自治州、自治县的自治条例和单行条例。省、自治区的人民代表大会常务委员会有权审查批准设区的市的地方性法规。

5. 地方行政机关

根据当前行政立法的权限划分，地方政府的立法监督权主要由省、自治区、直辖市的人民政府行使。根据《立法法》的规定，省、自治区的人民政府有权改变或者撤销下一级人民政府制定的不适当的规章。而除了对规章进行监督外，各级地方人民政府在事实上也享有着对其下级人民政府所作出的带有普遍性的决定和命令的监督权。尽管有些行政机关的规范性文件尚未纳入《立法法》的调整范围，但是由行政机关制定的规范性文件已然具备了一定的法律效力①，这与本书中的立法监督仍然有密切的联系。

6. 立法监督的其他相关主体

我国《宪法》《立法法》等法律的内容中并没有规定司法机关直接对立法行使监督的权力，但是我们仍然不能忽视以法院为代表的司法机关参与到立法监督当中的重要性。首先，《行政诉讼法》规定人民法院审理行政案件，参照规章。也即在参照规章之下，规章是一种附条件适用的法规范。② 这就意味着在法院审理具体案件当中，必然要在事实状态上去审查规章的合法性问题。但是，法院只享有选择适用或者不适用的权力，并不拥有完整的审查权，在对于可能违背合法性的规章的后续处理上仍然要依赖于《立法法》所确立的其他有权主体作出最终判断。其次，规范性文件虽不在《立法法》规定的法律之列，但其也不能脱逸于法律的控制。③ 与对规章的间接审查不同的是，《行政诉讼法》规定在对行政行为提起诉讼时，可以一并请求对该规范性文件进行审查。④ 这表明对于规范性文件是否合法的判断法院无须再借第三方之手并报送有权机关去认定。⑤ 但是由于现行法律没有回答法院是否能够主动审查规范性文件的疑问，这也使对规范性文件的审查较为消极⑥，法院往往回避主动审查的问题。⑦ 此外，《立法法》中还规定了国家监察委员会、最高人民法院、最高人民检察院认为行政法规、地方性法规、自治条例和单行条例同宪法或者法律相抵触，或者存在合宪性、合法性问题的，可以向全国人民代表大会常务委员会书面提出进行审查的要求。总体而言，人民法院虽尚未能行使完整的立法监督权，但仍然是立法监督当中的重要参与主体。

除了前述有关立法监督的机关主体之外，也有学者提出公民也应当是立法监督的主体。⑧ 其依据主要是《立法法》第一百一十条中"前款规定以外的其他国家机关和社会团体、企业事业组织以及公民认为行政法规、地方性法规、自治条例和单行条例同宪法或者法律相抵触的，可以向全国人民代表大会常务委员会书面提出进行审查的建议，由常务委员会工作机构进行审查；必要时，送有关的专门委员会进行审查、提出意见。"但是本书

---

① 方世荣主编：《行政法与行政诉讼法》，中国政法大学出版社 2019 年版，第 137 页。
② 章剑生著：《现代行政法总论》，法律出版社 2019 年版，第 476 页。
③ 程程、闫尔宝：《规范性文件司法审查强度刍议》，载《湖南社会科学》2022 年第 2 期。
④ 《行政诉讼法》第 53 条第 2 款规定，"前款规定的规范性文件不含规章"，由此亦可见与规范性文件相比，法院是无权对规章进行直接审查和处理的。
⑤ 余凌云著：《行政法讲义》，清华大学出版社 2020 年版，第 517 页。
⑥ 何海波：《论法院对规范性文件的附带审查》，载《中国法学》2021 年第 3 期。
⑦ 谢宇：《最高人民法院在合宪性审查中的现状、困境与出路——兼对我国〈立法法〉第 99 条第 1 款解释》，载《政治与法律》2020 年第 5 期。
⑧ 侯淑雯主编：《新编立法学》，中国社会科学出版社 2010 年版，第 192 页。

认为，公民参与立法监督固然是公民权利制约立法权和监督权的需要①，但立法监督主体并不同于立法监督建议主体。立法监督建议的主体具有极大的广泛性，我国公民和依法设立的社会组织，都是我国政治权利的权利主体，有权参与国家的管理活动，立法权的行使作为国家管理的基本内容之一，理应在可以参与的范围内。② 因此公民监督立法属于最广泛意义上的监督③，并不具备审查立法的刚性④，本书所述的立法监督主要为国家机关的监督。

（二）立法监督的对象

立法监督的对象就是要明确立法监督的具体指向，明确监督什么。根据本书对立法监督的界定，立法监督的对象应当包括立法过程（立法行为）与立法结果（制定的规范性文件）两个方面：

1. 立法过程

对立法过程的监督实际上囊括了立法活动过程中立法主体所作出的各种行为，包括立法起草、立法审议、立法通过等各个立法环节。从实践观察来看，对立法过程的监督主要是一种动态的监督，既包括对各阶段立法文本所进行的实体内容把握，也包括对立法步骤、方式、技术等是否符合法定程序的监督。因此，对立法过程的关注使得立法监督具有事前或事中监督的效果，有利于在正式立法文件形成前及时纠正违法立法的现象，以保证立法文件的合法性或合理性。⑤ 但由于完整的立法过程通常涉及面过于广泛，其中的立法行为种类亦十分丰富，仅从立法过程的角度去监督立法不仅会导致立法工作重心的错位，也会使得立法监督的成本上升。故需要兼采过程监督与结果监督之长。

2. 立法结果

对立法结果的监督表现为对立法行为产生的规范性文件的监督，主要包括下列几类。

第一，法律。在我国法律分为基本法律和基本法律以外的法律，其效力位阶仅次于宪法。由于法律所调整的都是基本的重要的社会关系，其内容上如出现冲突或错误将会对整个法律体系造成极大的混乱，因此法律是立法监督的重要对象。

第二，行政法规和行政规章。行政法规是我国最高国家行政机关国务院根据宪法和法律规定，在其职权范围内所制定的有关行政管理的规范性文件，行政规章则是特定机关根

---

① 王春业：《法律文件审查的启动权：公民的一项新兴权利初探》，载《河南大学学报（社会科学版）》2014 年第 3 期。

② 孙潮、荆月新：《论立法监督》，载《政治与法律》1995 年第 4 期。

③ 王建华、杨树人著：《地方立法制度研究》，四川人民出版社 2009 年版，第 196 页。

④ 俞海涛：《立法审查建议"双轨制"的确立与完善》，载《政治与法律》2022 年第 3 期。

⑤ 曹海晶著：《中外立法制度比较》，商务印书馆 2016 年版，第 460 页。

据法律、行政法规和地方性法规并按照法定程序制定的具有普遍约束力的规范性文件。① 对行政立法的监督既能防范行政权力的恣意，也能防止部门利益法治化。②

第三，地方性法规。地方性法规是地方人大机关制定的规范性文件。其在法律体系中的位阶虽然偏低，但是由于其具有地方特色、可操作性强、数量较大，尤其是地方立法主体扩容后，地方性法规逐渐成为中国特色社会主义法律体系的重要组成部分。但是地方性法规也可能会产生与上位法不相符的情况，甚至出现地方保护主义的倾向③，这就需要做好地方的立法监督工作。

第四，自治条例和单行条例。自治条例和单行条例是民族自治地方的人大机关结合当地民族政治、经济和文化特点制定的管理自治地方事务的法规。其中自治条例属于综合性的法规，单行条例则是针对某一方面的具体问题而制定的法规。根据宪法和法律的规定，自治区制定的自治条例和单行条例须报全国人大常委会批准后才能生效。而通过明确自治地方立法变通权适用的标准、范围，将更为有利于保障少数民族地区的需要，维护国家的法制统一。④

第五，授权立法。"授权立法的监督是一个完善的授权立法制度中所不可缺少的一部分，也是使授权立法得以发挥其有利作用、减少和避免有害一面所必需的制度要件之一。"⑤ 对授权立法的监督能够有效防止被授权机关滥用授权，从而将涉及重大改革的立法全程纳入法治轨道。⑥

（三）立法监督的内容

如前所述，立法监督的对象既包括对立法过程的监督，也包括对法律、行政法规、地方性法规、自治条例、单行条例以及规章等规范性文件的监督。而立法监督的内容针对的则是对立法过程和立法结果中的哪些方面进行监督的问题。

1. 立法的合宪性监督

所谓的立法的合宪性监督是指对立法活动和立法结果是否同宪法规范相违背进行审查监督。宪法是国家的根本大法，无论是立法过程还是立法最终形成的规范性文件都应当以宪法作为最根本的遵循。合宪必然合法，但合法却并不一定合宪，立法的复杂性和广泛性

---

① 方世荣主编：《行政法与行政诉讼法》，中国政法大学出版社 2019 年版，第 145~149 页。
② 马涛：《关于加强政府立法审查工作的实践与思考》，载《中国司法》2021 年第 12 期。
③ 黄文艺主编：《立法学》，吉林大学出版社 2000 年版，第 262 页。
④ 李平、余雄、彭宏科：《自治条例单行条例立法的探索与思考》，载《人大研究》2019 年第 12 期。
⑤ 张明哲：《论我国授权立法的监督》，载《行政法学研究》2007 年第 1 期。
⑥ 郭文涛：《重大改革特别授权机制应遵循授权明确性原则》，载《甘肃政法大学学报》2020 年第 2 期。

决定了并非能够实现对所有的立法都进行合宪性监督，一些涉及琐细事项或问题由于宪法未涉及规定，所以这类立法只需要满足合法性即可成立。① 合法性立法监督可以成为合宪性立法监督的过滤机制。② 合宪性立法监督主要从两方面进行：一是重大事项的立法是否有宪法规定的内容或者事项作为依据；二是地方性法规、规章等较低层级的立法内容是否违背宪法规定或者宪法原则。

2. 立法的合法性监督

立法的合法性监督包括以下内容：其一，立法内容合法。对立法内容的合法审查首先应检验其是否符合宪法的具体规定以及宪法的原则和精神。③ 同时，内容合法还要求法律、法规和规章都不得与上位法相冲突，也不得越权立法。例如地方政府规章在没有法律、行政法规、地方性法规的依据时不得设定减损公民权利或者增加其义务的规范，其种类和幅度也都必须符合上位法的规定④。其二，立法权限合法。在当前我国的立法体制下，不同的国家机关拥有不同给的立法事项范围。这就要求相关立法主体必须在法律明确规定的事项范围内行使立法权。例如《立法法》规定地方性法规只能就为执行法律、行政法规的规定，需要根据本行政区域的实际情况作具体规定的事项以及属于地方性事务需要制定地方性法规的事项进行立法。而对于先行制定地方性法规的，在国家层面的立法出台生效后也必须及时予以修改废止。又如《立法法》第 11 条有关法律保留的事项，实际上已经排除了法律以外的立法文件形式对特定事项进行立法。因此这就要求立法主体既应在法律规定的职权范围内立法，不得超越宪法法律所赋予的立法权限，也要积极地在自身立法事项范围内正确有效地开展立法工作。其三，立法程序合法。立法程序是指法定的立法机关在制定、认可、修改、补充、解释、废止法律的过程中必须遵循的步骤与方法。⑤ 在立法工作中，违反了法定程序就意味着法的科学性和民主性严重受损，故而即使立法主体、立法权限、立法内容等其他合法性要素均已齐备，也应当对程序瑕疵的立法予以否认。目前在中央立法层面，《立法法》《规章制定程序条例》已对地方性法规、自治条例、单行条例和规章的制定程序作出了相应规定。在地方层面亦有部分地方以地方性法规的形式对地方立法程序进行了细化，如《天津市地方性法规制定条例》《桂林市地方性法规制定条例》等。

---

① 周旺生著：《立法学》，法律出版社 2009 年版，第 332 页。

② 胡锦光：《论推进合宪性审查工作的体系化》，载《法律科学（西北政法大学学报）》2018 年第 2 期。

③ 王建国：《法治体系是对法律体系的继承和发展》，载《法学》2015 年第 9 期。

④ 全国人大常委会法制工作室委员会编著：《中华人民共和国立法法释义》，法律出版社 2015 年版，第 303 页。

⑤ 刘钢柱：《加强地方政府立法程序建设问题研究》，载《国家行政学院学报》2016 年第 5 期。

3. 立法的合理性监督

只恪守立法的合法性并不能保障所立之法成为良法，① 立法监督中不能当然排除对适当性方面内容的审查②。以地方立法为例，我国《立法法》规定省、自治区、直辖市的人民代表大会及其常务委员会根据本行政区域的具体情况和实际需要，在不同宪法、法律、行政法规相抵触的前提下，可以制定地方性法规。可以说在当前的地方立法实践中，不抵触原则已经成为检验地方立法是否具备合法性的一个重要标准。但是对于地方立法与上位法相抵触的具体标准，目前相关法律并未作出明确规定，尚未形成完整严密的认定体系。③ 故而要想使立法权的运用更加符合客观规律，就必须要推动立法更加适度合理。

从这一意义上讲，合法性监督只是立法监督的最低标准，在合法性的基础上还应当进行合理适当性的审查。一般认为主要包括以下内容：（1）立法动机的合理性。立法行为的动机除必须符合法律要求的立法目的之外，还必须是善意的，它既要回应人民的立法诉求，又要有利于社会主体的权益保护和社会事务的管理有序④。（2）立法的切合实际性。立法行为产生于实际的社会需求，坚持从实际出发既是立法遵循客观规律的要求，也是《立法法》的明确规定。因此在立法过程中必须要紧扣现实实际，聚焦重点难点领域，广泛征求意见并深入研究论证。（3）权利义务平衡性。立法时不能减损公民权利，也不能随意增加公民义务。立法文件中要使公民、法人和其他组织履行的义务与其所享有的权利保持合理的平衡。例如对某种行为的处罚与该行为所应承担的责任明显不平衡，违反比例原则的。⑤（4）权责合理性。不具备足够的权力，责任主体显然无法承担职责或履行义务，但如果其所拥有的权力过大，超过了承担职责和履行义务所需的限度范围，就会有一部分权力不用承担责任。因此立法文件中赋予国家机关的权力要与其承担的责任保持合理平衡，权力机关的权力应该根据其所履行的责任来设定⑥。

4. 立法的协调性监督

对立法协调性的监督主要是源于现实和规范两个层面。在现实方面，我国地缘辽阔、人口众多，东部、中部、西部的发展差异，城乡差异以及民族自治地方的民族特色等因素都加重了立法统一协调的难度，因此在长期的立法实践中出现了自治立法、授权立法和特别立法等多种立法方式，从而既照顾到立法实践中所存在的现实差异，又避免因过度的差

---

① 杨临宏著：《立法学：原理、制度与技术》，中国社会科学出版社 2016 年版，第 230 页。
② 肖迪明：《问题与对策：设区的市行使立法权探析》，载《地方立法研究》2017 年第 1 期。
③ 曹国虎：《地方立法"不抵触"原则的把握与适用》，载《人大研究》2020 年第 12 期。
④ 孙潮、荆月新：《论立法监督》，载《政治与法律》1995 年第 4 期。
⑤ 全国人大常委会法制工作室委员会编著：《中华人民共和国立法法释义》，法律出版社 2015 年版，第 303 页。
⑥ 张喜红：《权责一致：责任政治建设的基本前提》，载《思想战线》2016 年第 6 期。

异化而产生立法缺位问题。在规范方面，由于现实差异的影响，我国在国家层面的中央立法往往规定得较为原则，针对法律和行政法规的相关规定各地方立法主体又必须根据本区域情况制定相应的执行中央立法的执行性、补充性、自主性、先行性的地方立法①。其出发点虽然是站在发挥中央和地方两个积极性的原则去考虑，但是在实际的立法过程中也极易造成地方立法对中央立法的曲解，从而影响央地立法的协调。此外对于上位法没有规定的问题，各地方的下位法规定也是千差万别。目前我国《立法法》已经针对同位法之间的协调、上位法与下位法之间的协调、一般法与特别法的协调、新法与旧法的协调进行了具体规定，并出台了具体解决措施。例如当两项立法在同一事项上的规定发生冲突，不能确定如何适用时，全国人民代表大会常务委员会、国务院以及相应的立法制定机关可作为立法监督主体作出裁决。

五、立法监督的方式

立法监督的方式是指对法律、法规、规章等立法文件的制定过程或者结果实行监督的具体机制和程序。以立法监督方式的性质为标准，可具体分为制度性立法监督方式和技术性立法监督方式。其中制度性立法方式主要有立法批准、改变和撤销、立法备案、立法审查、立法裁决；技术性立法监督方式主要有立法清理、立法后评估、法院在审判中选择适用规章等。② 本部分主要对立法批准、立法备案、立法审查三种重要且常见的立法监督方式予以介绍。

（一）立法批准

立法批准是指法律、法规、规章等立法文件的正式生效，必须经过法定主体的认可才能予以公布和实施。立法批准既是立法活动的一个重要环节，也是立法监督的主要方式之一，属于事前监督方式③。对立法进行事前批准可以在源头上有效控制立法质量，保障国家法制体系一④。总之，与其他事后型的立法监督形式相比，立法批准制度在防范违背宪法、违反上位法，以及防范不合理、不适当的法律文件的出台方面有其独特的优势。⑤

我国的立法批准，既非授权机关对受权机关所立之法的批准，更非立法机关将已通过的法案送交国家元首或行政机关批准，而是相关的立法文件须经人民代表大会常务委会的批准方可施行。根据现行《立法法》规定，立法批准的范围包括：（1）设区的市、自治

---

① 曹瀚予：《创制性立法的判定标准及方法探讨——兼论地方立法的分类》，载《学术交流》2020年第 4 期。

② 曹海晶著：《中外立法制度比较》，商务印书馆 2016 年版，第 508 页。

③ 严海良：《设区的市立法批准制度之检视——以〈宪法〉第一百条第二款为基础的展开》，载《学海》2020 年第 2 期。

④ 谢勇主编：《立法立法学》，法律出版社 2019 年版，第 127 页。

⑤ 缪岚：《论我国立法批准制度的完善》，载《人大研究》2018 年第 2 期。

州制定的地方性法规须报省、自治区的人民代表大会常务委员会批准后施行。（2）自治区制定的自治条例和单行条例，须报全国人民代表大会常务委员会批准后生效。（3）自治州、自治县制定的自治条例和单行条例，报省、自治区、直辖市的人民代表大会常务委员会批准后生效。这三种立法批准制度，属于兼有立法程序和立法监督两重性的立法制度。① 除此之外，在我国的立法实践中，国务院制定和发布的某些立法文件，也须报经全国人民代表大会常务委员会批准。

（二）立法备案

立法备案是指已经制定完成的立法文件由其制定机关或者批准机关送交至相关上级立法主体登记、存档，以备审查。与立法批准不同，立法备案侧重于上级立法主体知情权的实现，并不影响地方立法的生效，属于事后的立法监督方式。立法备案是落实立法监督的重要措施之一，既能保证地方立法的实时性，又能促成接受备案机关从宏观上把握地方立法情况，分析研究地方立法的重点和趋势，从而加强对法规、条例和规章的全面监督。②

我国的备案审查制度相对规范和完整，《宪法》《立法法》都对其作出了规定，国务院出台的《法规规章备案条例》更是对立法备案作出了细致全面的规定，由此形成了多层次、系统化的监督规范体系，③ 推动了立法备案制度的实践发展。

根据《立法法》的规定，立法备案制度包括接受备案主体、备案法的范围、备案时限等组成部分。全国人大常委会是最主要的接受立法备案的机关，国务院和省级人大常委会、省政府也是重要的接受备案主体。备案法的范围包括：（1）行政法规由国务院报全国人民代表大会常务委员会备案；（2）省级地方性法规由省人大常委会报全国人大常委会和国务院备案；（3）设区的市、自治州制定的地方性法规，由省、自治区的人大常委会报全国人民代表大会常务委员会和国务院备案；（4）自治州、自治县的人民代表大会制定的自治条例和单行条例，由省、自治区、直辖市的人大常委会报全国人民代表大会常务委员会和国务院备案，同时应当说明对法律、行政法规、地方性法规作出变通的情况；（5）部门规章由各制定机关报国务院备案；（6）省级地方政府规章由省人民政府报送国务院、省级人大常委会备案；（7）设区的市、自治州的人民政府制定的规章由设区的市、自治州人民政府同时报省、自治区的人民代表大会常务委员会和人民政府备案；（8）其他规定：根据授权制定的法规应当报授权决定规定的机关备案；经济特区法规、浦东新区法规、海南自由贸易港法规报送备案时，应当说明变通的情况；（9）国家监察委员会根据宪法和法律、全国人民代表大会常务委员会的有关决定，制定监察法规，报全国人民代表大会常务委员会备案。

---

① 全国人大常委会法制工作室委员会编著：《中华人民共和国立法法释义》，法律出版社2015年版，第303页。

② 石佑启、朱最新主编：《地方立法学》，广东教育出版社2015年版，第265页。

③ 邓世豹主编：《立法学：原理与技术》，中山大学出版社2016年版，第178页。

由此可见，我国的立法备案制度是一种具有普遍意义的、关涉立法全局的制度。① 立法备案是立法后审查的基础，是重要的立法监督方式，《立法法》规范了法规、规章的备案审查制度，加强了备案审查的主动性和审查力度，有力助推了国家法律体系的协调统一。然而现行立法规定的立法监督制度并不能一劳永逸地解决所有实践中存在争议的立法问题。现行《立法法》仍有一定的不足之处，如：未将法律纳入备案审查的对象，未明确规定违反备案义务的问责机制等。② 未来，我国的立法备案审查制度仍有很大的探索完善空间。

（三）立法审查

立法审查的形式多样，一是指在立法过程中对法案实行审查，这是参与立法的有关组织和个人，依据法定职权和程序所进行的具体的立法行为；二是指有关主题主体对报请批准的法规进行的审查，这主要是通过立法审批来实现立法监督的功能；三是指立法程序完结之后，有权主体对已颁布和施行的立法文件予以检查审视。本章所阐述的立法审查仅涉及第三种形式，其属于事后的立法监督方式。立法审查与立法备案的关系密切，备案是立法监督主体了解报备机关地方立法情况的重要方式，可以独立完成，③ 而审查一般则须基于备案的基础上行使。两者都是立法监督工作的重要环节和程序，能够及时发现和纠正立法文件中存在的问题，从而有助于切实提高立法的质量。

立法审查包括被动审查和主动审查两种，④ 前者是指有关机关或者公民提出审查要求或者审查建议，审查机关才开展对报送备案的立法文件的检查审视，并依法作出裁决，而后者是指审查机关对报送备案的立法文件积极主动地进行检查审视，并依法作出裁决。在中国的立法监督实践中，基于立法备案所进行的立法审查尽管监督效力较弱，但已经具有一定的数量，而基于法定国家机关（国务院、中央军委、国家监察委员会、最高人民法院、最高人民检察院和省级人大常委会）所提出的审查要求所进行的立法审查则较为少见。⑤

六、立法监督的处理方式

完整和健全的立法监督，应当包括立法监督后的处理。在立法监督的过程中，监督主体主动发现或者是根据有关组织和个人的反映发现被监督主体的立法活动或立法文件存在

---

① 邓世豹主编：《立法学：原理与技术》，中山大学出版社 2016 年版，第 180 页。

② 张筱倜：《〈立法法〉修改后我国法规备案审查制度的再检视》，载《理论月刊》2016 年第 1 期。

③ 谢勇主编：《地方立法学》，法律出版社 2019 年版，第 135 页。

④ 赵谦：《阐明我国立法备案审查的规范内涵》，载《江汉大学学报（社会科学版）》2016 年第 3 期。

⑤ 曹海晶著：《中外立法制度比较》，商务印书馆 2016 年版，第 508 页。

合宪性、合法性或适当性问题时，应当严格依照法定的职权和程序，就相关事项作出妥当必要的处理。在我国的立法监督制度和实践中，立法的改变与撤销、立法裁决是三种主要的立法监督处理方式。

（一）立法的改变与撤销

立法的改变与撤销是指依法享有立法改变职权的特定主体对存在违背宪法、法律或者不适当问题的法规、条例、规章的部分条款或内容进行修改、补充、删除或者对整部立法文件予以撤销的立法监督处理方式。立法改变只适用于同一系统的立法主体之间，如上级权力机关可以改变下级权力机关所制定的立法文件，而不能改变政府制定的规章。立法撤销则既可以适用于同一系统的立法主体之间，也可以适用于不同系统的立法主体之间。此外，立法改变与撤销的法律效果也不同，立法文件经有权机关依法改变后，继续保有法效力，可以施行；被有权机关撤销后，则完全失去法效力而不得施行。立法的改变与撤销是对监督对象施行的较有效的质量控制措施，能够避免因立法违背宪法、法律或者不适当而造成法秩序不必要的损失，因而对立法活动的健康发展有较大的益处。

《立法法》在宪法和有关组织法的基础上，细化了立法改变与撤销的内容，规定了立法改变与撤销的权力行使主体、权限划分、具体情形等。行使立法改变与撤销的主体有：全国人大，全国人大常委会，国务院；省、自治区、直辖市的人民代表大会，省、自治区、直辖市和设区的市的地方人大常委会，省、自治区人民政府。《立法法》第一百零八条专门且系统地规定了改变或者撤销法律、行政法规、地方性法规、自治条例和单行条例、规章的权限，具体内容包括：（1）全国人民代表大会有权改变或者撤销它的常务委员会制定的不适当的法律，有权撤销全国人民代表大会常务委员会批准的违背宪法和本法第八十五条第二款规定的自治条例和单行条例；（2）全国人民代表大会常务委员会有权撤销同宪法和法律相抵触的行政法规，有权撤销同宪法、法律和行政法规相抵触的地方性法规，有权撤销省、自治区、直辖市的人民代表大会常务委员会批准的违背宪法和本法第八十五条第二款规定的自治条例和单行条例；（3）国务院有权改变或者撤销不适当的部门规章和地方政府规章；（4）省、自治区、直辖市的人民代表大会有权改变或者撤销它的常务委员会制定的和批准的不适当的地方性法规；（5）地方人民代表大会常务委员会有权撤销本级人民政府制定的不适当的规章；（6）省、自治区的人民政府有权改变或者撤销下一级人民政府制定的不适当的规章；（7）授权机关有权撤销被授权机关制定的超越授权范围或者违背授权目的的法规，必要时可以撤销授权。由此可见，在我国的立法改变和撤销制度中，享有改变和撤销权的主体是广泛的，这些主体改变和撤销的权限范围也是广泛的，涉及一切法律、法规、条例和规章，因而该制度是一种强力性的立法监督处理方式。①

---

① 邓世豹主编：《立法学：原理与技术》，中山大学出版社 2016 年版，第 185 页。

改变或者撤销立法文件，除了要符合改变或者撤销权的主体或者权限范围外，还必须具备法定的情形，即法律、行政法规、地方性法规、自治条例和单行条例、规章有下列情形之一的，由有关机关予以改变或者撤销：（1）超越权限的。立法主体只能按照《宪法》《立法法》《地方各级人民代表大会和地方各级人民政府组织法》以及其他相关单行法的规定行使立法权限，超越法定职权所立之法属于无效立法，应当由有权机关予以改变或者撤销。（2）下位法违反上位法规定的。《立法法》第九十八条至一百零二条规定了不同规范性文件之间的效力等级，效力位阶低的立法文件违反效力位阶高的立法文件的规定时，效力位阶低的法就不能适用，应当予以改变或者撤销；《立法法》并未明确地方性法规和部门规章之间的效力等级，两者若发生冲突，则通过立法裁决制度解决。（3）规章之间对同一事项的规定不一致，经裁决应当改变或者撤销一方的规定的。部门规章之间、部门规章与地方政府规章之间具有同等的法效力，如果它们对同一事项的规定不一致时，则交由国务院裁决应当适用哪个规章，对违法或者不适当的规章则应当予以改变或者撤销。（4）规章的规定被认为不适当，应当予以改变或者撤销的。制定的规章如果未满足合法性和合理性要求，则应当予以改变或者撤销。（5）违背法定程序的。遵守法定程序是立法文件正当有效的重要前提。如果制定的法律、法规、规章违背或者未充分履行法案提出、审议、表决、公布等必经的立法程序环节，都构成违背法定程序的情形，应予以改变或者撤销。

（二）立法裁决

立法裁决是指当不同的规范性文件针对同一事项规定不一致，而根据目前已有制定法效力体系无法确定适用时，由有权主体作出裁定的制度。立法裁决能够使相冲突的法规范之间达至和谐平衡状态，从而确保法秩序的稳定统一。立法裁决时应当遵循的规则概括起来主要包括五个：上位法优于下位法、新法优于旧法、特别法优于一般法、变通法优于被变通法、行为地法优于人地法。

根据《立法法》的规定，立法裁决的内容具体包括以下几方面：（1）法律之间对同一事项的新的一般规定同旧的特别规定不一致，不能确定如何适用时，由全国人大常委会裁决；（2）行政法规之间对同一事项的新的一般规定同旧的特别规定不一致，不能确定如何适用时，由国务院裁决；（3）同一机关制定的地方性法规或者规章，新的一般规定同旧的特别规定不一致时，由制定机关裁决；（4）地方性法规同部门规章之间对同一事项的规定不一致，不能确定如何适用时，由国务院提出意见，国务院认为应当适用地方性法规的，应当决定在该地方适用地方性法规的规定；认为应当适用部门规章的，应当提请全国人大常委会裁决；（5）部门规章之间、部门规章同地方政府规章之间对同一事项的规定不一致时，由国务院裁决；（6）根据授权制定的法规同法律规定不一致，不能确定如何适用时，由全国人大常委会裁决。

【事例分析】

一、立法位阶与上下位法的冲突

关于《河南省农作物种子管理条例》（以下简称《农作物种子管理条例》）是否与《中华人民共和国种子法》（以下简称《种子法》）相抵触的问题，法院的判决书和河南省人大常委会法制室的答复意见相左。法官在本案判决书中认定，河南省人大常委会制定的地方性法规《农作物种子管理条例》与全国人大常委会制定的《种子法》相冲突，因而《农作物种子管理条例》无效。而河南省人大常委会法制室的答复意见认为二者不存在抵触，《农作物种子管理条例》是合法有效的。

（一）本案涉及的法律及其位阶

根据事例介绍可以得知，本案共涉及三个位阶的法律文件，它们分别是《种子法》、《农作物种子管理条例》、《河南省物价局、农业厅关于制定主要农作物种子价格管理办法的通知》（以下简称《通知》）。《种子法》是 2000 年 7 月 8 日全国人大常委会通过并于 2001 年 12 月 1 日起施行。① 因国务院于 1989 年 3 月 13 日发布的《种子管理条例》已被 2000 年制定的《种子法》所废止②，所以该法规暂不在本案的讨论之列。《农作物种子管理条例》（试行）于 1984 年 4 月 27 日正式实施，1989 年 11 月 8 日《农作物种子管理条例》正式实施，1993 年 10 月 22 日河南省八届人大常委会第四次会议根据《农业法》《农业技术推广法》和国家有关法律、法规的规定，结合本省实际情况，决定对《农作物种子管理条例》做了修改和补充。1997 年 5 月 23 日河南省八届人大常委会第二十六次会议根据《行政处罚法》的规定，决定对《农作物种子管理条例》做了修改，1997 年 7 月 1 日起施行。《通知》则是 1998 年 8 月 20 日由河南省物价局与农业厅联合下发。因此本案中涉及三类法律文件：法律、地方性法规、规范性文件，在有《立法法》明确规定的前提下其效力依次递减。

（二）对本案下位法与上位法相抵触的认定

从时间上观察中央层面的《种子法》立法与作为地方层面的河南省制定的地方性法规及规范性文件的顺序来看，是先有的国务院的行政法规，而后有河南省正式的地方性法规，最后颁布的法律，而且法律中又明文规定了对行政法规的废止。但是行政法规废止以后相应的地方性法规仍然存在，这样的一个立法过程势必就容易为法律规范之间的不一致或抵触提供了可能性。《农作物种子管理条例》第三十六条规定："种子的收购和销售，

---

① 《种子法》颁布实施后，分别于 2004 年、2013 年、2015 年和 2021 年经过陆续修改。

② 2000 年《种子法》第七十八条规定："1989 年 3 月 13 日国务院发布的《中华人民共和国种子管理条例》同时废止。"

必须严格执行省统一价格政策，不得任意提价。省没有规定统一价格的种子，由市（地）、县级农业行政部门和物价部门共同商定。"与此同时，河南省物价局、农业厅联合下发的《通知》中规定："对主要农作物种子的价格管理形式确定为政府指导价，其价格管理原则为统一领导、分级管理。"也就是说，按照河南省的地方性法规和地方政府规范性文件的规定，种子的价格由政府来制定政策或确定为政府指导价。无论是作为地方性法规的《农作物种子管理条例》，还是依据该地方性法规制定的规范性文件《通知》，都是在《种子法》制定之前，而《种子法》却没有针对种子的价格问题作出规定，那么此种情形是否构成下位法对上位法的抵触呢？

从立法文本内容来看，本案中的上位法《种子法》当中实际上并没有规定涉及种子定价的相关条款。那么对于没有上位法依据的地方立法，是否也属于"抵触"上位法的情形呢？对此首先应当认识何为不与上位法相抵触。一般认为，享有地方立法权的地方立法机关在进行立法时必须遵循不得与上位法的立法目的、基本精神、原则及明文规定相抵触，不得作出应当由上位法规定的事项的立法准则。①对此有学者进一步分析认为不抵触原则包含：权限不抵触，即地方立法机关不能僭越自身立法权限，超范围开展立法活动；法条不抵触，即地方立法既不得违反上位法的具体规定，同一立法位阶的地方性法规也不能彼此矛盾；法意不抵触，即地方立法不得同上位法的立法目的、立法原则和立法价值相抵触，不得违反上位法立法精神，限制公民、法人和其他组织的权利或者增加其义务。全国人大常委会法制工作室委员会编写的《中华人民共和国立法法释义》也总结了与上位法相抵触的五种情况，包括：（1）上位法有明确的规定，与上位法的规定相反的；（2）虽然不与上位法的规定相反，但旨在抵消上位法规定的，即搞"上有政策下有对策的"；（3）上位法没有明确规定，与上位法的立法目的和立法精神相反的；（4）违反了《立法法》关于立法权限的规定，越权立法的；（5）下位法超出上位法规定的处罚种类和幅度的。②

是故综上可以得知：一方面，《农作物种子管理条例》与《种子法》虽然在法条上没有直接的冲突，但是由于本案下位法《农作物种子管理条例》中有关种子定价问题明显缺乏上位法《种子法》的直接依据，属于缺乏上位法依据的类型。另一方面，基于法无禁止即自由的基本法理，2000年版的《种子法》虽未对农作物种子经营价格作出规定，然此种情况在规范上应被视为赋予了种子买卖双方当事人在定价方面的自由，而河南省《农作物种子管理条例》则要求种子买卖双方当事人必须遵照政府指导价进行交易，限制了当事人的自主定价权，从而违背了《种子法》的立法意图，属于绕道立法的情形③，构成了对《种子法》的抵触。

---

① 曹国虎：《地方立法"不抵触"原则的把握与适用》，载《人大研究》2020年第12期。

② 牛振宇：《地方立法创新空间探析——以"不抵触"原则的解读为视角》，载《地方立法研究》2017年第6期。

③ 曹国虎：《地方立法"不抵触"原则的把握与适用》，载《人大研究》2020年第12期。

二、法院对地方性法规合法性的认定与处理

（一）本案法院是否可以宣告地方性法规无效

本案中，法院审查认定《农作物种子管理条例》对种子价格的规定与其上位法即《种子法》的规定相抵触并宣告《农作物种子管理条例》相关条款无效的行为已经属于实质上行使立法监督权的行为，即对立法的结果进行了审查，并对违宪违法的立法进行处理的活动。然而，从具体的制度规定来看，根据《宪法》和《立法法》确立的立法监督体制，我国的立法监督主体是拥有立法权的国家机关，包括国家权力机关和国家行政机关，人民法院并不是立法监督主体。从 2004 年最高人民法院印发的《关于审理行政案件适用法律规范问题的座谈会纪要》中可以得知，根据《行政诉讼法》和《立法法》的有关规定，人民法院审理行政案件，依据法律、行政法规、地方性法规、自治条例和单行条例，参照规章的同时还要对规章的规定是否合法有效进行判断，对合法有效的规章应当适用。2014 年与 2017 年修订的《行政诉讼法》继续延续了这一精神。由此可以得知，在我国的现行法律框架内，人民法院对于抵触上位法的地方性法规实际上并没有宣告无效的权利，同时《行政诉讼法》也并没有赋予人民法院在作出行政判决时可以在判决中具体解释为何不适用与法律不一致或相抵触的地方性法规的理由。① 为此，近年来也有学者提出要形成与司法机关联动的审查移送机制。②

（二）本案法院是否可以拒绝适用地方性法规

有学者认为司法权的内涵本身决定了法官必然要选择法律，故而法院有权拒绝适用违法的法规。③ 也有学者认为法院并不能够直接拒绝适用违反上位法的法规，而是应当报请有权机关进行审查。④ 很显然，在河南洛阳种子案的判决中，洛阳中级人民法院作出了地方性法规与其上位法法律相抵触的司法判断，并且宣布地方性法规无效，这也直接导致了后续对地方性法规的拒绝适用。同时，根据《行政诉讼法》的规定，人民法院审理行政案件，以法律和行政法规、地方性法规、自治条例和单行条例为依据。采用"依据"这一用词表述反映了人民法院在审理相关案件时，对法律、行政法规、地方性法规、自治条例和单行条例仅享有司法上的适用权，并不享有立法监督意义上的对地方性法规的审查权。而

① 莫纪宏：《地方性法规合宪性审查中的几个法理问题探讨》，载《山西师大学报（社会科学版）》2020 年第 4 期。

② 林来梵：《合宪性审查的宪法政策论思考》，载《法律科学（西北政法大学学报）》2018 年第 2 期。

③ 王磊：《法的冲突与选择——以种子案为例》，载《北大论坛法学论文集》，法律出版社 2004 年版，第 77~92 页。

④ 蔡定剑：《对"司法审查案"的评价与思考》，载《法制日报》2003 年 11 月 20 日。

对于规章，法院则可以通过拒绝适用的方式进行间接的审查。因此从《行政诉讼法》当中关于审理依据和参照适用方面的规定来看，其立法意图应当是人民法院不得随意拒绝适用法律、行政法规和地方性法规，否则其对规章进行单独规定的意义就会丧失。①

三、对省级人大常委会制定的地方性法规的审查

（一）省人大常委会法制室对外答复的主体适格性

本案中，河南省人大常委会法制室对洛阳市人大常委会就《河南省农作物种子管理条例》实施中有关种子经营价格问题作出了相应的答复。但值得注意的是，河南省人大常委会法制室答复的内容中既涉及《河南省农作物种子管理条例》中关于种子经营价格的规定与《种子法》没有抵触的结论，同时也包括应继续适用地方性法规的要求。因此该答复实际上已经构成了一个具有法律效力的文件指令。那么作为省级人大常委会一个工作部门，河南省人大常委会法制室是否有资格作出上述答复呢？以现行《地方各级人民代表大会和地方各级人民政府组织法》的对人大机关各主体的职权规定来看，县级以上的地方各级人民代表大会在本行政区域内，保证宪法、法律、行政法规和上级人民代表大会及其常务委员会决议的遵守和执行，保证国家计划和国家预算的执行；县级以上的地方各级人民代表大会常务委员会则负责在本行政区域内，保证宪法、法律、行政法规和上级人民代表大会及其常务委员会决议的遵守和执行；各专门委员会在本级人民代表大会及其常务委员会领导下办理本级人大及其常委会交办的工作；县级以上人大常委会主任会议处理常务委员会的重要日常工作，其工作内容主要包括决定会期，决定提请审议议案，决定提交表决等侧重于程序性的工作。因此，就本案而言，不论是人大常委会法制室还是主任会议、各专门委员会实际上都不适宜发布这样的文件指令，其真正的适格主体应当是省级人大及其常委会。人大的办事机构和工作机构只能基于辅助性地位承担相应的具体工作。②

（二）本案人大机关应如何审查自己制定的法规

本案当中，洛阳市人大常委会已就《农作物种子管理条例》实施中有关种子经营价格问题向省级人大机关进行了请示，这实际上已经开启了对地方性法规的监督工作。从应然的角度看，当法院提出地方法规与法律相抵触而影响到法律适用时，本案省人大常委会实际上享有对自身制定的地方性法规的自我监督权，其也应当在可能与上位法存在冲突的情形下积极开展自主审查，从而明确自己制定的法规是否符合法律的要求。另外根据《立法法》的规定，省、自治区、直辖市的人民代表大会有权改变或者撤销它的常务委员会制定

---

① 杨登峰：《越权立法的认定与处理》，载《现代法学》2006年第3期。
② 储宸舸：《论答复法律询问的效力——兼论全国人大常委会法工委的机构属性》，载《政治与法律》2014年第4期。

的和批准的不适当的地方性法规，由于《农作物种子管理条例》属于省人大常委会制定的地方性法规，故省级人民代表大会当然有权对于进行改变和撤销。即使是出于效率（不在人民代表大会会期）以及自我监督悖论的考量①，也可以考虑上报全国人大常委会对该案的地方性法规进行审查。根据 2000 年版《立法法》以及 2015 年修改后的《立法法》有关立法监督制度的规定，省级人大常委会在认为行政法规、地方性法规、自治条例和单行条例同宪法或者法律相抵触的，都可以向全国人民代表大会常务委员会书面提出进行审查的要求。但较为遗憾的是，本案中省级人大机关既没有开展自主监督审查，也没有依照《立法法》赋予的权力提起后续的审查要求，这在事实上导致了《立法法》所规定的立法审查程序的虚置。②

四、从"种子案"看我国立法监督的问题与完善

目前我国的立法监督体制以权力机关与行政机关为主导，亦即在立法监督中占主导地位的，是全国人大及其常委会与国务院。目前的立法监督工作虽然取得了可喜的成果，但与制度预设的效果相比还有较大的提升空间。在立法实践中，下位法违反上位法的情况依然常见，但是相关部门行使自己监督职能的情形却几乎没有。例如全国人民代表大会常务委员会法制工作委员会关于十二届全国人大以来暨 2017 年备案审查工作情况的报告中就有提到，其没有收到过有关国家机关提出的立法审查要求。究其原因是多方面的：首先，我国的立法监督是从权力自上而下的流向来决定的。它虽然形成了一个监督系统，但是作为立法监督权它总是附着在这个主体的主要职能和其他职权上，面对违反上位法的规范性文件，立法监督机关没有能力也没有动力审查和追诉。这一点在种子案当中省人大常委会没有开展后续的立法审查工作的上也可窥见一斑。其次，从立法监督概念本身的要求来看，是对立法过程和立法结果监控。然而，目前我国的立法监督方式更多地表现为一种单纯的抽象审查，而要通过单纯的文字阅读来发现越来越多的下位法中可能存在的违宪违法问题无疑会对立法监督主体提出更高的要求。正因如此，立法监督主体面对浩瀚的下位法会出现无从下手、无从谈起的问题。最后，实践中通常只有在出现类似种子案这样的法条适用冲突情形的时候，我们才能相对比较容易地发现下位法是不是违反了上位法。但是目前立法监督中起主导地位的全国人大及其常委会与国务院一般不会干涉具体案件的裁判。法院虽然经手大量案件，但也没能够完全将下位法违反上位法的信息正当、有效地传输给有权撤销、改变的立法监督机关。

基于前述分析，我们认为可以从以下几方面搭建完善立法监督的制度构想：（1）关于设立专门的立法监督机构。当前我国的立法监督主体过于广泛，缺乏一个专门的、独立的

---

① 胡戎恩：《完善立法监督制度——兼论宪法委员会的创设》，载《探索与争鸣》2015 年第 2 期。
② 李雷：《地方性法规合宪性审查制度探析》，载《社会科学家》2021 年第 4 期。

中央与地方立法监督机关，而监督主体多元、监督力量分散又极易造成的"集体行动的困境"①。从实践层面看，全国人大常委会法制工作委员会是具体承担立法监督工作的主要机构，但由于法制工作委员会还需承担立法方面的工作，其投入立法监督的力量势必也会受到影响。因此只有设立专门的机构承担立法监督的工作才更有利于保障监督的连贯性、经常性和有效性。② （2）完善立法监督的程序。当前我国《立法法》已经建立起各类监督方式的相关程序，《法规、司法解释备案审查工作办法》以及各地方关于备案审查的相关立法虽然充实了立法监督的程序性内容，但是对于立法监督的启动程序、实施程序、执行程序、复核程序等方面，当前的程序安排仍然存在较多的薄弱环节。为此亦有学者提出在《立法法》中专设立法监督一章，从而为立法监督提供具体的操作规程。③ （3）强化立法监督中公众参与的作用。全国人大常委会备案审查工作情况报告显示，2020 年和 2021 年中由公民和组织提出立法审查建议的数量分别是 5146 件和 6339 件。这一数据体现了公众参与在当前立法监督工作中的重要角色地位。为此必须要不断健全立法监督的公开机制、参与机制和反馈机制，使公众在监督过程中了解法律、尊重法律、维护法律。另外还可以借助专家、学者的专业水平与科学技能，弥补立法监督人员不足能力欠缺的问题。④

【延伸探讨】

2018 年 3 月，全国政协十三届一次会议期间有全国政协委员提出关于对收容教育制度进行合宪性审查的提案。全国人大常委会法制工作委员会法规备案审查室具体承办本项提案。2018 年 12 月在第十三届全国人大常委会第七次会议上，法制工作委员会主任沈春耀所作的关于 2018 年备案审查工作情况的报告中提出制定《全国人民代表大会常务委员会关于严禁卖淫嫖娼的决定》主要是为了补充修改当时的《刑法》和《治安管理处罚条例》的有关规定，制定程序和内容均符合宪法规定。通过调研论证，各有关方面对废止收容教育制度已经形成共识，启动废止工作的时机已经成熟。为了深入贯彻全面依法治国精神，建议有关方面适时提出相关议案，废止收容教育制度。2019 年 3 月，在第十三届全国人大第二次会议期间河南代表团霍晓丽等 30 位全国人大代表联名提出了关于废止收容教育制度的议案，结合议案办理，法制工作委员会与中央政法委、全国人大监察和司法委员会、公安部、司法部等有关方面一道，持续推动废止收容教育制度有关工作，并就工作进展情况专门赴河南与领衔代表进行当面沟通。2019 年 11 月，国务院向全国人大常委会提出《关于废止收容教育制度的议案》，12 月根据国务院提出的议案，第十三届全国人大常委会第十五次会议审议通过关于废止有关收容教育法律规定和制度的决定，明确废止《关于严禁卖淫嫖娼的决定》第四条第二款、第四款，以及据此实行的收容教育制度。2020 年 3

---

① 陈光主编：《立法学原理》，武汉大学出版社 2018 年版，第 23 页。

② 王建华、杨树人著：《地方立法制度研究》，四川人民出版社 2009 年版，第 207 页。

③ 曹海晶著：《中外立法制度比较》，商务印书馆 2016 年版，第 524 页。

④ 张玉洁：《规范性文件立法审查制度的实践反思与规则修正》，载《现代法学》2021 年第 6 期。

月，国务院公布《国务院关于修改和废止部分行政法规的决定》，明确废止了《卖淫嫖娼人员收容教育办法》。

问题提示：

1. 立法监督中的审查程序如何启动？
2. 政协委员、人大代表在立法监督中可以从哪些方面发挥作用？
3. 向全国人民代表大会提出法律案的条件是什么？
4. 国务院在立法监督中的地位和作用是什么？

【课后阅读】

［1］万方亮：《地方立法合宪性审查的法理检视及其制度构建》，载《山西师大学报（社会科学版）》2022 年第 3 期。

［2］刘作翔：《论建立分种类、多层级的社会规范备案审查制度》，载《中国法学》2021 年第 5 期。

［3］门中敬：《不抵触原则的适用范围：规范差异与制度逻辑》，载《法学论坛》2022 年第 1 期。

［4］郑磊、王翔：《2020 年备案审查工作报告评述》，载《中国法律评论》2021 年第 4 期。

［5］焦洪昌、曹舒：《备案审查制度在国家治理现代化中的宪制定位》，载《广东社会科学》2021 年第 2 期。

［6］任亦秋、王贤祥：《论规章及规范性文件备案审查标准——以浙江省〈规章、规范性文件备案审查指引（试行）〉为例》，载《地方立法研究》2021 年第 2 期。

［7］赵娟：《论以法院审查"补强"备案审查——从一例公民审查建议案谈起》，载《江苏社会科学》2021 年第 1 期。

［8］莫纪宏：《依宪立法原则与合宪性审查》，载《中国社会科学》2020 年第 11 期。

［9］陈希：《我国地方立法合宪性审查制度特色研究》，载《法学论坛》2020 年第 6 期。

［10］冉艳辉：《省级人大常委会对设区的市地方性法规审批权的界限》，载《法学》2020 年第 4 期。

［11］谭清值：《合宪性审查的地方制度构图》，载《政治与法律》2020 年第 2 期。

［12］邢斌文：《什么是"违宪"？——基于全国人大及其常委会工作实践的考察》，载《中外法学》2020 年第 2 期。

［13］郑磊、赵计义：《2019 年备案审查年度报告评述》，载《中国法律评论》2020 年第 2 期。

［14］唐一力、王锴：《党内法规与国家法律备案审查衔接机制构建初探》，载《党内法规理论研究》2020 年第 2 期。

［15］于洋：《论规范性文件合法性审查标准的内涵与维度》，载《行政法学研究》2020年第 1 期。

［16］蒋清华：《支持型监督：中国人大监督的特色及调适——以全国人大常委会备案审查为例》，载《中国法律评论》2019年第 4 期。

［17］王春业、张宇帆：《设区的市地方立法备案审查制度的困境与出路》，载《北方论丛》2019年第 3 期。

［18］王锴：《合宪性、合法性、适当性审查的区别与联系》，载《中国法学》2019年第 1 期。

［19］封丽霞：《制度与能力：备案审查制度的困境与出路》，载《政治与法律》2018年第 12 期。

［20］莫纪宏：《论规章的合宪性审查机制》，载《江汉大学学报（社会科学版)》2018年第 3 期。

［21］缪岚：《论我国立法批准制度的完善》，载《人大研究》2018年第 2 期。

［22］靳海婷：《论公民启动宪法监督机制的建立——基于〈立法法〉第 99 条第 2 款的规范性思考》，载《时代法学》2018年第 1 期。

［23］朱汉卿：《新立法法视域下的授权立法基本范畴研究及其法律规制》，载《江汉大学学报（社会科学版)》2016年第 5 期。

［24］金成波：《比较法视野下的行政立法监督——兼谈我国的制度选择》，载《北京行政学院学报》2016年第 2 期。

［25］苗连营：《立法法重心的位移：从权限划分到立法监督》，载《学术交流》2015年第 4 期。

专题八　地方性法规清理

【事例介绍】

立法是法治之先导，良法是善治之前提。党的二十大报告指出："推进科学立法、民主立法、依法立法，统筹立改废释纂，增强立法系统性、整体性、协同性、时效性。"① 事实证明，健全的地方性法规清理制度，对于提高地方立法质量，统筹立改废释纂，推动社会主义法制统一具有重要意义。正是意识到这一点，近年来，包括湖北省、广东省、福建省、山东省、北京市、天津市等地方人大频频启动地方性法规清理活动。以湖北省为例，为更好助力本地区经济社会发展和改革攻坚任务，2021 年 3 月，湖北省人大常委会办公厅启动优化营商环境、长江保护、行政处罚专项法规清理工作。法规清理工作列入工作日程之初，省委办公厅、省人大常委会办公厅、省司法厅等即在新闻媒体上发布公告、开通专线电话、设立专用信箱，公开向社会征求意见。此次清理涉及湖北省人大及其常委会通过的现行有效的地方性法规和法规性决议、决定，共涉及现行有效的省本级地方性法规和法规性决议、决定共计 212 件。清理的内容包括与党中央有关决策部署和精神不一致、不符合新发展理念的；与国家法律法规不适应、不协调、不衔接的；不符合国家和省委有关要求的；不符合经济社会发展需要以及人民群众反映强烈的"痛点""难点""堵点"问题。在清理过程中，湖北省人大常委会委托各市、州、直管市、神农架林区人大常委会开展专题调研，通过省人大代表履职平台向全体省人大代表征求对优化营商环境法规清理工作的意见建议，并委托武汉大学、中南财经政法大学两个地方立法研究和人才培养基地开展第三方清理。据统计，湖北各市、州、直管市和神农架林区人大常委会、省人大代表以及市场主体、社会公众共对 100 件省本级地方性法规提出废止、补充完善或打包修改建议 132 条。2021 年 7 月 30 日湖北省第十三届人民代表大会常务委员会第二十五次会议审议通过《湖北省人民代表大会常务委员会关于集中修改、废止涉及优化营商环境省本级地方性法规的决定》，标志着此次地方性法规清理工作顺利结束。

【法律问题】

1. 为什么要进行地方性法规清理？

2. 地方性法规清理的主体是谁？地方性法规清理应遵循何种程序？地方性法规清理有

---

① 习近平：《高举中国特色社会主义伟大旗帜　为全面建设社会主义现代化国家而团结奋斗——在中国共产党第二十次全国代表大会上的报告》，载《人民日报》2022 年 10 月 26 日，第 1 版。

哪些类型？

3. 法规清理与法的修改、法的废止之辨析。

4. 如何进一步完善地方性法规清理制度？

【法条链接】

《中华人民共和国宪法》（2018 年修正）

第五条 中华人民共和国实行依法治国，建设社会主义法治国家。

国家维护社会主义法制的统一和尊严。

一切法律、行政法规和地方性法规都不得同宪法相抵触

第九十九条 地方各级人民代表大会在本行政区域内，保证宪法、法律、行政法规的遵守和执行；依照法律规定的权限，通过和发布决议，审查和决定地方的经济建设、文化建设和公共事业建设的计划。

第一百条 省、直辖市的人民代表大会和它们的常务委员会，在不同宪法、法律、行政法规相抵触的前提下，可以制定地方性法规，报全国人民代表大会常务委员会备案。

设区的市的人民代表大会和它们的常务委员会，在不同宪法、法律、行政法规和本省、自治区的地方性法规相抵触的前提下，可以依照法律规定制定地方性法规，报本省、自治区人民代表大会常务委员会批准后施行。

《中华人民共和国立法法》（2023 年修正）

第一条 为了规范立法活动，健全国家立法制度，提高立法质量，完善中国特色社会主义法律体系，发挥立法的引领和推动作用，保障和发展社会主义民主，全面推进依法治国，建设社会主义法治国家，根据宪法，制定本法。

第二条 法律、行政法规、地方性法规、自治条例和单行条例的制定、修改和废止，适用本法。

国务院部门规章和地方政府规章的制定、修改和废止，依照本法的有关规定执行。

第五条 立法应当符合宪法的规定、原则和精神，依照法定的权限和程序，从国家整体利益出发，维护社会主义法制的统一、尊严、权威。

第六条 立法应当坚持和发展全过程人民民主，尊重和保障人权，保障和促进社会公平正义。

立法应当体现人民的意志，发扬社会主义民主，坚持立法公开，保障人民通过多种途径参与立法活动。

第七条 立法应当从实际出发，适应经济社会发展和全面深化改革的要求，科学合理地规定公民、法人和其他组织的权利与义务、国家机关的权力与责任。

法律规范应当明确、具体，具有针对性和可执行性。

第九条 立法应当适应改革需要，坚持在法治下推进改革和在改革中完善法治相统

一，引导、推动、规范、保障相关改革，发挥法治在国家治理体系和治理能力现代化中的重要作用。

第八十条 省、自治区、直辖市的人民代表大会及其常务委员会根据本行政区域的具体情况和实际需要，在不同宪法、法律、行政法规相抵触的前提下，可以制定地方性法规。

第八十二条 地方性法规可以就下列事项作出规定：

（一）为执行法律、行政法规的规定，需要根据本行政区域的实际情况作具体规定的事项；

（二）属于地方性事务需要制定地方性法规的事项。

除本法第十一条规定的事项外，其他事项国家尚未制定法律或者行政法规的，省、自治区、直辖市和设区的市、自治州根据本地方的具体情况和实际需要，可以先制定地方性法规。在国家制定的法律或者行政法规生效后，地方性法规同法律或者行政法规相抵触的规定无效，制定机关应当及时予以修改或者废止。

设区的市、自治州根据本条第一款、第二款制定地方性法规，限于本法第八十一条第一款规定的事项。

制定地方性法规，对上位法已经明确规定的内容，一般不作重复性规定。

第九十八条 宪法具有最高的法律效力，一切法律、行政法规、地方性法规、自治条例和单行条例、规章都不得同宪法相抵触。

第九十九条 法律的效力高于行政法规、地方性法规、规章。

行政法规的效力高于地方性法规、规章。

第一百条 地方性法规的效力高于本级和下级地方政府规章。

省、自治区的人民政府制定的规章的效力高于本行政区域内的设区的市、自治州的人民政府制定的规章。

第一百零三条 同一机关制定的法律、行政法规、地方性法规、自治条例和单行条例、规章，特别规定与一般规定不一致的，适用特别规定；新的规定与旧的规定不一致的，适用新的规定。

第一百零七条 法律、行政法规、地方性法规、自治条例和单行条例、规章有下列情形之一的，由有关机关依照本法第一百零八条规定的权限予以改变或者撤销：

（一）超越权限的；

（二）下位法违反上位法规定的；

（三）规章之间对同一事项的规定不一致，经裁决应当改变或者撤销一方的规定的；

（四）规章的规定被认为不适当，应当予以改变或者撤销的；

（五）违背法定程序的。

第一百零八条 改变或者撤销法律、行政法规、地方性法规、自治条例和单行条例、规章的权限是：

（一）全国人民代表大会有权改变或者撤销它的常务委员会制定的不适当的法律，有权撤销全国人民代表大会常务委员会批准的违背宪法和本法第八十五条第二款规定的自治条例和单行条例；

（二）全国人民代表大会常务委员会有权撤销同宪法和法律相抵触的行政法规，有权撤销同宪法、法律和行政法规相抵触的地方性法规，有权撤销省、自治区、直辖市的人民代表大会常务委员会批准的违背宪法和本法第八十五条第二款规定的自治条例和单行条例；

（三）国务院有权改变或者撤销不适当的部门规章和地方政府规章；

（四）省、自治区、直辖市的人民代表大会有权改变或者撤销它的常务委员会制定的和批准的不适当的地方性法规；

（五）地方人民代表大会常务委员会有权撤销本级人民政府制定的不适当的规章；

（六）省、自治区的人民政府有权改变或者撤销下一级人民政府制定的不适当的规章；

（七）授权机关有权撤销被授权机关制定的超越授权范围或者违背授权目的的法规，必要时可以撤销授权。

《行政法规制定程序条例》（2017 年修订）

第三十六条　国务院法制机构或者国务院有关部门应当根据全面深化改革、经济社会发展需要以及上位法规定，及时组织开展行政法规清理工作。对不适应全面深化改革和经济社会发展要求、不符合上位法规定的行政法规，应当及时修改或者废止。

《规章制定程序条例》（2017 年修订）

第三十七条　国务院部门，省、自治区、直辖市和设区的市、自治州的人民政府，应当根据全面深化改革、经济社会发展需要以及上位法规定，及时组织开展规章清理工作。对不适应全面深化改革和经济社会发展要求、不符合上位法规定的规章，应当及时修改或者废止。

【基础知识】

一、地方性法规清理的释义

（一）地方性法规清理的定义

地方性法规清理在概念上从属于法规清理。法规清理指有权制定规范性文件的国家机关，根据法律规定在其职权范围内，按照特定标准，对一定时间和领域内的法律法规开展审查，并决定所审查规范性文件效力有无、是否需要修改、补充和废止的专门性活动。[1]
而地方性法规清理除具备法规清理的共性之外，还具有清理主体与清理对象的地方性色彩，即清理主体为地方性法规的制定者地方人大，清理对象为地方性法规而不涉其他。在此意义上，地方性法规清理则是指有权的地方立法主体在其职权范围内，根据经济社会发展的情况，依据一定的程序对一定时期和一定领域内的地方性法规进行梳理审查，确定其是否继续有效或需要加以修改、废止的活动。[2]

（二）地方性法规清理的性质

当前，关于地方性法规清理的性质主要包含立法活动说、准立法活动说、非立法活动说以及阶段立法活动说四种观点。立法活动说倾向于将法规清理界定为一种立法活动。其理由是"法的清理活动直接影响到被清理的规范性文件是否有效或是否需要进行变更"。[3]
就非立法活动说而言，多认为地方性法规清理的任务只是梳理而不是处理，处于效力无涉的活动。如侯淑雯认为："法的清理只是对法的效力状态进行确认，而并非直接加以效力变动的活动。"[4] 准立法活动说认为，清理工作提出的意见建议在经过法定程序批准后具有法的性质。[5] 就阶段立法活动说而言，认为法的清理根据所处阶段不同，其性质也有所区别。如周旺生认为法的清理分为梳理阶段和处理阶段，且只有在处理阶段才属于直接的正式的立法活动，原因就在于处理阶段直接涉及法的效力的变更和有无。[6] 尽管上述四种学说都具有一定道理，但本书倾向于将地方性法规清理定性为一项立法制度，这主要是基于如下考量：

近年来地方性法规清理制度启动越发频繁，地方性法规修改和废止的规模也越发庞大。作为一项能够引发批量性规范性文件效力变更的活动，往往牵一发而动全身，不仅关涉个别条款的变动，同时影响整个法律体系的和谐统一，稍有不慎还会对公民的基本权利造成侵犯。遗憾的是，2023 年《立法法》修订并未将法的清理纳入其中，也并未明确将清理作为引起法律法规修改和废止的触发情形，在缺乏《立法法》直接规制的情况下，伴随批量性地方性法规的修改和废止，极有可能会对社会主义法律体系造成冲击。在这种情形下，将法的清理定性为一项立法制度就尤为必要。一旦将地方性法规清理界定为一项立法制度，地方性法规清理则有了制度的依托。根据法的适用原理，即使地方性法规清理缺乏直接的《立法法》条款依据，但也并不影响将其纳入《立法法》原则的规制和考量范围内，最终使其符合现有的立法价值秩序。法律原则能够作为规则的来源或者基础的综合

---

① 周旺生著：《立法学》，法律出版社 2009 年版，第 507 页。
② 丁宾、吕心语著：《地方性法规清理研究》，东南大学出版社 2021 年版，第 20 页。
③ 黄文艺主编：《立法学》，高等教育出版社 2008 年版，第 112 页。
④ 侯淑雯主编：《立法学》，中国工商出版社 2003 年版，第 251 页。
⑤ 顾小荔：《谈谈法规清理》，载《人大研究》1995 年第 4 期。
⑥ 周旺生著：《立法学》，法律出版社 2009 年版，第 507 页。

性、稳定性的原理和准则。① 立法原则则是反映立法价值导向，直接地反映《立法法》价值和规律的体现。根据法理要求，一旦面临立法规则的空缺，立法原则就可以成功出场予以解围，以实现法的适应性。因此，应当将地方性法规清理定性为立法制度，通过我国《立法法》总则部分所确立的法治原则、科学立法原则、民主立法原则、依法立法原则等实现对地方性法规清理活动的充分规制，促使地方性法规清理始终在法治轨道内运转。

除此之外，之所以要将地方性法规清理制度定位为一项立法制度，是因为此处的"清理"并非静态意义上的，而是蕴含着"处理"的因素在内，包含着对现行法规效力的直接变动，是一种动态的"清理"。诚如上文所言，地方性法规清理是按照一定程序对特定时间和范围内的地方性法规进行审查，并决定所审查的地方性法规效力有无、是否需要修改、补充和废止的专门性活动，是直接产生法效力变更的立法活动。与之相应，立法制度最明显的特征便在于它能够产生法律效力的变动结果。正如周旺生所言："立法的主要特征更在于它是直接产生法和变动法的活动，是一项包括制定、认可、补充、修改和废止等一系列活动的系统工程。"② 从这一意义上讲，能否产生上述法律效力的变动是对地方性法规清理制度定位的关键所在。

（三）地方性法规清理的特征

第一，清理主体的特定性。我国《立法法》并没有明确规定地方性法规清理的主体，但是作为对现行有效地方性法规的主动审查，最终确定地方性法规是否能继续适用或是对其加以修改、废止的专门活动，地方性法规清理的主体必须具有特定性，不能任由国家机关或其他社会团体进行。因为对地方性法规实施主动审查并作出相应处理，意味着清理主体具有改变甚至撤销地方性法规的权力，很明显，这一权力只有地方性法规的制定主体才有。一般来讲，地方性法规具体由哪一个立法主体制定，那么相应的清理工作也应由其进行，也就是说，地方性法规清理的主体是地方人大及其常委会。

第二，清理对象的特定性。地方性法规清理应当针对现行有效的地方性法规。当然，在专项清理时，也可以是就某一特定领域内现行有效的部分地方性法规进行清理。

第三，清理程序的严格性。地方性法规清理应当严格依照法定程序，遵循国家机关的权限分工和清理工作要求进行，根据地方性法规文件系统化的需要以及地方性法规的规定进行。目前，各地关于地方性法规清理的做法各有不同，如浙江、福建、湖南、广东等省份规定的地方性法规清理程序、方式和步骤方面就不太一致，为保障清理工作有法可依、有章可循，地方性法规清理程序应当以法定的方式确定下来。

---

① 焦洪昌主编：《宪法学》，北京大学出版社 2018 年版，第 350 页。
② 周旺生著：《立法学》，法律出版社 2009 年版，第 30 页。

二、地方性法规清理的缘由

(一) 保障社会主义法制统一

维护法制统一是具有根本性的宪法原则。① 我国《宪法》第五条第二款规定："国家维护社会主义法制的统一和尊严。"法制统一是指国家所有的具有法律效力的文件能够形成一个效力等级体系，并且不会自相矛盾。自改革开放以来，我国始终将社会主义法制统一视为立法的基本战略。然而，受不同时期立法理念、立法技术等各种主客观因素的影响，社会主义法律体系内部的融贯性并未完全实现，尤其是随着地方立法权的下放，多元立法主体与社会主义法制统一之间难免存在一定张力，此时，通过开展地方性法规清理活动，就可以对我国现行法规范进行全面检视，并最终建立统一的规范秩序。事实上，透过立法清理的概念可知，地方性法规清理作为依据一定程序和标准，对特定法规范开展审查的专门性活动，本身就带有一定的"审查性质"，其间，通过"不抵触上位法""同位法相协调"等清理标准，可以对现行法律法规进行系统的梳理和判断，进而有效推动我国社会主义法制统一的实现。

(二) 引领和推动改革发展

正确处理立法与改革的关系，是新的时代条件下我国经济社会发展的客观要求。修订之后的《立法法》第九条明确规定："立法应当适应改革需要，坚持在法治下推进改革和在改革中完善法治相统一，引导、推动、规范、保障相关改革，发挥法治在国家治理体系和治理能力现代化中的重要作用。"当前，改革已经进入攻坚期和深水区。不少改革关涉的利益格局十分复杂，牵一发而动全身，迫切需要从体制机制上寻找问题根源和解决办法。立法作为法治建设的重要环节，既是调节社会利益的重要方式，也是凝聚社会共识、分担改革风险、推动改革深化的有效途径。在社会主义法治越发成熟的情况下，要使改革于法有据，就必须定期对地方性法规进行系统清理，但面临改革的逐渐深化，法的修改和废止程序显得越发捉襟见肘。相比之下，地方性法规清理的"包裹立法"与"打包处理"等机制，本身具备周期短、数量多、效率高等优势，一次立法清理活动的有效开展，可以实现对批量性法律法规的审查梳理和效力变动。事实也正是如此，地方性法规清理的高效性在改革过程中始终备受青睐，自 2014 年以来，为保障我国行政审批制度改革、军民融合制度改革以及生态环境保护等国家战略的顺利进行，我国中央与地方多次开展立法清理活动，其间，批量性的"打包处理"机制有效消解了法治与改革之间的张力，为推动立法与改革决策相衔接作出了重要贡献。

---

① 陈越瓯：《新时代法制统一的政法逻辑》，载《苏州大学学报（法学版）》2023 年第 1 期。

（三）提高地方立法质量

随着我国经济社会的高速发展，地方性法规数量逐渐增多，调整的社会关系愈加复杂，如何提升地方立法质量已然成为新时代社会主义法治建设的重要议题。① 一方面，地方性法规清理有助于消解规范与实践的张力。在这个高速变迁的时代下，立法与实践的张力也随之变大，当地方性法规需要修改、废止而不对其进行改进的时候，就会使地方性法规脱离社会的发展，从而失去生命力成为一纸空文，"过时的法规不清理，不再起到立法保障、推动作用，而是制约作用，有时比没有法规还差"。② 所以，开展地方性法规清理，在对地方性法规进行梳理的基础上，找出其中存在的问题并及时解决，有利于法律体系的不断完善。另一方面，地方性法规清理有助于提升地方立法的实施效果。受立法质量、立法技术等的限制，地方性法规本身往往存在很多的问题，如结构安排混乱、语言欠规范等，一定程度上影响了地方性法规的实施效果。随着地方性法规从注重数量到注重质量的要求转变，进行地方性法规清理就显得尤为重要。法律是需要"与时俱进"的，德沃金曾经断言："法律是一种不断完善的实践。"③ 通过地方性法规清理可以及时发现法规本身及其在实施过程中存在的问题，避免和减少地方性法规在实施过程中产生的不良影响，使地方性法规的实施能够取得良好的社会效果。

（四）统筹立改废释纂

党的二十大报告在全面依法治国整体部署中，特别提出了"统筹立改废释纂，增强立法系统性、整体性、协同性、时效性"。④ 立法作为一个系统工程包含多个子系统，其中，立改废释纂间相互串联、耦合，共同推动着立法生命周期的更替与交接。在社会主义法治越发成熟的情况下，此前粗线条的立法已经远远不能适应新的形势和新的变化。在各方面改革不断深入的大背景下，为使改革于法有据，法的修改和废止则更重要。但问题是，受制于普通立法程序严谨性，无论是开展的周期抑或涉及的规模，常规性的法的修改和废止活动已经远远不能满足新的情势。地方性法规清理作为一种高效的法规变动机制，则有效化解了这一尴尬。相比普通法的修改和废止活动，地方性法规清理有着周期短、数量多、效率高等诸多优越性，一次法规清理活动的有效开展，可以实现对批量性地方性法规的审查梳理和效力变动。在这种情形下，地方性法规清理就在"立改废释纂"间形成了充分的联动。一方面，通过开展法规清理，对相关规范性文件进行审查梳理，进而根据清理标准

---

① 黄建武：《论贯彻全过程人民民主促进高质量立法》，载《地方立法研究》2023 年第 3 期。

② 刘文学：《地方性法规"体检"凸显出开放品格》，载《中国人大》2010 年第 8 期。

③ ［美］罗纳德·德·德沃金：《法律帝国》，李常青译，中国大百科全书出版社 1996 年版，第 40 页。

④ 习近平：《高举中国特色社会主义伟大旗帜 为全面建设社会主义现代化国家而团结奋斗——在中国共产党第二十次全国代表大会上的报告》，载《人民日报》2022 年 10 月 26 日，第 1 版。

提出修改和废止的意见，实现从清理到修改废止的转变；另一方面，在梳理过程中，还可以对当下的立法情况进行查漏补缺和反思总结，这些立法经验教训也可以为后期立法解释、法典编纂积累经验。总之，地方性法规清理活动在整个地方立法体系中，所扮演的"立改废释纂"的联动者的角色越发重要。

三、地方性法规清理的依据

（一）宪法层面：社会主义法制统一条款

我国《宪法》层面并没有关于地方性法规清理的直接规定，但是《宪法》第五条第二款明确规定："国家维护社会主义法制的统一和尊严。"作为单一制国家，法律体系具备天然的同质性。"法制统一"条款决定了无论地方性法规包含何种价值倾向和选择，都必须要遵守社会主义法制统一这一基本要求。正如学者所言："无论创建怎样的法律，都必须围绕宪法所规定的内容进行构建法律体系大厦。"① 那么，何谓"法制统一"？赵乐际在全国地方立法工作座谈会上指出："中国特色社会主义法律体系是一个衔接配套、协调一致、和谐统一的整体。任何法律法规都不得同宪法相抵触，下位法不得同上位法相抵触，同一位阶的法律规范之间也不能相抵触。立法法等法律明确了立法权限和程序，规定了合宪性审查、备案审查等制度，目的就是维护国家法治统一、尊严、权威。"② 由此可见，从立法层面讲，法制统一是指任何形式的立法都必须符合宪法规范和宪法精神的要求，并在此基础上不抵触上位法并与同位阶法律相协调。从地方性法规清理制度运行初衷讲，地方性法规清理活动旨在通过对个别条款的审查实现整个法律体系的和谐一致，是对"法制统一"条款的直接表达，蕴含着对社会主义法规范和法秩序的遵守。这就充分表明了社会主义"法制统一"条款足以作为地方性法规清理的宪法依据。③

（二）立法法层面

时至今日，《立法法》并未给地方性法规清理提供直接的运行依据条款，因此就需要结合《立法法》的体系和精神加以引申。经过梳理可以发现"不抵触条款""立法引领性条款""地方立法先行权条款"在某种程度上为地方性法规清理提供了依据和空间。

1. 不抵触条款

根据《立法法》第八十条确立的"不抵触"原则："省、自治区、直辖市的人民代表

---

① 李龙、范进学：《论中国特色社会主义法律体系的科学建构》，载《法制与社会发展》2003 年第 5 期。

② 《赵乐际在山东出席全国地方立法工作座谈会并调研时强调 坚持稳中求进推动地方立法工作高质量发展》，载全国人民代表大会官网：http://www.npc.gov.cn/c2/kgfb/202309/t20230921_431847. html，最后访问时间：2023 年 10 月 15 日。

③ 周智博：《我国地方性法规清理制度研究》，中南财经政法大学 2019 年硕士学位论文。

大会及其常务委员会根据本行政区域的具体情况和实际需要，在不同宪法、法律、行政法规相抵触的前提下，可以制定地方性法规。"这就为地方性法规清理提供了《立法法》层面的证成。具体而言，"不抵触"原则包含立法权限不抵触、立法内容不抵触以及立法价值不抵触这三个方面："立法权限不抵触"是指地方立法主体必须谨遵立法权限，不能超越既有的权力框架和界限；"立法内容不抵触"是指地方性法规在内容上不得与上位法相冲突，不得违反上位法律和行政法规的具体规定；"立法价值不抵触"是指地方人大立法必须与上位法的立法原则和目的相一致，符合上位法的价值引领。那么如何才能对上述不抵触原则加以具体落实呢？正如部分学者认为："秉持地方性法规与上位法之间不抵触原则，关键在于与上位法抵触纠正机制的确立。"[1] 普通的备案审查并不能够从根本上杜绝抵触情形的出现，尤其是随着设区的市人大获得地方性法规的制定权，传统的备案审查早已不堪重负。而通过开展地方性法规清理，由地方立法机关对自身立法进行监督，按照上述条款所确立的"不抵触"原则切实对地方性法规进行方面的审查，相比之下是最直接和有效的纠正机制。因此，从这种意义上讲，地方性法规清理活动是地方人大积极落实"不抵触条款"的表现。

2. 立法引领性条款

地方性法规清理制度本身蕴含着立法的引领性功能。党的十八大以来，习近平总书记多次强调要推进依法治国、建设社会主义法治国家，实施科学立法、民主立法，提高立法质量。党的十八届四中全会提出："建设中国特色社会主义法治体系，必须坚持立法先行，发挥立法的引领和推动作用，抓住提高立法质量这个关键。"在此后《立法法》修订过程中，"发挥立法的引领与推动作用"被正式纳入《立法法》第一条，这标志着立法引领性功能业已成为新时代立法工作的一个重要课题。当前，中国特色社会主义法律体系已经形成，经济社会各个方面业已实现了有法可依。地方立法是社会主义法治建设的重要内容，是国家法律体系的组成部分，在此期间，地方立法始终被赋予调和法治与改革之间张力的使命，这也就决定了立法引领性功能的发挥势必要将规范改革作为一项关键的价值表达。正如刘松山所言："大凡用立法引领推动的基本都是改革。"[2] 石佑启也同样认为，以法治主义引领立法理念转变，以法治思维和法治方式协调立法与改革决策的关系，实现二者的良性互动与有效衔接。[3] 申言之，地方立法不仅是推动国家治理体系和治理能力现代化的核心动力，本身也处于改革、法治与发展的动态关系之中，与之相应，地方性法规清理则在一定程度上担负着立法的引领性功能，即既可以对国家法律进行细化和补充，又可以在一些领域为国家先行立法积累经验，对于更好执行国家法律以及促进地方改革发展具有不

---

[1]　张婷：《"不抵触原则"在地方人大立法的适用研究》，载《政法学刊》2016 年第 6 期。

[2]　刘松山：《人大主导立法的几个重要问题》，载《政治与法律》2018 年第 2 期。

[3]　石佑启：《论立法与改革决策关系的演进与定位》，载《法学评论》2016 年第 34 卷第 1 期。

可替代的作用。

3. 地方立法先行权条款

现行《立法法》第八十二条第三款规定："除本法第十一条规定的事项外，其他事项国家尚未制定法律或者行政法规的，省、自治区、直辖市和设区的市、自治州根据本地方的具体情况和实际需要，可以先制定地方性法规。在国家制定的法律或者行政法规生效后，地方性法规同法律或者行政法规相抵触的规定无效，制定机关应当及时予以修改或者废止。"因为地方立法先行权存在着一定程度上的探索性、先行性等固有属性，当有关法律或者行政法规制定后，难免会出现地方先行立法不完善、与上位法之间存在不一致甚至抵触上位法等问题，继而部分地方性法规也就面临着需要清理的问题，即新的法律或者行政法规一旦生效，地方立法主体必须就此前的先行立法内容进行审查，将与之抵牾的内容予以修改，否则将直接导致先行立法内容的无效。这就意味着地方先行立法权并非产生了新型的立法体例，其仍是以地方性法规这一立法形式来作为载体存在的。地方立法先行权的行使亦拥有限制，即"地方先行立法权从属于国家立法权，先行性法规从属于法律、行政法规"。① 换言之，地方先行立法权必须在宪法和法律规定的权限内，一旦中央层面颁布相关立法，地方立法机关就必须对现行立法展开清理活动，查看是否有抵触上位法的情况出现。在这种情形之下，必须有相应的监督机制来对地方先行立法权进行规制，而地方性法规清理机制可以将此项权力进行充分限定，确保地方先行立法权在法治轨道内运行。

四、地方性法规清理的运行程序

（一）地方性法规清理的主体和权限

地方性法规清理的主体是指在法规清理过程中承担权利义务的组织和个人。地方性法规清理是立法主体的一项职权活动，应当具有确定性且应由享有立法权的主体所组成。因为法的清理结果可能涉及对某些法的废止，所以法的清理主体的确定一般遵循"谁制定，谁清理"的原则。② 这种观点基本上是在地方性法规清理属于立法活动性质的前提下进行定位的，主张清理行为和制定行为应符合主体上的同质性。除此之外，也有学者认为应该根据地方性法规清理的实施主体和参与主体来对地方性法规清理的主体进行界分。具体而言，地方性法规清理的主体，也即地方性法规清理中权利义务的承担者，包括地方性法规清理实施主体和参与主体等。地方性法规清理实施主体，是指依法有权实施地方性法规清

---

① 李店标：《论地方先行立法权》，载《南华大学学报（社会科学版）》2009 年第 4 期。
② 刘莘编：《立法法》，北京大学出版社 2008 年版，第 287 页。

理的组织，包括地方性法规清理实施机关和实施机构。① 其中地方性法规清理实施机关，是指依法有权组织地方性法规清理活动的地方立法机关，如省人大及其常委会。而地方性法规清理实施机构，是具体从事地方立法清理工作的组织，可以是地方立法机关的内设机构或办事机构，如省人大常委会办公厅。地方性法规清理参与主体，是地方性法规清理实施主体之外，参与地方性法规清理过程，对地方性法规清理结果产生一定影响的组织或个人，如公民、专家、社会团体等。

在地方性法规清理的权限方面，需要遵守法律保留原则，即在清理制度运行过程中，必须根据法律保留原则确定各立法主体的权力边界。"为有效防止立法过程中的部门本位和地方保护主义，必须规范立法权限，合理界定各方立法的权限范围和议事程序"②，保证各权力机关在各自的权限范围内开展法规清理。这就要求清理主体必须谨守自身的清理权限，在自己的职权范围内进行法的清理，谨防地方立法主体以清理之名介入法律保留的范围，违背社会主义法制统一的原则。

（二）地方性法规清理的程序

由于涉及法律效力的变动，因此立法必须遵循的法定步骤和方法，即立法程序，这些立法程序大体遵循着从法案到法的演进逻辑，通过特定程序保障，立法活动才得以规范运转。同理，地方性法规清理由于能够使批量性的地方性法规效力发生变动，因此其必须遵照特定的程序进行，从而符合从法案到法的基本要求。通过对地方性法规清理的实践考察，其基本遵循着法案提出、审议、表决和公布这几道程序，与法的制定和修改程序别无二致。

虽然我国各地清理地方性法规的程序不完全相同，但是存在一定的相似性。我国目前的地方性法规清理的程序主要可分为以下四个阶段：

1. 启动阶段

这是地方性法规清理的起点，启动的原因也有很多种，包括定期清理、法定清理、人大代表议案和建议、执法检查、立法后评估等。经梳理可以发现，各地地方性法规清理的启动与国家有关政策制度改革关系紧密，如因加入 WTO 而进行的大规模地方性法规清理，因国家行政审批制度改革而进行的有关行政审批项目的集中清理，为解决军民融合发展的突出矛盾和现实问题而开展的专项清理。各地对清理的启动基本遵循"谁制定、谁清理"的原则，清理启动权始终由地方人大常委会掌握。

---

① 周旺生著：《立法学》，法律出版社 2009 年版，第 507 页。
② 封丽霞：《新时代中国立法发展的理念与实践》，载《山东大学学报（哲学社会科学版）》2018年第 5 期。

2. 梳理阶段

梳理阶段的成效关乎整个地方性法规清理的效果和质量，也决定着清理结果的公正与客观。实践中，梳理阶段的主体构成主要有人大主导、政府主导以及社会公众参与几个类型。在人大主导型中，地方性法规梳理由人大常委会负责，常委会法制工作委员会进行组织协调，法制工作委员会对各部门提出的意见建议进行梳理汇总分析。政府主导型是由政府法制办牵头负责并安排相关事宜，形成梳理草案后提交人大常委会审议，地方人大不参与其过程。还有一种模式是公众参与型，梳理工作不完全由人大或者政府组织实施，同时也会邀请类似高校、科研院所等第三方机构团体共同参与地方性法规清理的梳理工作。

3. 审议阶段

这一阶段相比其他阶段有一些不同或者特殊之处，一是省级地方性法规清理审议与设区的市清理审议的表现形式不同，二是审议阶段具有一定的监督效果。所谓审议阶段的表现形式不同，是指省级的审议一般包括分组审议与统一审议，在统一审议前，通常会通过座谈会、论证会等形式收集意见建议并形成初步清理草案，然后法制工作委员会再逐一审查分组审议报告，最终向地方人大常委会提交正式的审议情况报告。与省级审议程序不同的是，设区的市除了分组审议、统一审议外，还有一轮外部审议，即省级人大常委会的审查批准环节。[1]

4. 处理阶段

处理阶段在地方性法规清理中的作用至关重要，因为其决定了地方性法规清理的性质，内容涉及地方性法规的效力变动以及其他相关立法制度的互动衔接。在处理方式上，对地方性法规的修改、废止，一般采用"包裹立法"的地方性法规清理方式，在节约地方立法资源、提高清理效率的同时，也能够提升地方性法规清理的实效。实践中，一般会由常委会全体予以表决通过并适时公布，只不过由于涉及的地方性法规修改和废止数量较多，地方人大一般是以"立法决定"的形式作出。[2]

（三）地方性法规清理的方式

1. 全面清理与专项清理

以清理的领域为标准，可以将地方性法规清理制度分为全面清理与专项清理。所谓全面清理，顾名思义，就是将现行有效的全部地方性法规都纳入清理范围，并进行全面

---

[1]　丁宾、吕心语著：《地方性法规清理研究》，东南大学出版社 2021 年版，第 25 页。

[2]　周智博：《我国地方性法规清理制度研究》，中南财经政法大学 2019 年硕士学位论文。

的梳理、审查和处理。全面清理通常具有三大特点：其一，全面清理的背景较为复杂。全面清理通常意味着国家社会状况发生较大变化，涉及对经济基础和上层建筑的全面调整，因此所涉及的地方性法规范围较广，不得不进行全面审查以满足多元的立法需求。比如2001年为了全面履行入世承诺，协调法规范冲突，适应市场经济和全球化的需要，不得不对全国的地方法规进行一次全面修缮。其二，全面清理的时间跨度较长。在时间推移的过程中，地方性法规积蓄的问题越来越突出，很有可能冲击社会主义法制统一，侵犯公民基本权利。正是基于这种不特定性的风险和隐患，因此很有必要将"年久失修"的地方性法规纳入清理范围。比如，在2010年社会主义法律体系初步形成之前，我国基本上未对地方立法进行反思和重构，为了排除不特定的干扰，有必要对法体系进行系统检视。其三，全面清理的标准较全面和抽象。为了对所有领域的地方性法规进行清理，全面清理标准的设定相对专项清理往往较全面和抽象，以期能够迎合不同立法领域的清理需求。

所谓专项清理，通常指清理范围有限，并不涉及全部地方性法规，而是集中对某一特定领域之内的地方性法规进行清理的类型。在清理实践中，专项法规清理也逐渐取代了全面法规清理的位置。如果说全面清理是一种粗犷式的清理类型，专项清理则明显更精细和缜密。专项清理一般具有如下特征：其一，专项清理的涉猎领域有限。与全面清理不同，专项清理通常只伴随国家特定领域的改革，改革的范围和幅度很大程度上决定了法规清理的面向，即法规清理只能对特定领域的法规进行清理。比如2016年为了推动国家行政审批制度改革，各地普遍对行政审批方面的地方性法规进行专项清理，再如2018年为了顺应国家军民融合改革需要，各地同样只对相关领域的地方性法规开展专项清理。其二，专项清理的梳理标准特定。由于清理面向特定领域，因此清理标准往往具有专业性的色彩。比如在生态环境保护专项地方性法规清理之中，清理标准的设定就具有生态性特点，如"故意放水""降低标准""管控不严"等。

2. 事前清理与事后清理

以清理的时机为标准，可以将地方性法规清理制度分为事前清理与事后清理。所谓事前清理，是指出于某种必要，在法律或者行政法规的法案生效前，对与其不一致的相关地方性法规进行清理的活动。事前清理在欧美国家较普遍，这些国家一般会在制定或者修改相关法案的过程中，为避免新旧法案之间不必要的冲突，往往以新修订的法案为标准，对相同领域内的其他规范性文件进行全面的梳理。目前我国地方性法规清理实践中，事前清理的案例只发生在《行政处罚法》《行政许可法》这两部法律颁布的过程中，其间，这两部法律明确要求此前制定的规范性文件与本法相抵触的，适时参见本法进行清理。总体上，事前清理有以下几个特征：其一，在启动原因上，多是因为新法案的出台会与既有的地方性法规发生较多冲突，因此为了避免这种摩擦，有必要及时开展清理活动。其二，在启动时间上，事前清理的启动时间有着明确限制，一般会在法案正式生效之前启动。其三，在清理标准上，事前清理的标准较为单一，基本以将要出台的法案作为梳理标准，凡是与之抵触的条款必须予以调整。

所谓事后清理，是指在相关法律规范文件已经实施一段时间之后再启动地方性法规的清理活动。这种清理类型与事前清理刚好相左。首先，在启动原因上，地方性法规清理的启动并不受新出台法案的影响，更多是出于改革的临时需求。其次，在启动时间上，受制于临时性的改革需求，清理往往呈现出不特定性。最后，在清理标准上，其设定较宽泛，并不会单独以某一部法案作为整个地方性法规清理的标准。事后清理类型在实践中往往扮演着重要的角色。虽然事前清理与事后清理面向不同的清理需求，但是相较而言，事前清理是较成熟的清理机制，这种清理类型可以最大程度上减少法体系之间的抵牾情形，因此更适合作为法律制定或者修改的配套机制。

3. 定期清理与不定期清理

以清理的启动是否定期为标准，可以分为定期清理与不定期清理。所谓定期清理，是指在固定期限内按时开展法规清理，以此来满足社会主义法体系的统一性。相比而言，定期清理是一种较成熟的清理方式，能够极大满足清理常态化的需要，通过对现行地方性法规的定期清理，能够及时将"问题法规"予以修改和剔除，间接承担了地方性法规的出口功能。由于这种清理类型较成熟，目前欧美等发达国家在基本形成固定的清理期限，比如美国的《1980 年管制灵活性法》就明确规定了规章定期审查的主体、范围、目的、计划机制、审查周期等应注意的问题。①

所谓不定期清理，是指地方性法规清理在启动时间上并无固定规律可循，启动前后的间隔以及频率都是不特定的。当前，我国地方性法规清理基本上属于不定期清理，以近年地方性法规清理为例，就先后经历了行政审批制度专项清理、生态环境保护专项清理、军民融合制度专项清理以及国家机构改革专项清理等，且这几次清理在启动时间上并无特定规律。采用不定期清理的根本原因在于满足改革的临时需要，促使改革于法有据，而改革本身就兼具动态性以及不确定性的特征。

可以看出，不同的地方性法规清理方式各有特点，实践中一般会结合特定需要采取不同的清理类型，目前主要以专项清理、事后清理和不定期清理为主。但从建构常态化和规范化的地方性法规清理制度出发，应当积极发展以专项清理为主，事前清理与定期清理相结合，从而将我国地方性法规清理制度纳入法治轨道。

---

① 申海平：《美国联邦规章的定期审查制度及启示》，载《东方法学》2009 年第 3 期。

【事例分析】

一、地方性法规清理的问题分析

（一）地方性法规清理的主体——相对单一

目前立法并没有对清理实施主体作出明确的规定，但考察各地清理实践，其清理实施主体都是省、设区的市人大及其常委会。从学理内涵来说，地方性法规清理属于一项立法活动，其清理实施主体必须是法的制定主体而不能是其他。就地方性法规清理而言，省、设区的市人大及其常委会是唯一的清理实施主体。

人大主导立法是民主立法的重要体现。《立法法》第五十四条规定："全国人民代表大会及其常务委员会加强对立法工作的组织协调，发挥在立法工作中的主导作用。"与之相应，在地方立法过程中，地方人大同样应切实发挥立法的主导作用。地方性法规清理制度往往是对地方共同体意志的变更和重塑，始终需要充分的正当性和民主性来作为支撑，因此，为了保障地方性法规清理制度的正当性基础和公正性品质，寻求清理的民主性和科学性，必须将清理权力限制在地方民意代表机关手中，维护享有立法权的地方人大在清理过程中的主导地位。诚如毛雷尔所言，地方性法规作为地方共同体意志的集中表达，只有代表人民利益的代议机关才能够对共同体利益作出决定。① 值得一提的是，将地方性法规清理制度的主体牢牢限定在省级以及设区市的人大及其常委会手中，根本上是要求地方性法规清理制度的运行始终必须由地方人大来主导，并不排斥立法的民主参与。

虽然我们一再强调不能排斥公众参与，但是这一理念在实践中仍被片面化理解，狭隘地认为地方性法规清理从始至终只能由地方人大启动，忽视了除此之外尤其是普通公民的特定清理诉求。需要明确的是，清理启动权具备主动与被动的双重属性，既可以由享有清理启动权的主体自发启动，同时亦可由其他主体向享有清理启动权的主体动议而启动。申言之，地方人大的清理启动权与其他主体的启动建议权这两者是可以并行不悖的。然而就现实观之，基本不存在由公众动议引起的地方性法规清理，大多是由省人大常委会启动的"自上而下"型的清理，虽有少数地方在"立法条例"中赋予了公民提请建议的权利，但实际上清理的启动和动议基本上是被人大常委会以及政府垄断的，作为利害关系人的普通公民却被排除在外。缺少公众对于清理启动的动议，很有可能使地方性法规清理缺乏民主性。同时，这种"自上而下"的供给式清理模式很容易忽视普通大众的立法需求，使清理供给与社会立法需要脱节。

（二）地方性法规清理的标准——模糊笼统

地方性法规的清理标准在某种程度上决定了地方性法规的命运，对于同一清理对象，

---

① ［德］哈特穆特·毛雷尔著：《行政法学总论》，高家伟译，法律出版社 2000 年版，第 105 页。

不同的清理标准常常会导致不同的清理结果。实践中，地方立法机关常常会从理性经济人的视角出发来设定梳理标准，致使地方性法规清理的标准设定十分模糊和笼统。而标准意涵的确定是梳理工作的前提和基础，其标准设定清晰与否直接关系到后期清理的实际进展。纵观各地的立法条例以及清理实践，所采取的不抵触上位法、与同位阶法规相协调、与社会经济相适应、具备立法操作性等标准，看似简单易行，实则由于缺乏基本释义，很难在清理实际操作中予以明晰把握。

比如本次湖北省地方性法规清理的内容包括与党中央有关决策部署和精神不一致、不符合新发展理念的；与国家法律法规不适应、不协调、不衔接的；不符合国家和省委有关要求的；不符合经济社会发展需要以及人民群众反映强烈的"痛点""难点""堵点"问题。那么，"不一致"具体意涵为何？"不适应"该如何判定，具体包含哪些情形？"不协调"又指代什么，实践中又该如何认定？广东省亦是如此，以2018年"军民融合发展法规文件清理"为例，根据《中共广东省委办公厅广东省人民政府办公厅关于开展军民融合发展法规文件清理工作的通知》，其清理标准有四点：不适应国防和军队现代化需要的，不符合军民统筹要求的，不利于公平竞争的，法规规章文件不衔接、不配套的。这四个标准涉及国防、军队、市场监管等诸多管理领域，其语言非常高度概括抽象。这种模糊的清理标准，不仅在清理实践中难以理解和落实，而且不同清理人员会有不同的认知，会造成相关清理工作的随意性、差异性。同时，这种由国家自上而下依据政策标准进行清理，布置的清理任务往往是全国性任务，中央与地方同时启动，但地方法规、规章普遍依据国家法律、行政法规制定，在后者未修改、废止的前提下，地方往往不敢贸然对前者进行修改和废止，以至于面对清理任务无所适从。

总之，清理标准的不清晰给清理实践带来了巨大的隐患。地方立法清理标准的不明确，极易造成地方性法规与现实的不适应，影响地方立法与地方经济社会发展的协调统一；造成国家政策与上位法冲突的选择难题，影响地方立法与上位法的和谐统一，损害法律法规的严肃性；造成不同地区地方立法清理质量参差不齐，影响区域协调发展。

（三）地方性法规清理的方式——缺乏制度化

本次湖北省地方性法规清理工作的方式是典型的不定期清理，也就是在中央法律政策出台后，根据中央精神要求发起的清理。采用不定期清理的根本原因在于满足改革的临时需要，促使改革于法有据，而改革本身就兼具动态性以及不确定性的特征。然而，不定期清理虽然具有灵活性、即时性的优点，但如将不定期清理作为唯一的清理方式，则其优势可能转化为劣势，使得法规清理过于运动化、缺乏确定性，最终不利于建立法规清理的长效工作机制。

在地方立法清理实践中，不定期清理这种常态化的非制度化运动式清理，不仅需要花费地方立法机关大量人力、物力，在一定程度上挤占了进行制度化清理的生存空间，而且会强化地方立法机关对地方立法清理的观念误区，认为地方立法清理不是立法活动，只是一种临时性任务，甚至是一项政治性任务，因而缺乏制度化的必要性，更不必依制度行使，仍会带来诸多问题。"当前的法规清理作为一项立法完善方式既未成为法定的制度性实践，在实践中也并没有达到理想的状态。法规清理工作应有的维护法制统一，消除法律冲突的作用发挥相当有限。"①

二、地方性法规清理的完善对策

（一）赋予公民清理动议权

赋予公民清理动议权不仅是宪法赋予公民的一项法定权利，更是全过程人民民主立法的延伸和展开。作为一项立法活动，地方性法规清理理应遵循《立法法》蕴含的价值秩序，符合民主立法的要求。就清理实践观之，启动阶段的民主化设计尤为迫切和必要，这直接关系到整个清理结果的客观和公正。因此，应当在启动阶段嵌入依申请启动的清理模式，即赋予普通公民适当的清理动议权，以此来保障地方性法规清理体现人民意志。

1. 建立依申请启动模式的理由

首先，赋予普通公民清理动议权具有法定性。"民主是积极鼓励公民参与的制度，参与权是最基本的权利。"② 根据《宪法》第二十七条第二款③、第三十五条④以及第四十一条第一款⑤。上述国家机关密切联系群众的义务、公民的言论自由权以及批评建议权，为公民表达政治意愿提供了充分的宪法依据，也明确了国家机关的义务。不仅如此，新修订的《立法法》第六条更是明确规定："立法应当坚持和发展全过程人民民主，尊重和保障人权，保障和促进社会公平正义。立法应当体现人民的意志，发扬社会主义民主，坚持立法公开，保障人民通过多种途径参与立法活动。"这充分表明公民有权对存在问题的地

① 戈含锋著：《法律责任的立法研究：基于中国立法文本的分析》，经济日报出版社2015年版，第88页。

② 焦洪昌主编：《宪法学》，北京大学出版社2018年版，第350页。

③ 《宪法》第二十七条第二款规定："一切国家机关和国家工作人员必须依靠人民的支持，经常保持同人民的密切联系，倾听人民的意见和建议，接受人民的监督，努力为人民服务。"

④ 《宪法》第三十五条规定："中华人民共和国公民有言论、出版、集会、结社、游行、示威的自由。"

⑤ 《宪法》第四十一条第一款规定："中华人民共和国公民对于任何国家机关和国家工作人员，有提出批评和建议的权利；对于任何国家机关和国家工作人员的违法失职行为，有向有关国家机关提出申诉、控告或者检举的权利，但是不得捏造或者歪曲事实进行诬告陷害。"

方性法规向人大反映，且人大有义务给予回应。而提请地方性法规清理亦是一种表达意愿的方式，因为提请清理同时意味着对地方性法规进行修改、补充和废止的可能，对此，针对这一意愿，地方人大必须进行回应，否则构成立法的不作为。

其次，赋予普通公民清理动议权具有受益性。分享权力本身是一种权力的相互控制。[①]地方性法规清理权作为一种立法权同样蕴含着控制的因素在内。实践中依职权启动清理的同时还意味着对法规清理这项公共服务的垄断，很容易形成制度供给的扭曲和错位，即清理是否启动、启动时间以及启动事项严重偏离社会主体的需求，容易导致意愿表达和利益诉求的单一化，造成民众利益的流失，或是因为清理主体的立法不作为，致使公民的基本权利受损。一旦赋予公民启动动议权，则可以有效解决上述隐患，避免因为清理制度供应偏颇带来对公民基本权利的侵犯，使地方性法规清理能够更加全面客观地体现民意。

最后，赋予普通公民清理动议权具有科学性。"立法的程序正义表现在立法的公正、公平和公开。"[②]一方面，赋予公民提请地方性法规清理的动议权可以充分弥补职权启动模式下公权力视野的盲区，公民作为利害关系人往往能够更加直观地获取地方性法规的实施情况，促使地方性法规清理的启动更加具有针对性和导向性。另一方面，"谁制定，谁清理"的职权启动模式带有严重的主观色彩，这种主观性促使人大会为法律的低效和无效做辩护。而相比以往职权启动模式的主观性，公民申请启动可以使清理结果更加公正，更让人信服。总之，治理是各种公共的或私人的个人和机构管理其共同事务的诸多方式的总和，它是使相互冲突或各不相同的利益得以调和并采取合作行动的持续过程，强调上下互动、合作协商。唯有通过公民切实地参与，地方性法规清理才能更好地发挥治理的实效。

2. 依申请启动模式的程序设计

首先是启动主体的范围。任何公民、法人、其他组织认为地方性法规需要清理，都可以向地方人大提出启动地方性法规清理的请求，且人大必须按照规定予以回应和处理。同时应该在此基础上建立利害关系人制度，防止申请启动主体因为滥用动议权而带来的负面影响。

其次是启动对象的范围。其一，申请清理对象的范围必须存在抵触上位法、不适应经济和社会发展情势、不具备可操作性以及与同位法不相协调的情形。其二，所清理的

---

①　［美］卡尔·罗温斯坦：《现代宪法论》，王锴，姚凤梅译，清华大学出版社 2017 年版，第 34 页。

②　方世荣：《论公众参与地方立法的理论基础及现实意义》，载《湖北行政学院学报》2005 年第 5 期。

地方性法规必须步入实施阶段，而不能是尚未表决通过的法规。其三，要求清理的对象应该具有针对性，可以是整部地方性法规，同时也可以是地方性法规中的部分章节、条款。

再次是申请启动的方式。就启动方式而言，既可以直接申请方式提出申请，亦可以间接申请方式提出申请。直接申请方式是指申请人通过递交清理启动申请书向受理机关发出清理意愿的行为。至于申请书的形式，为适应简政放权和高效便民的要求，可以互联网形式申请为主。间接申请方式是指申请人在法定启动主体引导下提出清理申请的行为。一般发生在职权启动期间，为广泛吸收民意，应通过信息公开、听证会、座谈会等形式积极引导利害申请人表达意愿。不论以哪种形式，在启动申请中都应当列明申请人相关身份信息、申请对象、具体理由以及证明材料。

最后是有关受理与回应。当事人的启动申请应该向地方性法规的制定者地方人大提出，但由于地方人大的会期限制，可向地方人大常委会抑或法制委员会提出申请。对于当事人的申请，受理机关应该在法定时限内给予积极回应，回应需通过盖有单位公章的书面方式进行，且需列明是否回应以及不回应的理由。①

(二) 明确地方性法规清理标准的具体内涵

地方性法规清理必须在一定框架下进行，而最明显的框架就是梳理标准的设定，它给清理行为提供了明确的边界，是防范清理恣意的有效途径。当前，亟待明确各个梳理标准的意涵，从而确保地方性法规清理制度有效运行。

1. 不抵触上位法

不抵触上位法，主要是指纵向之间的立法冲突，即地方性法规不得与上位法相违背。《立法法》第八十条规定："省、自治区、直辖市的人民代表大会及其常务委员会根据本行政区域的具体情况和实际需要，在不同宪法、法律、行政法规相抵触的前提下，可以制定地方性法规。"此处的不抵触包括三层意涵：一是立法精神、立法理念以及立法原则上的不抵触，二是立法内容的不抵触，三是立法权限不抵触。此处的上位法，则是指在地方性法规位阶之上的宪法、法律、行政法规，特定情形下还包括全国人大常委会以及国务院相关的立法决议和命令。地方性法规清理实践中，对于不抵触上位法这一梳理标准应该遵循如下思路：首先要进行立法权限的考量，即是否有超越地方性法规的立法权限，僭越宪法保留和法律保留事项。其次是进行立法理念的考量，即地方性法规在立法理念、立法精神以及立法原则上是否符合上位法的基本方向。最后才进行立法内容的判断，即逐条梳理地方性法规的具体条款，考察是否出现与上位法不一致的地方。

---

① 周智博：《我国地方性法规清理制度研究》，中南财经政法大学 2019 年硕士学位论文。

2. 与同位法相协调

与同位法相协调是区域协同发展的重要要求，十四届全国人大常委会立法规划指出，"贯彻落实党中央决策部署，对推进全面深化改革，实施区域协调发展战略和区域重大战略"。① 同样，修订后的《立法法》第八十三条规定："省、自治区、直辖市和设区的市、自治州的人民代表大会及其常务委员会根据区域协调发展的需要，可以协同制定地方性法规，在本行政区域或者有关区域内实施。省、自治区、直辖市和设区的市、自治州可以建立区域协同立法工作机制。"所谓与同位法相协调，主要是横向之间的立法冲突，即地方性法规不得与同位阶的法规相抵牾。根据公共选择理论，立法主体作为理性经济人，时常以本部门或者本地区的利益最大化为立法导向，致使不同领域、不同区域之间的地方性法规时常出现摩擦，给地方执法和守法也带来了不必要的障碍。在这种情形下，地方性法规清理有义务剔除相同位阶之间的冲突条款，以此保障法秩序的统一和稳定。根据协调对象的不同，这一地方性法规清理的梳理标准主要包括两方面内容：一是对本省市地方人大及其常委会制定的地方性法规进行协调，二是和本省市之外的地方性法规进行协调。考虑到当下立法冲突选择机制的不成熟，应将前者作为地方性法规清理实践的主要考量标准，并重点考察那些由行政机关起草的地方性法规。

3. 与社会经济环境相适应

与社会经济环境相适应，是指立法必须符合时下社会经济的发展形势，不能过于超前也不能一度落后。《立法法》第七条第一款规定："立法应当从实际出发，适应经济社会发展和全面深化改革的要求。"地方性法规作为地方社会经济发展的调整枢纽，同样不能例外。然而，较之于不抵触上位法，与社会经济环境相适宜则很难进行把握。为了提升这一梳理标准的可操作性，本书认为应该把握以下两方面：一是要立足于国家改革文件，进行文本审查。这也是实践中最普遍的做法，改革文件往往是对社会经济适应性的直接反映，故而相对而言更具有操作性。二是要强化清理参与，通过拓展清理参与渠道，捕捉有效信息，注重对执法机关以及普通公民、组织的信息收集，作为执法者和守法者，长期处于法规实施一线，他们对于地方性法规的适应性最敏感，对于这一标准的认知也更为清晰。

4. 具备立法操作性

立法操作性，是指地方性法规作为上位法律、行政法规的实施细则，某种意义上如同是在制定一部如何使用上位法的说明书，规则具体、指向明确应当是地方立法的价值所

---

① 《十四届全国人大常委会立法规划》，载全国人民代表大会官网：http://www.npc.gov.cn/npc/c2/c30834/202309/t20230908_431613.html，最后访问时间：2023 年 10 月 15 日。

在。也正是如此，"不抵触、有特色、可操作"一直以来都被地方立法机关奉为圭臬，《立法法》第七条第二款更是对此加以进一步细化，即"法律规范应当明确、具体，具有针对性和可执行性"。地方性法规清理作为地方立法的一次"体检"，对于立法可操作的意涵必须予以重视。具体而言，在依据可操作性标准进行梳理时应该"坚持问题导向，努力让法律条文明确具体，注重立法的精细化，科学设定法律规范，精准设计制度，增强制度的可执行性、可操作性"。①对于地方性法规中的权力、权利以及责任条款尤其要进行重点考量。

5. 符合立法技术性要求

立法技术作为立法活动中所遵循的操作技巧和方法，它的成熟、完善与否在相当程度上制约着法律的实效。② 中国当代立法技术发展到今天，已经积累了大量实践经验和理论素材，到了可以梳理出理论和规律的前夜。本次《立法法》修订，明确于第六十五条新增了第四款，即"全国人民代表大会常务委员会工作机构编制立法技术规范"。一套成熟的立法技术无论是在法律结构、法律语言或是法律逻辑方面都是科学严谨的。因此，地方性法规清理在梳理过程中亟待将系统科学的立法技术注入梳理标准，从而将地方性法规清理的实效性加以最大程度地发挥。作为现实回应和理论架构，立法技术原则应涵摄如下内容：就地方立法的结构要素而言，相比于系统全面的法律和行政法规，地方性法规在结构方面并不需要面面俱到，过于贪大求全只会在无形中消解地方立法的可行性。就地方立法的语言而言，在对地方性法规进行梳理时需要严格衡量立法语言与普通语言的共通性、地方立法语言自身的特殊性以及地方立法语言与整个社会主义法制语言的统一性三个方面，避免出现过犹不及的情形。就地方立法逻辑要素而言，在对地方性法规进行梳理过程中需要对自身立法内容前后的一致性以及自身与其他规范之间内容的和谐性进行斟酌。总之，地方性法规清理必须将上述立法技术原则渗透到清理标准中，以此更好地提升地方立法质量。

（三）健全地方立法定期清理制度

所谓定期清理制度，是指根据地方性法规的生命周期，设置一个合理的清理时限，待到周期一满就启动地方性法规清理的制度。这种制度的最大优势在于符合地方性法规的运行规律，能够有效克服运动式清理启动模式下的无序状态，避免因为错过最佳清理时机而造成的清理滞后和资源浪费，是实现清理法治化的关键所在。由概念可知，清理周期的确定是建立定期清理制度的关键。那么如何才能确定符合法律生命运转周期的时间呢？笔者认为可将有效期制度的时间节点作为参考依据。有效期制度在法治发达国家通常被形象的

---

① 李适时：《新时代立法工作的新成就、新特点》，载《中国人大》2018 年第 2 期。
② 高中、廖卓：《立法原则体系的反思与重构》，载《北京行政学院学报》2017 年第 5 期。

称为"日落条款",它指的是"法律或合约中部分或全部条文的终止生效日期"。① 法律有效期制度所蕴含的是对法律生命周期规律的尊重,是法在实现目的的前提下自身调节适应社会现实所需的时间,与地方性法规清理制度殊途同归。为了实现清理制度的强化管理与确认效力功能,有必要在完善地方性法规制度的过程中,结合考虑地方性法规的最长有效期,来合理设定比最长有效期相对较短的定期清理间隔期。根据上海市地方立法后评估课题组 2009 年对本市 142 件现行有效的法规进行的研究,法规修订频率最高的区段为 3 年,法规修改周期(基本生命周期)为 2~6 年,法规平均修改频率为 3.94 年/次。② 可见,每 1~2 年启动一次地方性法规清理,基本符合法规的生命周期,足以为地方性法规清理的常态化运行提供制度保障

【延伸探讨】

2012 年至 2014 年,中央办公厅等 50 多个部门对中华人民共和国成立至 2012 年 6 月期间出台的 2.3 万多件中央文件进行了全面筛查。经过清理,在 1178 件中央党内法规和规范性文件中,322 件被废止、369 件被宣布失效,二者共占 58.7%;继续有效的只有 487 件,其中 42 件需适时进行修改。清理工作的结束,标志着党内法规制度建设进入一个新阶段。通过开展党内法规清理,能够有效解决党内法规中存在的不适应、不协调、不衔接、不一致问题,有助于维护党内法规的活力和协调统一,有助于增强党内法规体系建设的科学性和针对性,提高党内法规的执行力。但是值得注意的是,在党内法规的清理过程中,依然存在些许问题,主要集中体现在:第一,清理主体不明确。对于多个主体联合制定的党内法规,"谁制定、谁清理"的清理原则可能会导致清理责任不明,出现推诿清理的现象。第二,清理方式单一。从清理实践看,一般采取不定期清理的方式。相对于定期清理,不定期清理具有灵活性、即时性的优点。但如将不定期清理作为唯一的清理方式,则不利于建立党内法规清理的长效工作机制。第三,清理标准过于模糊。由于缺乏清理的刚性规定,清理主体具有较大的自由裁量权,各制定主体的清理标准难以统一,清理工作的质量无法保障。因此,如何解决党内法规清理存在的问题,推动长效清理机制的建立,实现党内法规清理工作的制度化、规范化和科学化,是值得思考的问题。

问题提示:

1. 党内法规清理有哪些作用?
2. 如何构建党内法规清理标准?
3. 如何进一步完善党内法规清理?

---

① 陈书全:《论立法后评估常态化启动机制的构建》,载《现代法学》2012 年第 2 期。
② 刘东伟、张震:《法规生命周期与立、改、废项目的启动——以上海 30 年地方立法为视角》,载《上海人大月刊》2010 年第 6 期。

【课后阅读】

[1] 童卫东：《新〈立法法〉的时代背景与内容解读》，载《中国法律评论》2023 年第 2 期。

[2] 冯玉军：《〈立法法〉修改：理念原则、机制创新与完善建议》，载《交大法学》2023 年第 2 期。

[3] 刘松山：《对〈立法法（修正草案）〉的审思：从七个重点问题展开》，载《交大法学》2023 年第 2 期。

[4] 郭清梅：《完善清理行政规范性文件制度研究》，载《河南财经政法大学学报》2021 年第 1 期。

[5] 孙光宁：《清理指导性案例的失范与规范——基于法〔2020〕343 号通知的分析与反思》，载《政治与法律》2021 年第 6 期。

[6] 宋菲：《〈民法典〉时代的司法解释清理及其有效机制》，载《聊城大学学报（社会科学版）》2021 年第 3 期。

[7] 郭世杰：《党内法规的常态清理与实施评估》，载《学习论坛》2020 年第 7 期。

[8] 汤善鹏：《"新的情况"应限于法律过时——以〈立法法〉第 45 条第 2 款第 2 项与第 104 条为分析基础》，载《法学》2019 年第 7 期。

[9] 王建芹、刘丰豪：《党内法规备案、实施后评估、清理联动机制研究》，载《湖南行政学院学报》2019 年第 6 期。

[10] 谷志军：《标准化理论视角下的党内法规清理研究》，载《党政研究》2019 年第 4 期。

[11] 欧爱民、赵筱芳：《论党内法规清理的功能、困境与出路》，载《上海政法学院学报（法治论丛）》2019 年第 3 期。

[12] 刘风景：《需求驱动下的地方性法规清理机制》，载《内蒙古社会科学（汉文版）》2018 年第 6 期。

[13] 朱最新、张研：《新时代地方立法清理的问题与对策——以 2010 年以来广东地方立法清理为样本》，载《法治论坛》2018 年第 4 期。

[14] 马金祥：《论党内法规的清理机制问题》，载《新视野》2017 年第 5 期。

[15] 王建芹：《党内法规清理标准的科学化构建》，载《理论学刊》2017 年第 4 期。

[16] 陈志英：《省级党内法规清理研究》，载《中国矿业大学学报（社会科学版）》2017 年第 1 期。

[17] 秦前红、苏绍龙：《党内法规与国家法律衔接和协调的基准与路径——兼论备案审查衔接联动机制》，载《法律科学（西北政法大学学报）》2016 年第 5 期。

[18] 汪全胜、黄兰松：《包裹式立法模式考察——以教育法律包裹式修改为考察对象》，载《甘肃政法学院学报》2015 年第 3 期。

[19] 熊伟：《法治视野下清理规范税收优惠政策研究》，载《中国法学》2014 年第 6 期。

［20］邢会强：《税收优惠政策之法律编纂——清理规范税收优惠政策的法律解读》，载《税务研究》2014 年第 3 期。

［21］汪全胜：《法律文本中的"废止条款"设置论析》，载《政治与法律》2013 年第 7 期。

［22］赵立新：《关于法规清理若干问题的探讨》，载《吉林人大》2013 年第 3 期。

［23］李致：《我国法律清理浅析》，载《理论视野》2013 年第 2 期。

［24］刘风景：《包裹立法的原理与技术——以关于〈修改部分法律的决定〉为主要素材》，载《井冈山大学学报（社会科学版）》2012 年第 1 期。

［25］莫纪宏：《法律清理的合宪性审查》，载《中国宪法年刊》2010 年卷。

［26］杨斐：《法律清理与法律修改、废止关系评析》，载《太平洋学报》2009 年第 8 期。

［27］雷斌：《地方性法规清理制度初探》，载《人大研究》2009 年第 5 期。

［28］顾捷：《行政法规清理功能探讨》，载《法治论丛（上海政法学院学报）》2008 年第 6 期。

专题九 立 法 技 术

【事例介绍】

中华人民共和国成立后，全国人大常委会于改革开放前先后两度组织开展民法典起草工作。一次开始于1954年，到1956年12月完成草案，包括总则、所有权、债、继承四编，主要参考1922年的《苏俄民法典》。另一次开始于1962年，到1964年完成草案试拟稿，计262条，包括总则、所有权、财产流转三编。1979年8月，全国人大常委会组成民法起草小组，到1982年5月完成《民法（草案）》第四稿，包括8编、43章、465条。《民法通则》《继承法》《担保法》《合同法》在此背景下得以出台，但是《民法（草案）》第四稿整体最终未能通过审议程序成为法律。2001年第九届全国人大常委会组织起草了《中华人民共和国民法（草案）》（以下简称《民法草案》），第九届全国人大常委会第三十一次会议于2002年12月审议《民法草案》。由于彼时《物权法》尚未制定，加之对《民法草案》认识分歧较大等原因，经讨论仍确定继续采取分别制定单行法的办法，《民法草案》被再次搁置。2014年11月，党的十八届四中全会明确提出编纂民法典。2015年3月20日，《中华人民共和国民法典》（以下简称《民法典》）编纂工作正式启动，确定具体编纂工作分两步进行：起草《民法总则》；全面整合民事法律、编纂民法典各分编。2016年6月，第十二届全国人大常委会第二十一次会议初次审议了《民法总则》草案，《民法典》编纂正式进入立法程序。2017年3月15日，《中华人民共和国民法总则》由第十二届全国人民代表大会第五次会议通过。2018年8月27日，《民法典》各分编草案提请第十三届全国人大常委会第五次会议审议。2020年5月28日，第十三届全国人大三次会议表决通过了《中华人民共和国民法典》。在《民法典》编纂工作中，"法"到"法典"的名称变化、条标设置与法条排序、法典草案语言规范化等引起了人们的关注，但相应目光并非投向民事法律领域的具体制度建立健全，由此形成《民法典》编纂中的另一种风景。

【法律问题】

1. 《民法典》编纂中各版本草案在编、章、节的设置上有什么不同？

2. 编纂《民法典》运用的立法技术可以分为几类？

3. 立法技术运用在《民法典》编纂过程中是如何推动立法质量提升的？

4. 《关于〈中华人民共和国民法典（草案）〉的说明》在立法过程中起到了哪些作用？

【法条链接】

《中华人民共和国立法法》（2023 年修正）

第七条　立法应当从实际出发，适应经济社会发展和全面深化改革的要求，科学合理地规定公民、法人和其他组织的权利与义务、国家机关的权力与责任。

法律规范应当明确、具体，具有针对性和可执行性。

第二十三条　列入全国人民代表大会会议议程的法律案，由宪法和法律委员会根据各代表团和有关的专门委员会的审议意见，对法律案进行统一审议，向主席团提出审议结果报告和法律草案修改稿，对涉及的合宪性问题以及重要的不同意见应当在审议结果报告中予以说明，经主席团会议审议通过后，印发会议。

第二十七条　法律草案修改稿经各代表团审议，由宪法和法律委员会根据各代表团的审议意见进行修改，提出法律草案表决稿，由主席团提请大会全体会议表决，由全体代表的过半数通过。

第三十二条　列入常务委员会会议议程的法律案，一般应当经三次常务委员会会议审议后再交付表决。

常务委员会会议第一次审议法律案，在全体会议上听取提案人的说明，由分组会议进行初步审议。

常务委员会会议第二次审议法律案，在全体会议上听取宪法和法律委员会关于法律草案修改情况和主要问题的汇报，由分组会议进一步审议。

常务委员会会议第三次审议法律案，在全体会议上听取宪法和法律委员会关于法律草案审议结果的报告，由分组会议对法律草案修改稿进行审议。

常务委员会审议法律案时，根据需要，可以召开联组会议或者全体会议，对法律草案中的主要问题进行讨论。

第三十五条第一款　列入常务委员会会议议程的法律案，由有关的专门委员会进行审议，提出审议意见，印发常务委员会会议。

第三十六条第一款　列入常务委员会会议议程的法律案，由宪法和法律委员会根据常务委员会组成人员、有关的专门委员会的审议意见和各方面提出的意见，对法律案进行统一审议，提出修改情况的汇报或者审议结果报告和法律草案修改稿，对涉及的合宪性问题以及重要的不同意见应当在修改情况的汇报或者审议结果报告中予以说明。对有关的专门委员会的审议意见没有采纳的，应当向有关的专门委员会反馈。

第四十二条　拟提请常务委员会会议审议通过的法律案，在宪法和法律委员会提出审议结果报告前，常务委员会工作机构可以对法律草案中主要制度规范的可行性、法律出台时机、法律实施的社会效果和可能出现的问题等进行评估。评估情况由宪法和法律委员会在审议结果报告中予以说明。

第五十八条　提出法律案，应当同时提出法律草案文本及其说明，并提供必要的参阅资料。修改法律的，还应当提交修改前后的对照文本。法律草案的说明应当包括制定或者修改法律的必要性、可行性和主要内容，涉及合宪性问题的相关意见以及起草过程中对重大分歧意见的协调处理情况。

第六十五条 法律根据内容需要，可以分编、章、节、条、款、项、目。

编、章、节、条的序号用中文数字依次表述，款不编序号，项的序号用中文数字加括号依次表述，目的序号用阿拉伯数字依次表述。

第七十五条 行政法规起草工作完成后，起草单位应当将草案及其说明、各方面对草案主要问题的不同意见和其他有关资料送国务院法制机构进行审查。

国务院法制机构应当向国务院提出审查报告和草案修改稿，审查报告应当对草案主要问题作出说明。

《行政法规制定程序条例》（2017 年修订）

第五条 行政法规的名称一般称"条例"，也可以称"规定"、"办法"等。国务院根据全国人民代表大会及其常务委员会的授权决定制定的行政法规，称"暂行条例"或者"暂行规定"。

国务院各部门和地方人民政府制定的规章不得称"条例"。

第六条 行政法规应当备而不繁，逻辑严密，条文明确、具体，用语准确、简洁，具有可操作性。

行政法规根据内容需要，可以分章、节、条、款、项、目。章、节、条的序号用中文数字依次表述，款不编序号，项的序号用中文数字加括号依次表述，目的序号用阿拉伯数字依次表述。

第十七条 起草部门将行政法规送审稿报送国务院审查时，应当一并报送行政法规送审稿的说明和有关材料。

行政法规送审稿的说明应当对立法的必要性，主要思路，确立的主要制度，征求有关机关、组织和公民意见的情况，各方面对送审稿主要问题的不同意见及其协调处理情况，拟设定、取消或者调整行政许可、行政强制的情况等作出说明。有关材料主要包括所规范领域的实际情况和相关数据、实践中存在的主要问题、国内外的有关立法资料、调研报告、考察报告等。

第二十四条 国务院法制机构应当认真研究各方面的意见，与起草部门协商后，对行政法规送审稿进行修改，形成行政法规草案和对草案的说明。

第三十九条 行政法规的外文正式译本和民族语言文本，由国务院法制机构审定。

《规章制定程序条例》（2017 年修订）

第七条 规章的名称一般称"规定"、"办法"，但不得称"条例"。

第八条 规章用语应当准确、简洁，条文内容应当明确、具体，具有可操作性。

法律、法规已经明确规定的内容，规章原则上不作重复规定。

除内容复杂的外，规章一般不分章、节。

第十八条 起草单位应当将规章送审稿及其说明、对规章送审稿主要问题的不同意见和其他有关材料按规定报送审查。

报送审查的规章送审稿，应当由起草单位主要负责人签署；几个起草单位共同起草的规章送审稿，应当由该几个起草单位主要负责人共同签署。

规章送审稿的说明应当对制定规章的必要性、规定的主要措施、有关方面的意见及其协调处理情况等作出说明。

有关材料主要包括所规范领域的实际情况和相关数据、实践中存在的主要问题、汇总的意见、听证会笔录、调研报告、国内外有关立法资料等。

第二十五条第一款 法制机构应当认真研究各方面的意见，与起草单位协商后，对规章送审稿进行修改，形成规章草案和对草案的说明。说明应当包括制定规章拟解决的主要问题、确立的主要措施以及与有关部门的协调情况等。

第四十条 编辑出版正式版本、民族文版、外文版本的规章汇编，由法制机构依照《法规汇编编辑出版管理规定》的有关规定执行。

【基础知识】

一、立法技术的释义

（一）立法技术的概念

"技"指技术、技能、本领，"术"是指方法手段、思想学说、学问学识、技术技艺等。"技""术"合用，可做两种理解：一是泛指根据生产实践经验和自然科学原理而发展成的各种工艺操作方法与技能；二是除操作技能外，将相应的生产工具和其他物资设备以及生产的工艺过程或作业程序、方法纳入涵摄范围[1]。通常所称的"立法"，总体可从"成文法编制"角度理解。成文法即指符合法之内容有形化并面向社会公布的法，"不著竹帛之惯习法，其非成文不俟矣"[2]。

学界依托于此，对"立法技术"所作界定不尽相同，"立法过程说"从动态角度观察立法技术，认为立法技术的运用存在于立法过程之中，立法技术涵盖了立法程序的范畴，立法被视为一个技术性操作过程；[3]"立法规则说"则认为，立法技术是用以表达法律规范的规则、细则，包括规定立法机关组织形式的规则，规定立法程序的规则，法律的内部结构和外部结构的形式、法律的修改和废止的方法、法律的文体、法律的系统化的方法等

---

① 《辞海》（缩印本），上海辞书出版社 2002 年版，第 769 页。

② 梁启超著：《梁启超论中国法制史》，商务印书馆 2012 年版，第 71 页。

③ 罗传贤著：《立法程序与技术》，台湾五南图书出版公司 1997 年版，第 29 页。

方面的相关规则；① "立法技巧说"为国内多数学者观点，认为立法技术是一种方法和技巧，强调立法技术既不是"活动"也非"过程"而是一种静态形式。上述三种方案指出了"立法技术"的不同维度，讨论立法技术的运用必须结合动态立法过程，必须以静态的法律文本所确立的立法技术规范为依据，最后立法技术要发挥其工具性价值背后必然有赖于经验的积累和技艺的提升。

有鉴于此，可将立法技术理解为立法过程中所运用与积累的对各领域法律制度设计转化为法律、法规、规章条文起着辅助性、工具性作用的各种操作性技术的总称。目前，已经形成成熟体系的立法技术主要包括结构技术、语言技术、公文技术，相应技术运用不直接生成法律规范内容而是辅助法律、法规、规章条文的有形化、体系化。随着立法质量要求的提升，对法律条文形成与质量提升有重要影响的操作性技术运用呈现出扩张趋势，立法统筹技术、立法运筹技术的实践经验提炼逐步进入立法技术研究的视野。②

（二）立法技术的功能

立法技术与立法活动相伴相生，立法技术的高低直接影响到法律质量的高低与实施效果的好坏，关系社会的和谐与稳定，在一定程度上直接反映了一个国家法制水平的高低。高质量立法不仅意味着法律规范内核精神的合理形成，还意味借助一定立法技术予以科学呈现。在一定程度上，科学的立法应当反映客观实际的需求，准确表达法的内容，实现法的形式与内容的统一。规范性法律文件草案之条文形成过程中，固然离不开法的价值指引与领域法律制度设计，但是立法技术同样起着重要作用。立法技术的功能，具体体现在三个方面：

第一，立法技术可以协调多元社会规范关系。在国家治理实践中，实现规范多元的法治协同，需要明晰两个基本问题即法律以外的规范之于法治的意义及法治对相应规范的协同。从构成性角度来看，规范来源于社会，各种规范在内容、认知、动员等层面的互动则推动着社会组成部分及整体的形成与变迁。是故，各种规范的独特价值应得以尊重，法治亦可在法律与其他规范的互动中实现"依法而治"的扩展，通过共识凝聚、结构锚定、协调试错、类型化处理等机制形成以法律为基础并统摄其他规范的"规则之治"③。立法过程中做到尊重法律规范系统的优先地位，必然要求立法工作者具备一定的主动调适法律规范体系与其他规范体系关系的能力与技艺。立法技术的运用水平，则决定了此种关系调适的水平。

第二，立法技术是提高立法质量的重要保证。④ 立法技术的水平决定着法的质量。在确定立法目标后，经实地调研、理论论证、民意征集与协商等工作后，立法起草者会对立

---

① 吴大英、任允正著：《比较立法学》，法律出版社 1985 年版，第 208 页。
② 管华：《党内法规制定技术规范论纲》，载《中国法学》2019 年第 6 期。
③ 彭小龙：《规范多元的法治协同：基于构成性视角的观察》，载《中国法学》2021 年第 5 期。
④ 石佑启、朱最新主编：《地方立法学》，广东教育出版社 2015 年版，第 159 页。

法意图、社会对法的接纳程度、法的任务等有更为宏观把握和理解。将此种观念中的"法"之朴素认识转化为法律文本，必须通过科学的立法技术表述出来。立法草案设计过程中，法的名称和内容，法的总则、分则和附则，法的目录、标题、序言和附录，法的卷、编、章、节、条、款、项、目，法的文体与语言等要得到科学合理的编排，在相当程度上取决于立法工作者的立法技术。

第三，立法技术影响着法的实施与监督效果。法律、法规、规章的实施和监督取决于多种因素，如执法环境、执法人员的水平、公民的法律素养等，但前提是法的内容能被准确理解且可操作。立法技术运用不科学，立法质量不高，法律规范不具体、不便于操作，则势必会影响到法的实施与监督。科学合理地运用立法技术，确保地方立法的意图明确、指导思想、基本原则和内容的表述准确，内部结构科学合理，与上位法、同位法之间相互协调，有助于执法者有效执法，司法者公正司法，守法者认真守法，监督者严格监督法的实施，形成全社会知法、信法、守法、用法的法治氛围。

二、立法的结构技术

（一）规范性法律文件的形象标识设置技术

法的名称"是法规范性文件的结构中首先应具备的要件，也是每个法规范性文件必备的条件"。① 一般来讲，法的名称由三个方面组成，即法的名称构成有三个要素，即法的制定主体或效力适用范围的要素、法的调整对象的要素、法的效力等级的要素。②

现行法律文本有在法的名称中或法的名称之下法的正文之上设立一些说明性文字的题注，构成了国内法律文本的一个特色。在不同形式的法律文本中，法的题注内容有所不同，一般正式法律文本的题注内容包括法的通过时间、通过机关、公布方式、施行日期、批准时间、修订时间、修订机关、修订过程等内容。③ 就题注设置而言，全国人大常委会法工委颁布的《立法技术规范（试行）（一）》和《立法技术规范（试行）（二）》不曾涉及。实践中，题注设置形成的惯例包括应当标明通过时间、制定机关、通过会议等制定信息；应当标明修改时间、修正机关、修正会议、修正所依据文件、修订机关、修订会议、修改次序等修改信息；应当标明批准时间、批准机关等批准信息；不应标明公布信息、施行时间；数字使用应规范；题注内容应当采用整段式排版，使用逗号代替空格，简化冗长修改信息；不应以公布令、公告等代替题注等。④

"法的目录"是指按一定次序排列的法的篇章名目。与一般性的图书目录相比，二者

---

① 朱力宇、张曙光主编：《立法学》，中国人民大学出版社2009年版，第253页。
② 汪全胜等著：《法的结构规范化研究》，中国政法大学出版社2015年版，第15页。
③ 汪全胜、张鹏：《法律文本中题注的设置论析》，载《云南大学学报（法学版）》2012年第2期。
④ 殷树林、魏冰池：《我国现行法律法规题注考察——兼论我国法律法规题注设置的技术规范》，载《黑河学院学报》2021年第3期。

都具备章、节形式且也具备章、节所涵盖的标题内容，但法的目录也有与一般性的图书目录不同的地方，如图书目录中还有章、节及其标题内容所在具体位置的页码显示，而"法的目录"中并没有具体标出章、节及其标题内容所在法律文本中的具体位置。规范性法律文件文本中设置"法的目录"，"主要作用是便于人们从整体上把握该法规的基本内容，了解法规的基本结构，查阅相关的内容，也方便对法的研究"①。设置法的目录之基本依据主要在于法的效力等级以及法的条款数量。② 设置目录时应当注意以下几点：一是要以通俗易懂为基本要求；二是目录的详略要适当；三是级别、类别相同且规模大体相似的法之目录设置应当协调、一致；四是各层次结构的标题应当形式规整，并能够体现法律、法规、规章的实质逻辑。

序言是位于法的正文之前的叙述性或论述性的文字。除个别情况下，序言的内容一般都属于非规范性内容。序言是法的组成部分，虽然不论是在效力表现形式上还是在实现效力的方式和途径上序言都与法律正文条款存在明显不同③，但并不排除序言在整体上具有法律拘束力，违反序言的内容也属于违法。立法实践中序言的设置并非必需，一般来讲通常以下三种情形中提倡设置序言：一是当法律的主题具有政治性和时代意义时；二是地方性法规用于解决比较特殊、复杂的地方性问题时；三是需要统一思想、宣示立法意图时。④

（二）规范性法律文件的篇章结构营造技术

规范性法律文件的篇章结构营造技术，指规范性法律文件文本正文的卷、编、章、节、条、款、项、目的设置与排列方法与技巧。卷、编多出现在法典之中，通常情况下较少运用。多数法律、法规、规章以"章"作为第一层次的正文结构符号，"章"下设节，"节"下设"条"，"条"下可以分"款"或设"项"也可以不分项、目。"条"是规范性法律文件正文文本之结构符号的必要单位，即使卷、编、章、节、款、项、目皆不设置，但条文仍会采用"条"作为区分符号。

在顺序排列上，卷、编、章、节、条的序号以中文数字表示，如第一卷、第一编、第一章、第十节、第十条；"项"以中文数字加圆括号表示；"款"以自然段形式表现，每个自然段即为款；"条"应依次排列而不于章、节内部独立生成序列。在立法实践中，使用最频繁的结构是"章、条、款、项"的体例。立法者起草法案时通常从法的整体角度切入考虑各章次序的编排，明确各章的内容及主题，确定各章的最佳标题；而后基于条、

---

① 王云奇主编：《地方立法技术手册》，中国民主法制出版社 2004 年版，第 19 页。

② 汪全胜：《法律文本中"法的目录"设置论析》，载《河南大学学报（社会科学版）》2014 年第 3 期。

③ 陈蒙：《〈中华人民共和国民族区域自治法〉序言的叙事与意蕴》，载《中南民族大学学报（人文社会科学版）》2019 年第 3 期。

④ 周旺生、张建华主编：《立法技术手册》，中国法制出版社 1999 年版，第 368 页。

款、项在法律、法规、规章中具有的相对的独立性和完整性，限定每条、款能够规定某一特定内容，同一特定内容只能规定于同一条、款、项之中，从而使得各条、款、项之间相协调、避免相同内容的重复规定及不同内容之间的冲突。

在逻辑形式上，显性的规范性法律文件正文之文本结构符号中隐藏着总则、分则、附则的体例结构。总则是规范性法律文件对所调整的社会关系所做的原则性的总规定，内容主要包括立法依据和目的、调整对象和适用范围、法的指导思想和基本原则、基本概念的厘定、主管部门及其主要职责等。在形式上，设"章"的法律、法规、规章会把首章列为"总则"或称"总纲""一般规定"等。在不设"章"的简单立法结构中会直接以条款表述总则的内容且一般置于整部规范性法律文件正文文本的靠前位置。分则是具体规定法律关系主体的权利与义务、权力与责任，确定一般行为模式及其法律后果，使总则内容得以具体化的条文总称，是规范性法律文件文本的实质内容与中心部分。多数法律、法规、规章并不标明"分则"字样，而以具体"章"标题或者条文内容表现分则的内容。附则是规范性法律文件正文在文本最后对辅助性内容所作非规范性内容的技术规定，如名词术语的解释、解释权的归属、生效日期等。

（三）规范性法律文件的内容营造技术

规范性法律文件的内容营造技术，是指规范性法律文件文本正文中内在各要素的设置逻辑及其相互关系的构造技巧与方法，包括对规范性内容和非规范性内容的营造。其中，规范性内容是规范性法律文件所调整法律关系主体的具体行为模式的内容，非规范性内容是对规范性内容起辅助作用的内容如立法的宗旨和依据、一般法律原则、法律概念的解释等。任何一部法律、法规、规章文本都是形式与内容统一的作品，法的实施关键取决于其内容尤其是规范性内容设置的科学与否。法的规范性内容就是常说的法律规范（或称法律规则），其是法律文本中最重要的部分。塑造科学的法律规范，必须正确认识法律规范与法律条文的关系、科学协调法律规范构成要素的关系。

在概念上，法律规则是指采取一定的逻辑结构形式，具体规定权利、义务以及相应的法律后果的行为规范。法律条文是一种表达法律规范的语句，是规范性法律文件的基本构成单位。法律规则是法律条文的内容，法律条文是法律规则的表现形式。法律以法律条文为形式构成单位，而一个法律规则需要从法律条文的字里行间、从法律的行文脉络中进行寻找。法律规则与法律条文之间的关系可能表现为三种情况：第一种较常见的情况是一个完整的法律规则由数个法律条文来表达；第二种情况是法律规则的内容分别由不同规范性法律文件的法律条文来表述；第三种情况是一个法律条文表述不同的法律规则（或其某些要素）。

法律规则的三要素，即假定条件、行为模式、法律后果在逻辑上缺一不可。假定条件指法律规则中有关适用该规则的条件和情况的部分，即法律规则在什么时间、空间、对什么人适用以及在什么情境下对人的行为有约束力。行为模式指法律规则中规定人们如何具体行为之方式的部分。根据行为要求的内容和性质不同，法律规则中的行为模式分为可为模式、应为模式、勿为模式。可为模式指在假定条件下人们"可以如何行为"的模式，常见表述方有"可以""有权利""有……自由"等。应为模式指在假定条件下人们"应当或必须如何行为"的模式，常见表述方式有"应当""必须"等。勿为模式指在假定条件下人们"禁止或不得如何行为"的模式，常见表述方式有"不得""禁止""严禁"。法律后果指法律规则中规定的，人们在作出符合或不符合行为模式的要求时应承担的相应结果，是法律规则对人们具有法律意义的行为的态度。

条件是否明确直接影响着法律规范的可操作性强度，因此在构造法律规范的假定条件时，应立足于法的体系和内容的完整，明确规定假定条件；同时条件的规定应尽可能详实、合理，从而为法律关系主体的行为提供有效的指引。在构造法律规范的行为模式时，立法者应当牢固树立以行为为法律规范对象的认识，基于立法目的对不同性质的行为作出合理规范，通过规范法律关系主体的行为来调整社会关系；同时还要明确行为主体，以及科学合理地配置法律关系主体的权利与义务、权力与责任，确保权利与义务的总量平衡，保证权力与责任的一体化，使权利的享受者亦为义务的履行者，权力的拥有者亦为责任的承担者。"法律后果"直接反映出法对法律关系主体行为的评价，关系主体的权益实现与责任负担，立法者必须十分审慎地构造法律规范的法律后果，遵循以下要求：一是依法设定法律后果，主要指立法者创设的法律后果类型和幅度要与该法的效力等级相适应；二是合理设定法律后果，核心要求是综合考量法律关系主体的行为对国家、社会、他人权益所造成的影响，权衡个体利益与公共利益，合理确定主体承担法律后果的大小程度；三是科学设定法律后果，要求法律后果必须是可行的，有明确的责任主体、追责主体以及责任量化等。

以上从法律规范的各要素角度阐释了规范性法律文件的内容营造技术。鉴于规范性内容的重要性，仍有必要从整体上进一步归纳要求①：第一，确保规范性内容的逻辑完整性。法律规范是由假定条件、行为模式、法律后果三个要素有机组合而成的，三者缺一不可；反之所设计的规范是有缺陷的，难以具有实际效用。第二，确保规范性内容的具体性和可操作性。设定法律规范时应尽可能避免内容的含糊不清，尽可能地保证规定事项的具体与明确，以便于权利的实现、义务的履行、权力的行使和责任的承担，降低执法的随意性和盲目性。当然，具体性不是要求法律规范针对特定个人或不可重复的行为一一作出规定，而是要重视行为模式和法律后果的共性概括，促进法律规范的普遍适用。

三、立法的语言技术

法的世界肇始于语言，法律是通过语词订立和公布的。在英美法系，立法技术被窄化为起草技术，相对狭窄的语言和写作技巧是起草技术的核心。《英国议会法律顾问办公室

---

① 石佑启、朱最新主编：《地方立法学》，广东教育出版社 2015 年版，第 186~187 页。

起草指南》（2018）正文包括十一个部分，与语言有关的就占了三个部分，即清晰、语言风格和词句。全国人大常委会法制工作委员会拟定的《立法技术规范（试行）（一）》共五个部分，第二、三部分分别是条文表述规范、常用词语规范，都属于语言技术规范；《立法技术规范（试行）（二）》则只包括条文表述规范、法律常用词语规范，可见语言技术在立法技术中的重要地位。

（一）立法语言的特定风格

法律文本的语体风格通常被称为"立法语言风格"。由于法律文本的语体服务于法的内容的表达和传播，因而其风格既不同于文学作品、学术论著的风格，也不同于社论、评论和报告的风格。自20世纪80年代起，国内政治学、法学、语言学界逐渐认识到立法语言具有特定风格并尝试予以提炼。结合立法实际来看，庄重严肃而非生动活泼是立法语体的突出特质。在庄重严肃基础上，立法语言还需坚守明确易懂、简练扼要、严谨一致的底线。[①]

第一，立法语言的表述应当保持庄重。立法语言庄重严肃而非生动活泼的色彩与格调，是由立法语言的交际功能所决定的。在法律文本中，立法语言是法律条文的外壳，是法律规范的载体。法律规范是由国家制定并认可的，并以国家强制力保证其实施的一种行为规范，全体公民必须遵守。由此决定着，法律语言不仅应是经过斟酌权衡的最准确的语言，也应是经过筛选净化的最庄重肃穆的能显示法律权威性的语言。唯其如此，才能保证诉讼活动及各项法律事务的顺利进行；唯其如此，法律语言才能在加强群众的法制观念、提高群众的道德修养，建设社会主义精神文明等方面发挥更大的作用。[②] 形成立法语言庄重风格的主要语言因素有以下三个因素：词语因素，如大量法律术语的使用、体现立法语体色彩的惯用词语及文言词语的选用；文句因素，形成立法语言庄重风格的文句因素主要有表达法律规范的特殊句式如"处"字句、"禁止"字句、"应"字句、"须"字句、"为"字句、"由"字句等的运用以及动词谓语句和紧句的使用；修辞因素，主要是不讲藻饰、以消极修辞为主、排斥谚语和歇后语等。[③]

第二，立法语言的表述应当力求明确。"明确"是立法语言的灵魂和生命，是记载和传递立法政策、立法原则和法律规则的第一要义。立法语言的明确，包含"正确"和"明白"两项要求。既要表述正确，即吻合制定者原意而非含混或背离；又要表述明白，即易为阅读者理解而非晦涩难懂。两项要求缺一不可。符合原意但不通俗易懂，或者浅明易懂但却背离原意，皆无法为人们提供明确的行为指针。实现法律文本的明确性，立法起草者应当注重把握准确和模糊之间的度：既要在法律条文的用语上最大限度地选用准确的

---

① 徐向华主编：《立法学教程》，上海交通大学出版社2011年版，第311~313页。
② 潘庆云著：《跨世纪的中国法律语言》，华东理工大学出版社1997年版，第110页。
③ 谢勇主编：《地方立法学》，法律出版社2019年版，第249~251页。

词语、句子和句群等语言手段和表达方式，使"法律的用语，对每个人都能够唤起同样的观念"①；又要在法律条文的含义上为不必、不能和不宜确切的情形留下最为得当的伸缩空间，协调立法与改革的关系。

第三，立法语言的表述应当讲究简练。立法语言的简练包含"简明"和"精炼"两项要求，强调使用最为经济的语言材料表达最丰富的立法信息。立法语言累赘而不简当，势必失之于冗弱，文冗而法晦；但立法语言苟简而失完备，也势必失之于疏漏，文疏而法窦。两者缺一既不利于立法者准确而鲜明地表达立法意图，②也不利于民众知法、守法和力戒执法者、司法者的徇私枉法。实现法律文本的简练性，立法者一方面要坚持凝练扼要，避免啰嗦累赘、佶屈聱牙，减少因字词晦涩、句文僻拗而导致法意欠明、歧义丛生；另一方面要避免谋求原则简单而导致简而无要，影响法的规范力和操作性。实现法律文本简练性，立法起草者应当在确保通俗明白的同时坚持简洁凝练，既不牺牲法律内容的完整性和系统性，又充分兼顾用法者的理解力和知晓度。

第四，立法语言的表述应当重视严谨。"严谨"是立法语言的显著风格和科学性体现。立法语言的严谨性是法的沟通功能的基本表现和起码要求。立法语言的严谨指法的表述既字斟句酌，又前后一贯，力求周详严密、无懈可击。实现法律文本的严谨性；立法工作者应当始终遵从三个基本定律；一要坚持"同一律"，即在同一个法律文本中乃至在同一法律体系中的不同法律文本中，同一法律概念、法律原则以及法律条文所表达的意思必须明晰确定、固定不变、前后一致，绝不可以一词多义或者一义多词，更不允许张冠李戴，避免矛盾和混乱；二要坚持"通俗规范化"，即使用已有一般认知、普遍认同的常用语言材料，尽量少用专门术语，坚决杜绝无条件使用俚语、古语、外来词、艰涩冷僻词和尚未固定化的新词语等不易理解的词语；三要坚持"逻辑性"，不仅语句的表达、条文的序化以及编章的布局都要严格按照逻辑的顺序，法律规范的设定也要符合逻辑结构的要求。

（二）立法常用句词的规范

规范性法律文件文本正文中的条文，多以句子勾连各条、款、项。随着立法技术的日益精细化，表达与运用形成了基本固定技巧的部分字、词、句被提炼出来，受到社科法学与法教义学的共同关注，主要是列举规定、但书规定、"的"字结构、"是"字句、除外规定。

列举规定也叫列举条款，是法律、法规中比较常见的一种句式。罗传贤、蔡明钦在《立法技术》一书中，将列举规定界定为"为了预防法规在适用时发生疑义，特把具体的事物，以项款一一列举出来，用以说明某一上位概念的意义或该列举事物之总效果的法

① ［法］孟德斯鸠著：《论法的精神》（下册），张雁深译，商务印书馆 1961 年版，第 297 页。
② 刘兰英、孙全州主编：《语法与修辞》，台湾新学识文教出版中心 1991 年版，第 351 页。

条"①。此种界定大致呈现出了列举规定的主要特征：一是列举规定的目的是预防法规在适用时发生疑义；二是表达方式为"特把具体的事物，以项款一一列举出来"；三是有一"上位概念"的存在，"特把具体的事物，以项款一一列举出来"之目的是便于法条阅读者更为简便地理解"上位概念"。就当前立法实践来看，前后性质、功能等相同的事物列举于一处但不以项款形式呈现的现象较为普遍。故，"项款形式"并非列举规定的必备标准。运用列举规定一般应注意下列事项：一要采用统一的逻辑标准，二是列举应当力求详尽，三是尽量避免兜底条款，四是保持句式一致。②

"但书"又称"但书条款"，表现为法律条文中以"但"或者"但是"引出的一段文字，目的在于对其前文所作的转折、例外、限制或补充。③ 但书依附于主文而存在，二者关系可作如下理解④：一方面，但书是对主文的一般规定所作的特别规定，与主文是特殊与一般的关系；另一方面，但书与主文结合，构成相反、相成的统一整体。相反，是指但书针对主文的规定作出例外、限制、附加及其他的不同规定。相成，是指但书离开主文便失去存在的意义，居于一种相对独立而非完全独立状态，亦指没有但书，主文的一般性规定便难以全面实施、失之片面或留下漏洞。立法语言中并非所有"但/但是"句都是但书，为了防止衍生歧义立法工作中需要力求做到规范使用：一是表现形式宜统一，为进一步提高立法语言的一致性应进一步统一"但/但是"句的表现形式、减少表现形式类别；二是在表现形式上明显区分但书与非但书，如可将但书都改写为"但是"句，而非但书则统一使用"但"字句；三是部分非但书应去掉"但/但是"；四是避免滥用但书。⑤

"的"字结构，是名词性的偏正词组省略了中心语的句式，具有名词所具有的一切语法功能。"的"字结构之特点是一般无特指或特定的对象，概括性强，包容性大，恰当使用可以起到言简意赅的作用。立法语言中的"的"和日常语言中的"的"在功能上既有一致性即充当转指标记，也存在差异即充当自指标记和假设标记，分别构成自指的"的"字结构以及表示假设语气。⑥ 在立法语言中运用"的"字结构，需要注意以下要求：当出现假设标记和转指标记两解以及假设标记和自指标记两解的情况时，宜统一将"的"视为假设标记；"有下列情形/行为之一的"句式总项中"的"字不能省略，各分项则根据句法性质的不同而采取不同的处理方式——名词不带"的"；主谓结构视为名词性短语，也不带"的"；动宾结构带"的"。

"是"字句是现代汉语中的一种常见句式，可作广义和狭义两种理解。在立法语言表

---

① 罗传贤、蔡明钦著：《立法技术》，致良出版社 1992 年版，第 154 页。

② 周旺生、张建华主编：《立法技术手册》，中国法制出版社 1999 年版，第 381~382 页。

③ 周旺生、张建华主编：《立法技术手册》，中国法制出版社 1999 年版，第 383 页。

④ 周旺生：《论法律但书》，载《中国法学》1991 年第 4 期。

⑤ 骆慧婷、王珊：《立法语言中的但书和非但书研究》，载《当代修辞学》2018 年第 6 期。

⑥ 殷树林、尹若男：《立法语言中的"的"——兼论我国立法中"的"使用的技术规范》，载《语言文字应用》2020 年第 3 期。

达技术中，关注的是狭义"是"字句，即专指判断动词"是"作谓语的句子。实际上，"是"字句立法表达在语篇中的作用包括 4 类①：概念界定，具体形式如"……是……""……是指……""本法下列用语的含义（含意）是……"等；设立规范，"是"字句承载设立规范功能时的表现形式如"……的任务是……""……的责任是……"；条件限制，除了"如果是……""只要不是……"等有条件标记的句式外最典型的形式即"是……的"句式；一般说明，指对某种现象、事实等的陈述，如《宪法》序言中的"中国是世界上历史最悠久的国家之一"即属此种用法。

除外规定也叫除外条款，是指法律、法规中以"除"字开头、以"外"字结尾的文句。此种文句主要具有两种功能：一种是对法律、法规的某一条文中主文内容的扩充功能；另一种是对法律、法规的某一条文中主文内容的排除、例外规定。规范性法律文件正文设置除外规定，需要正视但书和除外规定的异同。二者的显著区别在于，但书是法律、法规条文中以"但"或者"但是"引出的一段文字，此段文字是对其前文所作的转折、例外；除外规定则是法律、法规条文中以"除"字开头、以"外"字结尾的文句，主文位于条文的后部。

四、立法的公文技术

2000 年全国人大常委会办公厅印发《人大机关公文处理办法（试行）》，2012 年中共中央办公厅、国务院办公厅联合印发《党政机关公文处理工作条例》。所列相应文书，在立法过程中的不同环节有不同程度的运用，并影响着立法工作的效率与质量。近年来，部分地方立法机关对立法过程中的公文制作发布了针对性规范，如《云南省人民代表大会常务委员会立法技术规范》共分为两大部分，第二部分就是"与地方性法规相关的文件技术规范"，规定了提请审议、修改、废止、批准、公布、备案地方性法规的有关文件技术规范。综合立法过程中的公文运用经验，在法律、行政法规、地方性法规、自治条例、单行条例、规章、立法性决定及相应草案外，不具有规范属性但比较重要的文书包括规范性法律文件草案说明、立法草案审议意见的报告、立法草案审议结果的报告、对报批法规的审查意见、法规上报备案的报告等。前述文书属于立法的正式文件，即根据法律、法规和立法程序的规定，在立法草案提交到立法机关、正式开始立法程序之后产生的，需要提交立法机关会议审议或者表决的与立法有关的文件。②

（一）规范性法律文件草案说明

规范性法律文件草案说明又称立法草案说明，是立法草案的提出者在提出立法草案或

① 殷树林、李鑫艺：《基于语料库的当前中国立法语言中"是"字句考察——兼论中国立法中概念界定的技术规范》，载《大连民族大学学报》2020 年第 6 期。
② 王腊生主编：《地方立法技术的理论与实务》，中国民主法制出版社 2007 年版，第 211 页。

在向立法机关提交立法草案进行审议时一同提交的就立法草案的起草经过与内容设计等事项进行解说而制作的一种文件。立法草案说明需要阐述立法背景和必要性，立法拟解决的主要问题；立法文本起草与审核的基本过程；有关方面的意见，包括征求社会公众的意见及其采纳情况；立法的指导原则和框架体例；文本草案规定的主要措施；主要问题说明；需要特别说明的问题。① 生成于立法过程中的立法草案说明之制作与运用具有高频性、公开性、辅助性、说理性等特征，在系统解说立法意图、概括陈述立法可行性、具体叙说立法背景、复现立法活动图景、梗概草案内容导引、主动回应立法分歧等方面发挥着重要作用。但是，立法草案说明运用不当，正功能可能转换为负功能。

一部规范性法律文件草案在立法活动中会生成多份立法草案说明，为便于立法草案说明文书的统一管理，撰写立法草案说明的题注时应置于标题表达域以下、主送机关标识域以上，采用居中的格式书写用以表明法规性文件或经过会议讨论通过的文件产生的法定程序和文件产生的时间、地点；考虑到立法草案说明公开的阶段性，命名时应有一定标识如附随立法草案征求意见一同公开时在立法草案名称部分应以"草案征求意见稿"字样予以标识，附随立法草案提交一审时在立法草案名称部分应以"草案送审稿"字样予以标识，附随立法草案提交表决时在立法草案名称部分应以"草案表决稿"字样予以标识。

撰写程序方面需要明确，立法草案说明不能于立法草案文本外新设独立法律规范、可以基于民主立法与科学立法需要增设说明事项、说明内容并非立法草案说明撰写者随意选择或杜撰而是对在先立法活动中的多数人意见加以简要式的系统化汇总。如此，在立法草案说明撰写程序方面，需要坚持：一是立法草案说明应当于立法草案文本在相应阶段定稿后予以撰写，立法草案说明撰写完成后与立法草案的提出一同附送；二是多份立法草案合并撰写立法草案说明所说明的内容应当突出重点、注重回应不同意见；三是多份立法草案合并撰写立法草案说明时应当侧重对于有重大分歧意见的梳理及协调处理情况的介绍。

撰写立法草案说明文书正文时，需要尊重模块适当原则、必要性内容完整原则、沟通必要性原则设定说明板块，正文内容模块处理规则如下：一是整体分为"必要性与合理性—法律依据—立法活动的过程—主要内容的说明"四大模块；二是必要性与合理性模块中，原则上应当按照"存在的问题—出台后的功效—实施的可行性"的顺位排列；三是法律依据模块中，一般需要按照"立法活动开展的明确上位法依据—立法条款设计不得与之抵触的已有上位法规定—法律草案需要与之协调的同等效力的在先规定"的顺位排列；四是"立法活动的过程"模块，较清晰的陈述思路是按照"起草法案前的准备工作—国内外相关经验的考察—法案具体条文起草的过程—立法程序的进度"的顺位排列；五是在"主要内容的说明"板块，需要把握整体性与特殊性关系的协调原则，按照"法律草案整

---

① 刘平著：《立法原理、程序与技术》，学林出版社 2017 年版，第 241 页。

体框架的介绍—复杂疑难条款的意见回应"的顺位排列。

（二）立法草案审议意见的报告

按照有关法律、法规规定，列入全国人民代表大会会议议程的法律案，先由有关的专门委员会进行审议。地方人大常务委员会会议对列入议程的法规草案进行第一次审议之前，有关的专门委员会先要对法规草案进行审议，向常务委员会会议提出审议意见。人大专门委员会对法规草案进行审议的目的，主要是替常委会把第一道关，从专业角度对制定法规的重大性、原则性问题提出意见①。审议意见报告包括标题、开首语、正文和结束语四个部分②。以地方性法规草案审议意见的报告文书为例，标题一般表述为"关于《××省（××市）××条例（草案等）》审议意见的报告"或者"关于废止《××省（××市）××条例》的议案审查意见的报告"。开首语的表述则因审议主体不同而有差异，相应审议主体包括人民代表大会常务委员会工作委员会、人民代表大会专门委员会、大会主席团（人民代表大会会议期间）。结束语一般表述为"以上报告是否妥当，请予审议"。正文的基本内容受立法草案具体类型不同在内容上存在细微差异。如，法规草案审议意见报告正文基本内容包括：对制定法规必要性的评价；对法规草案所确立的基本制度和采取的主要措施的合理性、可行性评价；开展调研论证及初步审查的情况；对法规草案存在的一些问题的分析意见和修改建议。法规修正案草案、修订草案审议意见报告正文基本内容包括法规制定、修改的情况和评价；对修改、修订法规理由的评价；对修正案草案和修订草案的修改建议。

（三）立法草案审议结果的报告

列入全国人民代表大会会议议程的法律案，由宪法和法律委员会根据各代表团和有关的专门委员会的审议意见，对法律案进行统一审议，向主席团提出审议结果报告和法律草案修改稿，对重要的不同意见应当在审议结果报告中予以说明，经主席团会议审议通过后，印发会议。在地方立法中，地方性法规草案经过相关专门委员会的初审、地方人大常委会会议的第一次审议之后认为比较成熟但还需要进一步修改的法规草案就交由法制委员会负责根据常委会组成人员的意见进行统一审议并修改。在法规草案第二次、第三次提交常委会会议进行审议的时候，法制委员会都要根据常委会组成人员的意见进行统一审议和修改后向常委会提出审议结果的报告和法规草案修改稿。同专门委员会审议意见的报告相比，法制委员会审议结果的报告重点在于说明常委会组成人员及有关部门、相关人员等对

---

① 吕发成、王兰、张丽伟编著：《地方人大公文通鉴》，中国民主法制出版社2009年版，第200页。
② 王腊生主编：《地方立法技术的理论与实务》，中国民主法制出版社2007年版，第224~225页。

法规草案的主要意见、法制委员会统一审议的情况、意见采纳情况以及法规草案修改情况等①。审议结果报告的格式，在立法实践中形成了一定的惯例，同时部分省、市出台了相应的撰写技术要求。以地方性法规草案审议结果的报告为例，标题一般表述为"关于《××省（×市）××条例（草案等）》审议结果的报告""关于废止《××省（××市）××条例》的议案审议结果的报告"。法规草案等审议结果报告的正文基本内容包括常委会会议的审议情况，法制委员会（法制工作委员会）调研、论证情况，根据常委会组成人员和其他有关方面的意见，法制委员会经统一审议后提出的修改建议和理由，需要说明的有关问题。废止案审议结果报告的正文一般表述为"本次代表大会（常委会）会议于×月×日对废止《××省（××市）××条例》的议案进行了审议。代表们（委员们）认为……（予以废止必要性），对该《条例》及时予以废止是必要的。法制委员会已根据上述意见，提出关于废止《××省（××市）××条例》的决定（草案），建议本次会议审议通过"。制定、修订法规案的，结束语一般表述为"法制委员会已按照上述修改意见提出草案修改稿（修订草案修改稿），建议本次代表大会（常委会）会议审议通过。以上报告和草案修改稿（修订草案修改稿）是否妥当，请予审议"。以法规修正案形式修改法规的，结束语一般表述为"法制委员会已根据上述意见，提出关于修改《××省（××市）××条例》的决定（草案），建议本次代表大会（常委会）会议审议通过。以上报告和修改决定草案是否妥当，请予审议"。废止法规案的，结束语一般表述为"法制委员会已根据上述意见，提出关于废止《××省（××市）××条例》的决定（草案），建议本次代表大会（常委会）会议审议通过。以上报告和废止决定草案是否妥当，请予审议"。

（四）对报批法规的审查意见

按照《立法法》规定，设区的市的人大及其常委会制定的地方性法规报省、自治区人大常委会批准后实施；自治州、自治县的自治条例和单行条例报省、自治区、直辖市人大常委会批准后生效；自治区的自治条例和单行条例，报全国人民代表大会常务委员会批准后生效。省级人大常委会对报批的地方性法规、自治条例和单行条例都要先交有关的人大专门委员会或者常委会工作部门提出审查意见。在地方性法规、自治条例和单行条例批准的过程中，地方人大专门委员会或常委会工作部门对报请批准的法规提出审查意见。对地方性法规的审查意见，主要是说明合法性审查的情况，同宪法、法律、行政法规和本省地方性法规不抵触的，应当建议常委会会议审议批准；同宪法、法律、行政法规和本省地方性法规相抵触的应当建议常委会会议不予批准，同时可以提出修改意见并建议制定机关修改后再报批。对自治条例和单行条例的审查意见，主要是说明其是否违背宪法、法律或者行政法规的基本原则，是否违背宪法、民族区域自治法及其他有关法律、行政法规就民族

---

① 吕发成、王兰、张丽伟编著：《地方人大公文通鉴》，中国民主法制出版社2009年版，第208页。

自治地方所作的规定。对不违背上述原则和规定的，应当建议常委会会议审议批准；对违背上述原则和规定的，应当建议常委会会议不予批准，同时可以提出修改意见，建议制定机关修改后再报批。

（五）法规上报备案的报告

备案文件包括备案报告、地方性法规文本、关于地方性法规的说明、审查意见报告、审议结果报告、修改情况的汇报、公布法规的公告。备案是加强立法监督的主要形式，有着较为重要的意义：便于备案机关对法规进行审查，消除法规之间的冲突；便于备案机关全面了解各地方立法情况和执法情况；还有利于加强上级对下级立法工作的指导。实践中，地方性法规的备案存在两种做法：一是登记、统计、存档，二是在进行登记、统计、存档的同时进行审查。全国人大常委会法制工作委员会法规备案审查室成立之后，逐步开始采用后一种做法。审查的内容主要是地方性法规是否与宪法、法律和行政法规相抵触；是否与部门规章相矛盾。根据《立法法》的规定，省、自治区、直辖市的人民代表大会及其常务委员会制定的地方性法规报全国人民代表大会常务委员会和国务院备案；设区的市的人民代表大会及其常务委员会制定的地方性法规，由省、自治区的人民代表大会常务委员会报全国人民代表大会常务委员会和国务院备案；自治州、自治县制定的自治条例和单行条例，由省、自治区、直辖市的人民代表大会常务委员会报全国人民代表大会常务委员会和国务院备案。自治条例、单行条例报送备案时，应当说明对法律、行政法规、地方性法规作出变通的情况。

【事例分析】

一、《民法典（草案）》的结构营造技术

在《民法总则》编纂过程中，全国人大常委会按照《立法法》规定，曾公布《中华人民共和国民法总则（草案）》征求意见，及至《民法典（草案）》提交第十三届全国人民代表大会第三次会议审议所形成的草案，立法草案名称由"法"转换为"法典"，共设 7 编、1260 条，各编依次为总则、物权、合同、人格权、婚姻家庭、继承、侵权责任以及附则。第一编"总则"规定民事活动必须遵循的基本原则和一般性规则，统领《民法典》各分编。第一编基本保持《民法总则》结构和内容不变，根据法典编纂体系化要求对个别条款作了文字修改，并将"附则"部分移到民法典草案的最后。草案第二编"物权"在《物权法》的基础上，按照党中央提出的完善产权保护制度，健全归属清晰、权责明确、保护严格、流转顺畅的现代产权制度的要求，结合现实需要，进一步完善了物权法律制度，共设 5 个分编、20 章、258 条。草案第三编"合同"在《合同法》的基础上，贯彻全面深化改革的精神，坚持维护契约、平等交换、公平竞争，促进商品和要素自由流动，完善合同制度，共设 3 个分编、29 章、526 条。草案第四编"人格权"在既有有关法律法规和司法解释的基础上，从民事法律规范的角度规定自然人和其他民事主体人格权的内容、边界和保护方式，不涉及公民政治、社会等方面权利，共设 6 章、51 条。草案第五编"婚姻家庭"以《婚姻法》《收养法》为基础，在坚持婚姻自由、一夫一妻等基本原则的前提下，结合社会发展需要，修改完善了部分规定，并增加了新的规定，共 5 章、79 条。草案第六编"继承"在继承法的基础上，修改完善了继承制度，以满足人民群众处理遗产的现实需要，共 4 章、45 条。草案第七编"侵权责任"在总结实践经验的基础上，针对侵权领域出现的新情况，吸收借鉴司法解释的有关规定，对侵权责任制度作了必要的补充和完善，共 10 章、95 条。草案最后部分"附则"明确了《民法典》与《婚姻法》《继承法》《民法通则》《收养法》《担保法》《合同法》《物权法》《侵权责任法》《民法总则》的关系。①

《民法典（草案）》经审议通过后，学界以"守成与创新"总结从民事单行法到《民法典》的变化②，强调《民法典》的编纂是对民事单行法进行"扬弃"的过程。中华人民共和国成立后的数次民法典编纂经历了从师法苏联民法到探索本土民法典体系的历程③，民事立法虽受潘德克顿观念影响而继受以德国为主的大陆法系的立法体例，但基于历史惯性、社会现实、体系因应、伦理观念等原因，现行《民法典》的立法体例、物权主体、合同效力、人格权利类型、亲等制度、继承顺位及多数人侵权制度等明显具有守成的一面；而社会变革、交易保护、政策调整、价值协调等因素则决定《民法典》各编在权利体系、交易与担保规则、未成年利益保护与财产分配、权利保障与责任承担等方面具有更多的创新。《民法典》编纂的守成与创新相当程度上系基于我国实践经验，其实用主义的立法态度值得肯定，亦将成为我国社会发展之佐证。同时，《民法典》的结构营造技术运用，已验证了立法技术不能脱离部门法领域规律而独立运用的命题，提示着立法过程中应当格外注重立法技术与领域规律的深度融合。

二、《民法典（草案）》的语言表达技术

"纵观古今律法，凡成功的立法不仅结构严谨、内容科学，而且语言规范，表述准确。"④ 是故，当 2019 年 12 月《民法典（草案）》全文公布并向各界征求意见时，梳理《民法典各分编（草案）》一审稿（以下简称各分编草案一审稿）、各个分编草案的二审稿、部分分编草案的三审稿以及《民法典（草案）》相关条文并对其中的语言表达技术展开专

---

① 王晨：《关于〈中华人民共和国民法典（草案）〉的说明——2020 年 5 月 22 日在第十三届全国人民代表大会第三次会议上》，载《中国人大》2020 年第 12 期。

② 温世扬、李运达：《从民事单行法到〈民法典〉：守成与创新》，载《江西社会科学》2020 年第 12 期。

③ 温世扬：《中国民法典体系构造的"前世"与"今生"》，载《东方法学》2020 年第 4 期。

④ 辜明安、赵新潮：《提升〈民法典〉立法语言的规范化水平》，载《中国社会科学报》2020 年 3 月 11 日，第 2 版。

门性剖析成为一个热点议题，从准确性、统一性和简洁性三个方面对于《民法典（草案）》语言表达技术问题展开了讨论。

在准确性方面，《民法典（草案）》尽管使用了更加准确的名词、动词、连词和短语并增加了更准确的限定，但仍有部分不足。比如，部分动词有待商榷。如各分编草案一审稿第二百四十一条规定："留置财产为可分物的，留置财产的价值应当相当于债务的金额。"就立法原意而言，本条旨在通过限制留置权人有权留置的财产的价值上限来防止其滥用权利；但从字面来看所表达的意思似乎是，留置财产为可分物的，留置权人只能（应当）留置相当于债务金额的财产，表述存在言不尽意的瑕疵。再比如，部分词语的含义混用。如"应当"与"可以"词义混用、"知道或者应当知道"与"明知"的混用、"应当"在《侵权责任编（草案）》中的省略和漏用等①。

在统一性方面，《民法典（草案）》的动词、连词、短语和句式在整体上符合统一性的要求，但部分细节存在着有待商榷之处。主要表现在草案虽对各分编草案一审中的一些不统一的表述做了统一化处理，但存在没有把极类似的表述纳入统一范围的问题。如物权编草案二审稿尽管统一使用了"依照……规定办理"，但却同时使用了"依照……规定办理"和"应当依照……规定办理"。再比如第三百八十三条中的"依照法律规定或者按照约定解决"；有的条文未严格区分两者，如第一百二十七条中的"按照国家有关规定"；尽管此种表达属于沿袭《物权法》第一百二十六条的结果，但却不能因此就认可其合理性。

在简洁性方面，《民法典（草案）》在简化立法语言方面做了不少努力，但还忽视了部分细节。主要表现在未能严守去繁就简的一般原则，未能整合一些能够合并的表述。如各分编草案一审稿第六百九十二条中的第四项、第五项和第六项分别为"（四）储存场所""（五）储存期间""（六）储存费"，考虑到本条第二项为"储存物的品种、数量、质量、包装、件数和标记"，第八项为"（八）填发人、填发地和填发日期"，三项完全可合并为一项，表述为"储存场所、期间和费用"。再比如，各分编草案一审稿第七十三条第一款第五项为"筹集和使用建筑物及其附属设施的维修资金"，《民法典（草案）》却将其分为第五项"使用建筑物及其附属设施的维修资金"和第六项"筹集建筑物及其附属设施的维修资金"，这样的分设没有必要而且有失简洁。

三、《民法典》立法草案说明的功能

按照《立法法》规定，规定列入常务委员会会议议程的法律案应当在常务委员会会议后将法律草案及其起草、修改的说明等向社会公布，征求意见，但是经委员长会议决定不公布的除外。提出法律案应当同时提出法律草案文本及其说明并提供必要的参阅资料，法

---

① 王若楠：《法律条文中的情态动词研究——以〈民法典侵权责任编（草案）〉为例》，载《洛阳理工学院学报（社会科学版）》2019 年第 4 期。

律草案的说明应当包括制定或者修改法律的必要性、可行性和主要内容以及起草过程中对重大分歧意见的协调处理情况。置于微观立法学视角内，立法草案说明在公权力机关、知识精英、社会公众之间搭建起了理解立法决策、法案设计、立法审议等立法活动的桥梁。其处在"文书说明"与"法律说理"交叉地带，映射着立法过程中各方主体的行动逻辑，体现着民主与效率价值取向的交叠，影响着整体立法制度设计与运转。

立法是一个动态的循环往复之过程，可以被划分为准备、确立、完善等三个阶段。[①]在立法的确立阶段中又可细分为草案提出、草案审议和讨论、草案的通过或决定、公布等四个阶段。立法实践中，立法草案说明的出场并不仅有一次，为关注立法活动的人们所熟知的至少即有公开征求意见时法律、法规、规章草案征意见稿所附"草案说明"、立法审议程序中的"草案说明"。并且，立法审议程序中的"草案说明"运用亦不仅有一次。如，在"法律草案三审制"的实践展开中至少需要运用三次"草案说明"[②]，即"《草案（一审稿）》说明""《草案（二审稿）》说明""《草案（三审稿）》说明"。此外，法制机构审查是《立法法》确立的重要立法制度，被赋予确保立法必要性与可行性、保障法制统一、阻断不当部门利益、提高立法质量的法定功能[③]，在向法制机构提交法律、法规草案审核时，亦需提交"草案说明"。

在《民法典》编纂过程中，诞生了诸如《关于〈民法典各分编（草案）〉的说明》《关于〈中华人民共和国民法典（草案）〉的说明》等多份立法草案说明文书。立法草案说明在立法过程论与微观立法学所关注的各方主体的行动逻辑尤其是立法沟通存在着密切关联：从组织视角来看，立法草案说明作为一份文件，在立法过程中的诸多环节，如征求意见、论证评估、审议表决等活动中频繁运用；从个人视角来看，当下中国公众参与立法已为政策和法律制度所确认且实践行动正在渐次展开[④]，社会公众获取立法实务讯息、参与监督立法活动、理解立法文本设计等皆可利用生成于立法过程中的立法草案说明。在诸份与《民法典（草案）》或《民法典》各分编草案相关联的立法草案说明文书中，受到较多关注的是附随《民法典（草案）》提交第十三届全国人民代表大会第三次会议审议，全国人民代表大会常务委员会副委员长王晨于2020年5月22日在第十三届全国人民代表大会第三次会议上所作《关于〈中华人民共和国民法典（草案）〉的说明》。

文书正文包括编纂《民法典》的重大意义、编纂《民法典》的总体要求和基本原则、《民法典》编纂工作情况、《民法典》草案的主要内容等四个板块，承继在先出现在公开征求意见、法律草案一审、法律草案二审等环节出现的立法草案说明内容，为社会公众提供了于草案文本外的立法信息，提高了法律草案审议效率，也对重大立法分歧如立法体例

① 周旺生主编：《立法学教程》，法律出版社1995年版，第123页。

② 阚珂：《立法"三审制"是怎样确立的？（下）》，载《中国人大》2019年第20期。

③ 王晓妹：《法制机构审查的局限性及其突破》，载《东方法学》2020年第3期。

④ 张帆：《多元化、分歧与公众参与立法的难题》，载《法律科学（西北政法大学学报）》2013年第4期。

选用予以了一定程度的回应①。当立法草案审议通过后，"草案说明"即成为一种立法背景资料，成为立法者与适用者之间的沟通桥梁。当然，未来《民法典》愈加频繁地走入司法活动之中，《〈民法典〉立法草案说明》作为一份立法背景资料，可能出现在裁判文书说理部分，助推《民法典》的司法适用。

【延伸探讨】

国家统计局发布的数据显示，截至 2019 年末我国大陆总人口 140005 万人，60 周岁及以上人口 25388 万人，占比达 18.1%。其中，65 周岁及以上人口 17603 万人，占比达 12.6%。与此相对应的是 2000 年的人口状况，2000 年末我国大陆总人口为 126583 万人，其中 65 岁及以上人口为 8811 万人，占比为 6.96%。65 岁以上人口占总人口的比重达到 7%，是进入老龄化社会的一个标准。因此，自 2000 年开始中国逐步步入老龄化社会，此后 20 年间老龄化步伐日益加快。2020 年 10 月底民政部举行 2020 年第四季度例行新闻发布会，民政部养老服务司副司长李邦华介绍称，根据相关预测，"十四五"期间，全国老年人口将突破 3 亿人，将从轻度老龄化迈入中度老龄化。随着老龄化社会的到来，一些问题随之凸显。在老龄社会的法治回应方面，近五年来针对当前老年人群体遭遇的诸多困难，已有多位全国人大代表在全国人大会议期间提出建议国家层面进行立法，更好保障老年人的合法权益，为实施积极应对人口老龄化国家战略提供有力法治保障。在养老服务立法领域，相应探索自 2015 年《天津市养老服务促进条例》颁布实施以来，地方层面逐渐积累了一定共通性经验。但是，各地养老服务立法项目确定与技术运用存在着较大差异，形成了《养老服务条例》《居家养老服务促进条例》《养老机构管理办法》三种主要方案，由此在重点立法领域呈现出一道独特景观。

问题提示：

1. 分散式养老服务立法与综合式养老服务立法各自的优点、缺点是什么？
2. 三种方案中的养老服务法规的立法技术瑕疵体现在哪些方面？

【课后阅读】

[1] 梁西圣：《立法"真理"与"方法"之辩》，载《政法论丛》2021 年第 5 期。
[2] 刘斌：《中国公司法的立法技术革新——以立法技术瑕疵评估为中心》，载《大连理工大学学报（社会科学版）》2021 年第 3 期。
[3] 杨鹏：《立法技术的现状与愿景》，载《行政法学研究》2021 年第 3 期。
[4] 胡淑慧、孙润好、张法连：《论〈民法典〉对外传播的语言维度》，载《语言与法律

---

① 朱庆育：《第三种体例：从〈民法通则〉到〈民法典〉总则编》，载《法制与社会发展》2020 年第 4 期。

研究》2021 年第 1 期。

[5] 秦天宝、刘彤彤：《国家公园立法中"一园一法"模式之迷思与化解》，载《中国地质大学学报（社会科学版）》2019 年第 6 期。

[6] 吴飞飞：《论法律数字化的功能、可能风险及其优化》，载《安徽大学学报（哲学社会科学版）》2019 年第 4 期。

[7] 方新军：《融贯民法典外在体系和内在体系的编纂技术》，载《法制与社会发展》2019 年第 2 期。

[8] 高绍林、张宜云：《人工智能在立法领域的应用与展望》，载《地方立法研究》2019 年第 1 期。

[9] 王立民：《〈大清律例〉条标的运用与启示》，载《中国法学》2019 年第 1 期。

[10] 占善刚、王译：《民事法律规范中"视为"的正确表达——兼对〈民法总则〉"视为"表达之初步检讨》，载《河北法学》2018 年第 12 期。

[11] 王轶：《论物权法文本中"应当"的多重语境》，载《政治与法律》2018 年第 10 期。

[12] 邹玉华、刘东阳：《〈民法总则〉立法技术之进步及改进建议——以列举法中"项"的表述为中心》，载《法学杂志》2018 年第 8 期。

[13] 侯淑雯：《制定"立法标准法"的必要性、可行性及原则》，载《地方立法研究》2018 年第 5 期。

[14] 申惠文：《论〈民法总则〉文本中的情态动词》，载《私法》2018 年第 2 期。

[15] 田林：《关于确立根本性立法技术规范的建议》，载《中国法律评论》2018 年第 1 期。

[16] 余文唐：《法律文本：标点、但书及同类规则》，载《法律适用》2017 年第 17 期。

[17] 石佳友：《民法典的立法技术：关于〈民法总则〉的批判性解读》，载《比较法研究》2017 年第 4 期。

[18] 刘晓林：《唐律立法体例的实证分析——以"不用此律"的表述为中心》，载《政法论坛》2016 年第 5 期。

[19] 崔玉珍：《从立法语言的连词"或者"看我国法律文本的可读性》，载《当代修辞学》2016 年第 2 期。

[20] 姚树举：《当代形式逻辑是刑法立法正确的工具性科学》，载《贵州大学学报（社会科学版）》2015 年第 1 期。

[21] 张纬武：《"应当"和"可以"的另一种法哲学解读——兼论对现代法学的启示》，载《江西社会科学》2013 年第 4 期。

[22] 付立庆：《论刑法用语的明确性与概括性——从刑事立法技术的角度切入》，载《法律科学（西北政法大学学报）》2013 年第 2 期。

[23] 李康宁：《论民法的逻辑表达》，载《法制与社会发展》2012 年第 5 期。

［24］ 聂玉景：《法律文本中"可以"一词英译现状研究》，载《西南科技大学学报（哲学社会科学版）》2012 年第 2 期。

［25］ 杜巧阁：《立法语域句号误用实证分析》，载《中州学刊》2011 年第 5 期。

［26］ 娄开阳、陆俭明：《论立法语言规范中的技术问题》，载《修辞学习》2009 年第 3 期。

［27］ 刘方权、黄小芳：《刑事诉讼法文本中的"可以"》，载《昆明理工大学学报（社会科学版）》2008 年第 1 期。

［28］ 刘红婴：《法律文本"非……不……"模式表意维度》，载《中国社会语言学》2007 年第 2 期。

［29］ 朱广新：《物权法立法思维之批判》，载《现代法学》2006 年第 4 期。

［30］ 喻中：《中国宪法文本中的"可以"一词的研究》，载《金陵法律评论》2004 年第 1 期。

专题十　立法队伍

【事例介绍】

　　2002 年 1 月，根据《深圳市人大常委会为兼职委员聘用法律助理办法》（以下简称《办法》），深圳市人大法制委员会在全市 1400 多名律师及相关从业人员中选定了 19 名硕士以上学历和品行良好的专职律师、仲裁员签订协议，并确定相应人员为深圳市人大常委会兼职委员的法律助理，聘期为两年。该《办法》规定法律助理的职责以及需要履行的义务，明确不得利用受聘的工作便利或借用兼职委员的名义，进行兼职委员未予授权的活动；法律助理对受聘期间参与的重要事项，负有保密的义务。后续，深圳市陆续出台《深圳市人大常委会立法咨询专家管理办法》《深圳市人民政府立法工作规程》予以明晰，进一步提升法律助力制度的可操作性。在为立法工作引入"外脑"支持方面，其他地区的相应探索亦在持续推进。如，2003 年 7 月，湖北省人大常委会法规工作室与中南财经政法大学共同组建湖北地方立法研究中心，组织研究人员积极投身地方立法实践，在立法的不同阶段，以不同方式参与立法工作：一是提出专家建议稿，二是开展专题调研论证，三是参与立法各个阶段，如参加专家立法论证会、立法听证会、立法评估、立法咨询等。2004 年重庆市人大常委会办公厅聘请 21 名法律工作人员担任市人大常委会组成人员的立法助理，所聘请立法助理主要来自重庆市高校和市内部分律师事务所，由市人大法制委具有硕士以上学历的法学专业青年教师、律师和在法学专业在校研究生中考察，并推荐给提出申请的常委会组成人员。随着时间的推移，诸如此类的立法队伍建设探索已在全国范围内逐步推广开来。

【法律问题】

　　1. 地方人大和政府建设立法队伍的途径有哪些？

　　2. 立法助理的种类和职责有哪些？

　　3. 合格的立法工作者需要具备哪些素养？

　　4. 法学教育在新时代立法队伍建设中的使命是什么？

【法条链接】

　　《中华人民共和国立法法》（2023 年修正）

　　第六条　立法应当坚持和发展全过程人民民主，尊重和保障人权，保障和促进社会公平正义。

立法应当体现人民的意志，发扬社会主义民主，坚持立法公开，保障人民通过多种途径参与立法活动。

第三十九条第二款 法律案有关问题专业性较强，需要进行可行性评价的，应当召开论证会，听取有关专家、部门和全国人民代表大会代表等方面的意见。论证情况应当向常务委员会报告。

第三十九条第三款 法律案有关问题存在重大意见分歧或者涉及利益关系重大调整，需要进行听证的，应当召开听证会，听取有关基层和群体代表、部门、人民团体、专家、全国人民代表大会代表和社会有关方面的意见。听证情况应当向常务委员会报告。

第三十九条第四款 常务委员会工作机构应当将法律草案发送相关领域的全国人民代表大会代表、地方人民代表大会常务委员会以及有关部门、组织和专家征求意见。

第五十七条 全国人民代表大会有关的专门委员会、常务委员会工作机构应当提前参与有关方面的法律草案起草工作；综合性、全局性、基础性的重要法律草案，可以由有关的专门委员会或者常务委员会工作机构组织起草。

专业性较强的法律草案，可以吸收相关领域的专家参与起草工作，或者委托有关专家、教学科研单位、社会组织起草。

第七十条 全国人民代表大会常务委员会工作机构根据实际需要设立基层立法联系点，深入听取基层群众和有关方面对法律草案和立法工作的意见。

《行政法规制定程序条例》（2017 年修订）

第十三条 起草行政法规，起草部门应当深入调查研究，总结实践经验，广泛听取有关机关、组织和公民的意见。涉及社会公众普遍关注的热点难点问题和经济社会发展遇到的突出矛盾，减损公民、法人和其他组织权利或者增加其义务，对社会公众有重要影响等重大利益调整事项的，应当进行论证咨询。听取意见可以采取召开座谈会、论证会、听证会等多种形式。

起草行政法规，起草部门应当将行政法规草案及其说明等向社会公布，征求意见，但是经国务院决定不公布的除外。向社会公布征求意见的期限一般不少于 30 日。

起草专业性较强的行政法规，起草部门可以吸收相关领域的专家参与起草工作，或者委托有关专家、教学科研单位、社会组织起草。

第二十条 国务院法制机构应当将行政法规送审稿或者行政法规送审稿涉及的主要问题发送国务院有关部门、地方人民政府、有关组织和专家等各方面征求意见。国务院有关部门、地方人民政府应当在规定期限内反馈书面意见，并加盖本单位或者本单位办公厅（室）印章。

国务院法制机构可以将行政法规送审稿或者修改稿及其说明等向社会公布，征求意见。向社会公布征求意见的期限一般不少于 30 日。

第二十一条 国务院法制机构应当就行政法规送审稿涉及的主要问题，深入基层进行实地调查研究，听取基层有关机关、组织和公民的意见。

第二十二条　行政法规送审稿涉及重大利益调整的，国务院法制机构应当进行论证咨询，广泛听取有关方面的意见。论证咨询可以采取座谈会、论证会、听证会、委托研究等多种形式。

行政法规送审稿涉及重大利益调整或者存在重大意见分歧，对公民、法人或者其他组织的权利义务有较大影响，人民群众普遍关注的，国务院法制机构可以举行听证会，听取有关机关、组织和公民的意见。

第二十三条　国务院有关部门对行政法规送审稿涉及的主要制度、方针政策、管理体制、权限分工等有不同意见的，国务院法制机构应当进行协调，力求达成一致意见。对有较大争议的重要立法事项，国务院法制机构可以委托有关专家、教学科研单位、社会组织进行评估。

经过充分协调不能达成一致意见的，国务院法制机构、起草部门应当将争议的主要问题、有关部门的意见以及国务院法制机构的意见及时报国务院领导协调，或者报国务院决定。

《规章制定程序条例》（2017 年修订）

第十五条　起草规章，应当深入调查研究，总结实践经验，广泛听取有关机关、组织和公民的意见。听取意见可以采取书面征求意见、座谈会、论证会、听证会等多种形式。

起草规章，除依法需要保密的外，应当将规章草案及其说明等向社会公布，征求意见。向社会公布征求意见的期限一般不少于 30 日。

起草专业性较强的规章，可以吸收相关领域的专家参与起草工作，或者委托有关专家、教学科研单位、社会组织起草。

第十六条　起草规章，涉及社会公众普遍关注的热点难点问题和经济社会发展遇到的突出矛盾，减损公民、法人和其他组织权利或者增加其义务，对社会公众有重要影响等重大利益调整事项的，起草单位应当进行论证咨询，广泛听取有关方面的意见。

起草的规章涉及重大利益调整或者存在重大意见分歧，对公民、法人或者其他组织的权利义务有较大影响，人民群众普遍关注，需要进行听证的，起草单位应当举行听证会听取意见。听证会依照下列程序组织：

（一）听证会公开举行，起草单位应当在举行听证会的 30 日前公布听证会的时间、地点和内容；

（二）参加听证会的有关机关、组织和公民对起草的规章，有权提问和发表意见；

（三）听证会应当制作笔录，如实记录发言人的主要观点和理由；

（四）起草单位应当认真研究听证会反映的各种意见，起草的规章在报送审查时，应当说明对听证会意见的处理情况及其理由。

第二十一条 法制机构应当将规章送审稿或者规章送审稿涉及的主要问题发送有关机关、组织和专家征求意见。

法制机构可以将规章送审稿或者修改稿及其说明等向社会公布，征求意见。向社会公布征求意见的期限一般不少于30日。

第二十二条 法制机构应当就规章送审稿涉及的主要问题，深入基层进行实地调查研究，听取基层有关机关、组织和公民的意见。

第二十三条 规章送审稿涉及重大利益调整的，法制机构应当进行论证咨询，广泛听取有关方面的意见。论证咨询可以采取座谈会、论证会、听证会、委托研究等多种形式。

规章送审稿涉及重大利益调整或者存在重大意见分歧，对公民、法人或者其他组织的权利义务有较大影响，人民群众普遍关注，起草单位在起草过程中未举行听证会的，法制机构经本部门或者本级人民政府批准，可以举行听证会。举行听证会的，应当依照本条例第十六条规定的程序组织。

第二十四条 有关机构或者部门对规章送审稿涉及的主要措施、管理体制、权限分工等问题有不同意见的，法制机构应当进行协调，力求达成一致意见。对有较大争议的重要立法事项，法制机构可以委托有关专家、教学科研单位、社会组织进行评估。

经过充分协调不能达成一致意见的，法制机构应当将主要问题、有关机构或者部门的意见和法制机构的意见及时报本部门或者本级人民政府领导协调，或者报本部门或者本级人民政府决定。

第三十五条 国家机关、社会团体、企业事业组织、公民认为规章同法律、行政法规相抵触的，可以向国务院书面提出审查的建议，由国务院法制机构研究并提出处理意见，按照规定程序处理。

国家机关、社会团体、企业事业组织、公民认为设区的市、自治州的人民政府规章同法律、行政法规相抵触或者违反其他上位法的规定的，也可以向本省、自治区人民政府书面提出审查的建议，由省、自治区人民政府法制机构研究并提出处理意见，按照规定程序处理。

《从律师和法学专家中公开选拔立法工作者、法官、检察官办法》

第二条 具有立法权的人大常委会的法制工作机构、政府法制部门、人民法院、人民检察院应当将从符合条件的律师、法学专家中公开选拔立法工作者、法官、检察官工作纳入队伍建设规划，并采取切实措施予以落实。

第三条 具有立法权的人大常委会的法制工作机构、政府法制部门可以根据工作需要招录一定数量的律师、法学专家从事法律法规起草工作。人民法院、人民检察院应当把从律师、法学专家中选拔法官、检察官工作常态化、制度化。

第十三条第一款 律师、法学专家被选拔为立法工作者、法官、检察官的，适用国家机关工作人员禁止性规定，不得持有非上市公司的股份；不得在企业、律师事务所及营利性机构兼职。

第十四条 鼓励法学专家到人大常委会法制工作机构、政府法制部门、人民法院、人民检察院挂职锻炼。上述单位应当为法学专家挂职锻炼创造条件。

《广东省人民政府立法咨询专家工作规定》

第二条 本规定适用于省人民政府立法咨询专家的选聘、管理及咨询活动。

本规定所称立法咨询专家，是指由省人民政府聘请的、为省人民政府开展政府立法工作提供咨询意见的从事相关理论研究和实务工作的专业人士。

第三条 省人民政府建立政府立法咨询专家库，省司法厅负责立法咨询专家的公开选聘和管理工作。

省司法厅负责对专家咨询工作的统筹协调；法规规章草案起草单位需要向专家提出咨询的，各自承办咨询的具体工作。

第四条 省人民政府立法咨询专家应当具备下列条件：

（一）坚持正确的政治方向；

（二）遵守宪法和法律，具有良好的职业道德；

（三）具备较高的专业知识水平或者丰富的实务工作经验，在其工作领域享有较高声望；

（四）具有相关领域高级职称或者同等专业水平；

（五）熟悉省情、社情、民情，热心参与政府立法工作。

第五条 省人民政府立法咨询专家的选定，由省司法厅依照下列程序进行：

（一）发布选聘公告，明确选聘条件、程序、报名方式等内容；

（二）根据报名情况，对符合本规定第四条相关条件的候选人进行评审筛选，拟定立法咨询专家人选名单；

（三）立法咨询专家人选名单通过门户网站向社会公示7个工作日；

（四）公示期届满无异议的，报省人民政府批准后公布人选名单。

第六条 省人民政府立法咨询专家每届任期5年，省司法厅每5年组织一次更新复核工作。

出现下列情形之一的，可以解聘专家：

（一）本人提出辞职的；

（二）一年之内两次以上不参加省司法厅或者起草单位邀请的咨询活动的；

（三）有违法违纪行为或者损害政府形象行为的；

（四）因其他原因不适合继续担任的。

对专家的解聘，由省司法厅提出建议，报省人民政府批准。

第七条 立法咨询专家参与省人民政府立法工作，主要包括下列内容：

（一）对省人民政府年度制定规章计划的编制提供咨询意见或者建议；

（二）参与重要法规规章草案的起草、调研以及规章立法后评估；

（三）参与相关法规规章草案的论证，对相关法规规章草案提出意见和建议；

（四）参与省人民政府相关立法课题的研究、评审；

（五）参与省人民政府规章清理、编纂工作；

（六）为省人民政府对地级以上市人民政府规章的备案审查提供意见和建议；

（七）参与其他与政府立法有关的工作。

第八条　向专家提出咨询，可以采取下列方式进行：

（一）邀请专家参加有关座谈会、论证会、听证会、立法调研；

（二）通过信函、传真、电子邮件征求意见；

（三）其他方式。

第九条　咨询专家意见时应当附咨询提纲，提纲应当明确咨询的有关内容，包括立法过程中专业性较强、社会关注度高或者意见分歧比较大的问题，以及其他重点、难点问题。

第十条　专家对省司法厅及法规规章草案起草单位提出的立法咨询事项，应当认真研究，按时回复书面意见，重点阐明观点、理由和依据。

立法咨询专家应当遵守立法工作制度和保密要求，按规定参加立法咨询活动。不得以立法咨询专家的名义，从事与咨询无关的活动；未经法规规章草案起草单位或者省司法厅同意，不得向外披露咨询事项中尚未确定和公开的信息。

第十一条　对立法咨询专家提出的意见和建议，有关单位应当认真研究，将意见采纳情况在论证报告、起草说明或者审查报告中予以说明，并以电话、电子邮件、书信、当面答复等适当形式反馈。

第十二条　立法咨询专家参与立法工作，可以向省司法厅和相关部门查阅有关参考资料，涉密事项除外。

省司法厅和有关部门邀请立法咨询专家参与立法咨询工作的，应当按照有关规定支付报酬。

第十三条　有条件的地级以上市人民政府可以根据需要建立政府立法咨询专家库；没有建立政府立法咨询专家库的，可以从省人民政府立法咨询专家库中邀请有关专家参与立法咨询工作。

【基础知识】

《中共中央关于全面推进依法治国若干重大问题的决定》，强调应当加强法治工作队伍建设和法治人才的培养，更好地发挥法学基础教育的基础性、先导性作用，培养信念过硬、作风过硬、责任过硬、能力过硬的法治人才。立法工作者在法治建设中具有极其重要的作用，但实践中法学基础教育培养的学生毕业后集中于司法和执法领域，在立法领域较少。随着设区的市的立法权的扩容，对立法人才需求成倍增加。当前，生成立法工作人才需求的单位，并不局限于各级人民代表大会及各专门委员会，国务院、国务院各部委、各级人民政府、各级人民政府各职能部门同样需要大量立法人才。在国家治理中，规范法律、法规、规章以及规范性文件的制定过程对于全面推进依法治国战略，提升规范性治理水平具有重要意义。当前，必须重视立法人才队伍建设的理论研究与实践探索工作。

一、立法人才队伍的结构

立法队伍是从事立法及其相关活动的人员的总称。我国的立法队伍由专门性立法工作者、辅助性立法工作者以及第三方立法参与主体构成。立法队伍为立法主体顺利开展立法工作提供了充分的人力资源保障。

（一）专门性立法工作者

对立法者的定位，应当是分层次的。立法者应当分为三个位阶：其一，在理念意义上，公共理性是立法者。公共理性是一般理性的公约数，比一般理性具有更高的普适性，因此在立法者体系中处于最高的位置。其二，人民是实质的立法主体。在现代民主国家中，人民是立法权的天然掌控者，此为民主政体的象征之一。因此，人民作为立法权的主体具有不可质疑的正当性。特别在现代社会，即使表面上立法者是国家特定的代议机关，但是其不过是人民立法的代言人而已。此为人民基于公共理性将立法权让渡给国家的结果。其三，立法权的具体行使主体是国家的有权立法机关，而国家却不能成为立法权的主体。国家的权力在一定意义上是三种权力的化身，而不能是立法权的主宰。① 立法机关只是一种抽象的机构，实际上并不能直接性地进行具体立法工作。实际执行立法工作的，是专门性从事事务性立法工作的具体的人，包括议员、行政机关实际负责行政立法的人员，以及普通法系的法官等。② 在我国，专门性立法工作者是指依照宪法和法律规定，国家机关中直接参与行使立法权的人员，包括各级人大常委会委员、各级人大专门委员会委员以及人大代表等人员。为了全面推进依法治国，必须健全人大主导立法工作的体制机制，重视立法者的法定职责，尤其是要发挥各级人大代表参与立法的作用。③

（二）辅助性立法工作者

辅助性立法工作者是指不具有立法性职权，但参与立法活动、辅助立法过程的国家公职人员，主要包括各级人大常委会办事机构的工作人员、各级人大专门委员会办事机构的工作人员，以及各级政府法制机构及其工作人员等。④ 辅助性立法工作者本身虽然没有立法的权力，但是他们对立法活动的影响却是巨大的，这与他们职业的特殊性息息相关。作

---

① 宋远升：《立法者论》，法律出版社 2016 年版，第 184 页。
② 宋远升：《立法者论》，法律出版社 2016 年版，第 184 页。
③ 胡弘弘、白永峰：《地方人大立法人才培养机制研究》，载《中州学刊》2015 年第 8 期。
④ 胡弘弘、白永峰：《地方人大立法人才培养机制研究》，载《中州学刊》2015 年第 8 期。

为一种特殊的法律职业，其特殊性体现在如下几个方面：一是辅助性，辅助性立法工作者在立法过程中完全处于辅助地位，其仅仅是立法者的辅助人员，不能对立法过程进行干预和影响；二是中介性，在立法活动中，辅助性立法工作者必须全面、真实、准确地表达和传递立法者、民意代表以及公众的意见和建议，其不具备表达自我意志的功能；三是技术性，在立法活动中，辅助性立法工作者需要运用一定的立法技术，确保法律文本的结构合理、体系融贯、逻辑自洽、语言规范。① 辅助性立法工作者几乎参与立法的全过程。其中立法准备阶段涉及立法预测、立法规划、立法创议、立法决策以及法案起草等内容，这个过程将会对法律案的形成以及发展方向产生重大影响；正式的立法程序是塑造正式法律案的关键环节，它直接决定了法律案的文本内容，该过程包括提出法案、审议法案、表决法案以及公布法等环节。立法完善环节是在法律公布之后，为了使法律文本结构和内容上更加完善，能够更好适应社会发展的需要而进行的必要修改、解释、清理和汇编工作。辅助性立法工作者在上述环节的全过程都发挥着重要的辅助作用，这对于法律案的最后形成具有重要的意义。

（三）第三方立法参与主体

第三方参与主体又被称为立法工作的智囊库，主要是一些专业人士、科研机构等。相应主体能够相对中立、专业性地协调立法活动中的诸多利益关系，在立法队伍当中扮演着重要作用。根据科学立法原则的要求，各级人大及其常委会制定的法律不仅要能够反映出人民的意志，而且在结构、内容以及形式上都应做到精益求精，要给全体公民提供明确和清晰的指引。此目的的实现离不开专家学者和广大实务工作者的协作和建议。此外，地方立法活动中还要保证所制定的法律法规同上位法的原则和精神保持一致，而不能违反上位法所确定的原则和基本规范。《中华人民共和国宪法》（以下简称《宪法》）第五条规定：一切法律、行政法规和地方性法规都不得同宪法相抵触。同时，根据法律的位阶的不同，也可以得出地方人大及其常委会制定的地方性法规不得同法律、行政法规、上级人大及其常委会制定的地方性法规相抵触。为了确保立法活动的合法性，降低地方性法规的违法风险，在地方立法活动当中，立法机关往往会征求专业学者的意见，将可能存在的违法风险都消解在法律制定活动过程中，从而保证所制定的地方性法规能够助力社会发展，从而实现立法的价值。第三方参与主体可以分为两类，一类是常态的第三方参与主体，即人大的立法顾问，他们在实践中已经积累了丰富的立法经验。目前，我国各级人大都普遍设置了立法顾问制度。另一类是动态的第三方参与主体。近年来，各级人大不断推行第三方参与立法的模式，邀请律师事务所、科研机构、专业咨询机构等组织的成员或高校的专家学者参与立法调研、立法前评估、法规起草和立法后评估等工作。② 第三方参与立法拓展了公

---

① 汪全军：《论立法工作者的职业伦理》，载《法学教育研究》2018 年第 3 期。
② 魏桃清：《人大委托"第三方"参与立法工作的实践与思考》，载《人民之声》2013 年第 7 期。

民参与立法的途径，增强了地方立法的民主性和科学性。探索委托第三方起草法律法规草案，已经成为完善我国立法机制的方向之一，第三方参与主体在今后的立法活动中必将扮演更为重要的角色。

二、立法人才的社会需求

随着依法治国实践的深化，全社会对立法人才的需求空前旺盛，与供给不足之间的矛盾越发凸显。当下，立法人才的培育已成为法学教育立法工作，乃至整个法治建设的短板弱项。

（一）中国法治发展的特殊进路：立法人才被寄予厚望

中国法治的发展模式属于建构型的，特别重视通过人为的理性建构实现法律制度的变迁与进步，在法律制度变革中，倚重人大的主导作用。法律演进与发展的基本动力是外在的，即依靠外来力量或压力的推动。因此，人大和政府是法律发展的重要推动者，立法是法律发展的主要进路。如同其他发展中国家一样，中国也对急速之社会及经济变迁有一项极巨大之需求，而这项需求绝大部分是表现在法律变迁上，诸如宪法、制定法及行政法等。在此种社会进化情况下，法律不再是对人类社会生活的简单记录，而是通过制度建构引导人类社会的发展方向。因此，立法在国家活动当中实际上扮演了"引路"的角色。因此，法律人只有掌握了科学的立法方法，才能在依法治国、建设社会主义法治国家的伟大事业中发挥自我应有的价值。经过改革开放后多年的不懈努力，中国特色社会主义法律体系业已形成，但完善中国特色社会主义法律体系则是一项长期的历史任务。全面推进依法治国的总目标是建设中国特色社会主义法治体系，而完备的法律规范体系则是整个体系的重要组成部分和制度前提，因此需要充分发挥立法的引领和规范作用。在这种背景下，立法人才所担负的职责越来越重要。[①]

（二）赋予设区的市立法权：凸显立法人才的不足

2023年《立法法》予以修改，明确规定区的市的人大及其常委会可以根据本市的具体情况和实际需要，在不同宪法、法律、行政法规和本省、自治区的地方性法规相抵触的情况下，可以对城乡建设与管理、环境保护、历史文化保护和社会治理等方面的事项制定地方性法规。2015年《立法法》修改前，共有49个地方享有地方立法权。而修改《立法法》后，设区的市和自治州都具备了立法权限。同时，省、自治区、直辖市和设区的市、自治州的人民政府，可以依法制定规章。然而，许多地方的人大及其常委会、政府由于没有地方立法经验，加之立法人才储备不足，致使地方立法权下放之后，各地难以充分行使

[①]　刘风景：《需求导向的立法人才培育机制》，载《河北法学》2018年第4期。

自己立法职权问题的产生。①

（三）强化立法监督：迫切需要一大批立法人才

在现行立法实践中，存在法律法规未能全面反映客观规律和人民意愿，解决实际问题的有效性不足，针对性、可操作性不强，立法效率低下等问题。此外，立法工作中存在部门化倾向、争权诿责的现象，立法实际上成了一种利益博弈，相关法律草案要么就久拖不决，要么就制定的法律法规无法发挥实效。为此，有关机关应当加强改进备案审查工作，将各类法律法规规章统一纳入备案审查范围，实行有件必备、有备必查、有错必纠。只有通过有效的备案、审查、清理机制，才能发现并消除"恶法"，确保良法的形成与维护，完善中国特色社会主义法律体系。为了达到上述目的，立法工作人员除了具有正确的立法理念、强烈的责任心外，还需要有驾驭各种复杂问题的立法能力、高超的立法技术。②

三、立法人才的职业素养

（一）立法人才的法治思维

立法工作者的法治思维包括良法思维、程序思维和技术思维三个部分。良法思维是立法工作者的首要思维和底线思维，包括特色思维、效益思维和妥协思维。所谓特色思维，是针对地方立法而言的，面对地方立法主体井喷式的增长，特色思维的确立尤为重要。可以说，富有地方特色是地方立法的基础，是否体现地方特色应当成为衡量一部地方性法规和规章质量高低的核心标准。所谓效益思维，是指立法过程中要注重成本和收益。立法本身是对社会资源的重新分配，包括法律制定过程、执法过程和守法过程都会耗费一定成本，而与之相对应的，立法将会带来社会效益和经济效益的增加。立法要保证效益的增加不少于成本的耗费，从而使立法活动符合其应有价值。妥协思维是指在立法过程中要具备一种有原则、有底线、有准则的妥协思维，即是通过选取最大公约数实现各种利益良性平衡的妥协。③ 事实上，立法过程就是各种利益诉求表达、权衡和相互妥协的过程，甚至在很多的立法背后还蕴藏着激烈的利益博弈，故而妥协思维的运用尤为重要。④

程序思维是立法工作者的常规思维，包括参与思维、论证思维和评估思维。参与思维是指要让人民群众参与立法活动，焕发人民群众参与立法的热情，实现立法多元参与的格局。论证思维是指要建立专家论证咨询制度、探索委托第三方起草草案制度。这些纲领性文件的规定，旨在改变行政部门垄断立法话语权的局面，促进立法公正性的实现。评估思维是指通过评估活动的开展，为立法的起草和完善提供充分的信息资源，提高立法的科学

---

① 刘风景：《需求导向的立法人才培育机制》，载《河北法学》2018年第4期。
② 刘风景：《需求导向的立法人才培育机制》，载《河北法学》2018年第4期。
③ 刘平：《立法原理、程序与技术》，学林出版社2017年版，第224页。
④ 章志远：《立法工作者的三重法治思维》，载《学习论坛》2018年第3期。

性和回应性。评估思维的确立就是要从"全面"与"客观"两个维度出发，设计出科学的立法前评估和立法后评估机制，使每一项立法活动都能经得起实践的检验。[1]

技术思维是立法工作者的职业思维，包括结构思维、框架思维和语言思维。所谓结构思维是指使法律文本结构有序的思维，现代成文法的结构由法的名称、法的内容和表现法的内容的符号三个要件所构成。为此，立法名称、体例和结构并非随心所欲而成，同样需要遵循相应的技术规范。可以说，结构的清晰、有序是立法技术思维的首要内涵。框架思维要求法律文本的基本框架符合立法的一般习惯。法律文本一般都由总则、分则和附则等部分组成，每一部分都有一些常规性的条文安排。在长期的立法实践中，法律文本的框架设计已经形成了一些习惯性做法，立法工作者应当内化于心和外化于行。语言思维是指立法要善于通过运用法言法语表达立法者的意图。立法的语言文字承载着立法意图的表达和立法目的的实现，有着自身独特的风格。立法工作者除了要遵循国家通用的语言文字基本规范，还必须熟悉法律行业的语言文字规范要求，只有这样才能保证立法活动的专业性和权威性。[2]

（二）立法人才的工作技能

一是法律知识。具备扎实的专业功底是立法人才所具备的必要技能之一。立法是一项专业活动。因此，立法人才唯有具备扎实的法律功底，才能够厘清社会关系中蕴含的法律问题，并根据现有法律的规定进行制度设计，从而制定出符合上位法的要求同时也符合社会实际情况的法律规范。立法人才的法律知识体系应当包括三个方面：一是宪法知识。宪法是国家的根本法，调整国家最根本的社会关系，对其他一切法律规范具备指引作用。立法实践当中，"根据宪法，制定本法"几乎是所有法律制定的依据之一。因此，吃透宪法内容，领悟宪法精神和价值，掌握宪法内涵，立法人才才能够在立法活动当中熟练进行法律条款设计，法律法规违反上位法的可能性也会随之降低。二是立法学知识。立法学蕴含着丰富的理论，从立法权限到立法过程、立法程序，都蕴含着民主的逻辑和科学的思维。立法人才只有在精通立法学知识体系的基础上，才能够确保立法过程符合立法规律，所制定的法律法规凸显立法价值。三是部门法知识。部门法知识对于具体立法活动具有重要作用。立法的本质在于解决某一方面的社会问题，往往会运用到某一部门法甚至多个部门法的知识。例如某地要出台关于住宅小区的治理条例，那么必然要运用到民法的相关知识。因此，学好部门法知识，对于立法能力的提升同样具有重要作用。

二是立法技艺。立法活动是一门专业技术活。无论是立法者的良好意愿还是各方主体的正当利益诉求，在形成正式的法律文本之前，都需要开展各种相关的技术工作。这些立法技术包括法的总体框架设计技术、法的基本品格设定技术、法的名称构造技术、法的规

---

[1] 章志远：《立法工作者的三重法治思维》，载《学习论坛》2018年第3期。

[2] 章志远：《立法工作者的三重法治思维》，载《学习论坛》2018年第3期。

范构造技术、非规范性内容安排技术、具体结构技术、立法语言技术和有关常用字与词的使用技术。① 就其本质属性而言，立法活动是价值理性和技术理性相结合的专门法律活动。离开了技术理性的支撑，法律的价值理性终将成为空中楼阁。② 因此，立法人才不仅要具备扎实的法律知识，还要具备专业的立法技艺，才能顺利推动法律制定活动的向前。

（三）立法人才的职业伦理

一是忠实。立法人才的忠实伦理的核心是对人民忠诚，表现在立法工作者要忠实履行职责。一方面，他们要通过专业和技术手段帮助派生立法者制定良好的法律；另一方面，他们要积极促进派生立法者与人民群众之间的联系沟通，传递立法者的真实意志。具体到程序上，即表现为：在立法规划阶段，要针对一定时期内民众最关切的问题进行立项，最大程度发挥法律的调整功能，以求消除矛盾，凝聚共识。在法案起草阶段，立法人才队伍要将人民群众反映的具体问题和意见，在草案中予以全方位的体现。在立法评估阶段，各方要广泛听取群众意见，尊重社会关系的实际情况以及遵守上位法的相关规范，并对法律案的可行性进行专业分析。在立法完善阶段，要真实地反映法律实施的情况，在不违背立法者本意的前提和基础上进行法律解释，并对法律案是否合乎上位法规定作出审查。立法是实现全过程人民民主的关键一环，是人民当家作主的集中体现。代议制模式能够运转的前提，也在于预设人民代表能够忠实地将所代表的人民的意志予以反映，因此，立法人才的忠实伦理规范，是人民民主得以实现的基本保证。同时，立法人才在立法全过程中，也应当忠实于党的领导。我国《宪法》规定：中国共产党的领导是中国特色社会主义最本质的特征。要坚持党对立法工作的全过程领导，善于把党的主张转化为法律，从而对人民民主形成最有力的拱卫。

二是中立。立法人才的中立伦理强调的是立法人才在具体的立法活动中应当舍弃个人意志的偏好，发挥媒介作用，在立法过程中真实地传递人民的意志。中立的伦理价值集中反映为立法的程序思维，是一种参与思维、论证思维和评估思维。③ 于立法队伍而言，应当将立法活动看作一项纯粹的技术性活动，而不能将自身的主观价值介入立法过程当中。具体到程序上，即表现为：在立法规划过程中，究竟哪部分事项可以作为立法计划，需要根据人民群众的需求度来综合判断，而不能依照自我喜好。在立法草案起草过程中，应采用客观标准处理立法事务，建构法律体系，确定法律草案，维护法律草案的纯粹性。在立法评估阶段，在保证法律草案合法性基础之上，应当将人民群众的合理意见科学地吸纳进文本之中，并对人民群众反映的法律草案的问题进行适当修改。在立法完善阶段，针对法律实施过程中存在的问题，客观中立地进行修正，并对部门存在争议的条款依照法律技术

---

① 周旺生：《立法论》，北京大学出版社 1994 年版，第 184 页。
② 章志远：《立法工作者的三重法治思维》，载《学习论坛》2018 年第 3 期。
③ 章志远：《立法工作者的三重法治思维》，载《学习论坛》2018 年第 3 期。

作出合理的解释。应当认识到，立法是一项专业的技术活动，依照不同标准，可以将其分为宏观立法技术、中观立法技术和微观立法技术，纵向立法技术和横向立法技术，以及立法活动运筹技术和法的结构营造技术。① 例如，现代法律文本的结构包括法的名称、法的内容和表现法的内容符号。所以，法案的名称、体例和结构绝非可以主观臆造，而应当遵循相应的技术规范。因此，立法队伍应当严格遵循中立的立法伦理，保证法律案的科学性、严谨性和客观性，使之能够有效调整社会关系。

三是谦抑。立法人才的谦抑伦理是指立法活动从业者应当正确对法律进行定位，认识到法律功能上的局限性，并正视这种局限性。首先，立法人才的谦抑规范能够使法律最大程度上发挥自身功能。立法人才不能认为所有的社会关系都可以通过立法的方式予以解决，对于人民群众日常生活中反映的问题，应当作出正确判断，审查该问题上升为法律的必要性与可行性，在保证人民群众意志实现之余，也要尽可能节约社会立法资源。此外，人民的意志是个人意志的集合，并通过个人意志对外表达。在立法实践当中，不能将部分公民的意愿完全与立法者的意愿画等号。这就要求立法队伍在日常的工作当中主动向立法者解释立法过程中可能出现的问题并提前规避。其次，谦抑规范有利于使立法人才作出理性的判断。通常在社会热点事件的讨论中，部分人员往往会寻求以制定法律文本的方式解决问题。但是，立法是否能够发挥最大的治理效能，仍需要具体问题具体分析。尤其作为立法活动从业人员，不能仅凭部分公众存在相关意愿就认为应当启动立法程序，而应当保持谦抑，寻找问题的最优解，并适时启动立法程序，以寻求问题的解决。最后，谦抑规范有利于维护法律文本的安定性。实际上，立法冒进是导致法律规范不得不经常修改的重要原因。谦抑规范要求立法工作者准确把握立法的必要性、可行性和合理性，亦即准确把握法律规范与社会现实之间的关系，从而有助于维护法律文本的稳定性。②

四、立法人才的培育途径

（一）在岗立法人员培训交流

2016 年全国人大常委会法工委的领导指出，许多立法"新兵"虽已参加了立法培训班，但对制定地方性法规从何入手、立法程序之间如何操作衔接、法律文件的起草和格式要求等，都感到力有未逮。不少地方都提出建议，加强立法工作队伍的专业培训，实现立法培训工作常态化。③ 实际上，我国各级各类有权立法机关，都非常重视立法工作人员的培训。例如，全国人大常委会连续几年都将这项工作列入议事日程。2016 年立法工作计划提出，大力加强立法工作队伍建设。加强业务能力建设，有计划、有组织、多层次、多渠

---

① 周旺生：《立法学教程》，北京大学出版社 2006 年版，第 409 页。
② 汪全军：《论立法工作者的职业伦理》，载《法学教育研究》2018 年第 3 期。
③ 张璁：《地方立法周年　各地如何兑现》，载《人民日报》2016 年 3 月 2 日。

道地对立法工作人员进行培训。创新立法人才培育和任用机制，着力培育立法骨干人才。多渠道选拔优秀立法人才，建立健全立法人才培育和任用机制。2017 年立法工作计划又提出，积极推进立法工作队伍建设。积极通过挂职锻炼、交流培训、蹲点调研等方式，有计划、有组织、多层次地加强对立法工作人员的培养，着力提高遵循规律、发扬民主、加强协调、凝聚共识的能力。①

（二）法治人才队伍内部调剂

从完整的法治系统看，法律创制与法律适用之间有着内在联系。审判过程中形成的经验和智慧，逐渐凝炼为审判方法，又反转回立法活动之中，完善为法律规则。立法认真对待裁判规则和审判方法，尊重人们对法官裁判的合理预期，这有助于提高立法的质量。因而，从法官、检察官和律师队伍之中，选用立法工作人员也是缓解立法人才不足的一个重要措施。党的十八届四中全会决定提出："全面推进依法治国，必须大力提高法治工作队伍思想政治素质、业务能力、职业道德水准，着力建设一支忠于党、忠于国家、忠于人民、忠于法律的社会主义法治工作队伍，为加快建设社会主义法治国家提供强有力的组织和人才保障。"畅通立法、执法、司法部门干部和人才相互之间以及与其他部门具备条件的干部和人才交流渠道。推进法治专门队伍正规化、专业化、职业化，提高职业素养和专业水平。完善法律职业准入制度，健全国家统一法律职业资格考试制度，建立法律职业人员统一职前培训制度。建立从符合条件的律师、法学专家中招录立法工作者、法官、检察官制度。无疑地，这些举措有助于打破各类法治人才队伍之间的制度壁垒，实现法治人才队伍内部的交流互动、优化配置，一定程度上解决立法人才供给匮乏的问题。② 同时，创建人才交流机制也是节省人才培养成本、提升人才培养实效的有效路径。立法人才交流在立法机关、行政机关、司法机关、律师事务所等法律共同体之间跨界进行，通过部门互换、经验沟通等方式，激发法治工作队伍的活力，带动人大立法质量提升。人大与高等院校、科研机构等单位的人才交流，从而提供更多岗位和机会，培养和锻炼现职人大立法人员，同时吸纳懂业务、有潜力的人员进入立法队伍。近年来，一些地方人大注重将具有较强业务能力和丰富法律工作经验的立法工作人员选任为人大常委会委员、法制工作委员会专职委员等，同样不失为一种有益的尝试。这种举措既可以激发现职立法工作人员的积极性，又可以节省立法人才培养成本，避免了对单一人才培养模式的依赖。③

（三）高等院校推进学科教育

高等院校是培养立法人才的摇篮，立法人才培养列入高校的培养计划是高等院校推进

---

① 刘风景：《需求导向的立法人才培育机制》，载《河北法学》2018 年第 4 期。
② 刘风景：《需求导向的立法人才培育机制》，载《河北法学》2018 年第 4 期。
③ 胡弘弘、白永峰：《地方人大立法人才培养机制研究》，载《中州学刊》2015 年第 8 期。

学科教育的重要形式。为此,高等院校推进学科教育应当从以下几个方面展开。

第一,在学科教育层次上,立法人才应当接受研究生教育,取得法学或法律专业硕士学位,而不仅仅是法学本科教育取得学士学位。立法是直接从社会需求出发,综合运用法治原则、社会知识和政治哲学原理为国家和社会创制法律规范的活动,是从无到有的创造,不同于在已有明确法律规范下针对具体案件的执行和适用活动。它要求立法人才具备更加精深的法学知识储备、人文知识积淀、社会规律把握和对事物不仅知其然更知其所以然的深刻理解,它更需要专才而不是通才。①

第二,在法学教育面向上,应将培养目标确定为肩负将公众政策变为法律规范重任的决策型立法人才,而不是对象范围不周延和缺乏类型化的传统法学教育目标即运用法律维护权益的诉讼型人才。②

第三,在课程体系设置上,要加强立法学科建设,开发并增设与立法制度、立法理论、立法技术和立法语言相关的更多学科作为必修课。要培养高素质的立法人才,必须有系统科学的立法学科体系的有力支撑,由一本《立法学》支撑一个立法学科的状况必须尽快得到改变。同时还要加大政治学、社会学、逻辑学及语言文学等重要基础课程的教学力度,切实提高立法人才的政治素质、为民情怀、社会素养和文字表达能力。③

第四,在职业能力培养上,要加强实习实训环节,将学生放到立法机关和部门"跟班学习",甚至可以采取"学徒式"职业训练,切实提高立法人才职业能力。形势在发展,社会也在变化,对立法效率和立法质量的要求也在不断提高,走上立法职业岗位的立法人才应当不断更新自我知识,做到与时俱进,才能符合国家立法的需求。④

【事例分析】

一、立法助理的身份认定

西方国家已经建立了立法助理制度,但是由于政治体制存在差异,我国的立法助理制度与西方国家存在本质不同。我国的立法助理实际上扮演着立法辅助者的角色,并不是国家公职人员。对于有关立法问题,也只有建议的权利。这类似于立法队伍中的第三方参与主体,且属于常态化的第三方参与主体。立法助理制度的建立为各级人大的立法工作输送了优质的专业人才,尤其对于地方人大立法工作产生重大影响。

---

① 李克杰:《论立法人才的范围、职业素养与培养模式》,载《齐鲁师范学院学报》2017年第4期。

② 李克杰:《论立法人才的范围、职业素养与培养模式》,载《齐鲁师范学院学报》2017年第4期。

③ 李克杰:《论立法人才的范围、职业素养与培养模式》,载《齐鲁师范学院学报》2017年第4期。

④ 李克杰:《论立法人才的范围、职业素养与培养模式》,载《齐鲁师范学院学报》2017年第4期。

在地方立法转型中，最需要解决的就是人才不足的问题。因为立法人才是地方立法转型的关键因素，没有优秀的人才队伍作保障，地方立法的立法质量和立法成效都将会受到影响。首先，地方立法经验的不足。在《立法法》修改之前，作为设区的城市的地方人大基本上没有设置法制委员会，大部分的市级人大常委会也未设置专门的立法工作机构。地方人大及其常委会的主要工作集中于听取"一府两院"的工作报告、监督检查、组织视察、选举罢免人大等工作。同时，地方人大及其常委会中人才队伍的素质也不适应立法工作需要。一方面，由于我国体制上的原因和认识上的偏差，人大常委会的配置未能得到充分重视；另一方面，人大的专门委员三分之二以上是兼职，由于本职工作就很繁忙，如果履职意识不强的话，很容易影响人大职能的发挥。① 所以，立法助理制度的建立，在较短时间之内能够暂时缓解地方立法专业性不足的问题，帮助地方迅速适应立法工作，开展立法活动。

其次，立法助理制度的建立也为高校提供了立法学教学的实践平台，从而为立法人才资源上的储备奠定了基础。结合案例可知，本次重庆市人大常委会聘任的立法助理多为高校的在读学生，高校学生可谓是立法人才队伍的强大储备军。通过培养高校在读学生，则可以从根本上解决地方立法缺乏专门的立法人才选拔培养机制的问题。目前我国地方人大常委会的立法工作人员的选拔，是通过省内统一的公务员考试来进行的，虽然设定了报名条件的限制，但是仍然缺乏对专门立法人才的考察和任用机制。同时，国内高校的法学教育存在着与立法不相适应的问题，当前的高校法学教育的人才培养模式过分强调培养学生的法官式或律师式思维，而地方立法所需要的却是具有公众政策考量的决策型立法人才的培养模式。② 这也就导致了进入地方人大的高校毕业生无法迅速适应地方需求。而立法助理制度正好瞄准了这一现实需求，通过让高校学生以助理身份进入立法过程中实战操作，从而弥补了法学教育在立法方面的欠缺。

二、立法助理制度的价值

(一) 民主立法的要求

民主立法要求尽可能多的民众加入立法活动。宪法理论认为，法律是人民意志的表达，凝聚了共同体内人民的共同意志，这种意志也被称为公意。在这种意志的指导下，法律秩序得以建立，与此同时也形成了一系列国家权力来保证人民意志的贯彻和执行。立法权是人民意志表达的直接行使方式，立法将人民意志以规范化的方式予以确定，同时赋予其稳定性和可预见性。从这个角度上说，立法的主体应当是人民，而不是某一部分人或者

---

① 李喜：《地方立法转型发展中的人才队伍建设问题》，载《山西大同大学学报（社会科学版）》2017 年第 1 期。

② 李喜：《地方立法转型发展中的人才队伍建设问题》，载《山西大同大学学报（社会科学版）》2017 年第 1 期。

某些群体。

　　但是，由于现实中不可能全员投入立法活动，因此宪法在制度设计时确定了代议制来消解立法理论和实践上的冲突。通过人民选举产生相应的人民代表，由人民代表联系特定人民并传递其意志，从而使得全体人民意志能够通过人民代表得到汇集，并在法律文本中得到全面展现。但是人民代表的数量又十分有限，为了使立法过程的民主实现最大化，就要吸纳越来越多的人员进入立法过程之中，无论是提出建议还是给予监督，都是对立法民主化的最大守卫。立法助理制度的建立在某种程度上达到了这一目的。通过吸纳第三方参与人进入立法程序，使得参与立法的人员不限于人民代表这一范围，从而扩大了民主的范围，践行了民主立法的理念要求。此外，现代立法追求的是一系列程序制度保障下的立法实质内容的民主，立法目的是要体现民情、顺应民意。而普通公民自己无法充分完成利益的表达，需要凭借立法职业者的收集、整理和代表民意的活动和中介活动发挥利益聚合功能。① 由立法助理协助人大各专门委员会和政府机构完成地方性法规和规章的起草工作这就强化了立法机关各专门委员会、工作委员会和政府法制工作机构起草法规的职能，有利于发挥教学科研机构有关专家、学者在法规起草中的作用，消除了法案起草中的部门化倾向，提高了所立法律的专业性、严谨性和公平性，也有助于加强立法机构同群众的联系，从而有利于立法质量的切实提高。②

（二）　科学立法的要求

　　立法本身是一门学问，要想制定出好的法律，必须掌握科学的立法知识。从科学立法的角度看，立法者应当树立和强化科学的立法观，将人民意志摆在立法工作的首位，同时充分尊重客观规律，避免和克服立法活动中的长官意志和主观随意性，正确把握和处理立法上的各种关系，并在立法活动中广泛运用科学的立法方法和立法技术，排除立法中的各种非科学因素，实现民意与规律在立法上的高度统一。立法科学化的含义应该是完整的，具体体现在科学的立法观、科学的立法制度、科学的立法技术等方面。③

　　但是一般情况下，很难要求每一位人民代表都具备上述的专业立法技能。我国《宪法》规定：中华人民共和国年满十八周岁的公民，不分民族、种族、性别、职业、家庭出身、宗教信仰、教育程度、财产状况、居住期限，都有选举权和被选举权；但是依照法律被剥夺政治权利的人除外。那么这也就意味着，只要符合宪法的条件，即便完全不具备立法知识的人也有可能成为人大代表，代表人民行使立法权。因此，立法助理制度的设置在帮助人民代表规范从事立法工作，实现科学立法方面具有重要意义。立法助理一般"一对一"协助委员进行立法，用自己科学的理论作为大量立法准备工作的基础，从而更好地应

---

①　秦前红、李元：《关于建立我国立法助理制度的探讨》，载《法学论坛》2004 年第 6 期。

②　毕可志：《论建立地方立法的立法助理制度》，载《吉林大学社会科学学报》2005 年第 5 期。

③　秦前红：《关于建立我国立法助理制度的探讨》，载《法学论坛》2004 年第 6 期。

对全面推进依法治国战略所带来的繁重的立法任务。立法助理正好可以通过自己的专业素养弥补人民代表在专业结构上的不足，加速各类专业化进程，避免立法上的错误与失误，从而降低立法成本，提高立法效率。

立法技术的科学化包括立法者具有较高的理论素养、立法者深入实际的调研、运用现代科学技术等方面。而立法助理在被遴选时一般应是本行业具有相当专业知识的人才，并且兼具最新的科学理论。他们在立法中不仅能用科学的理论来指导立法，而且能用现代科学技术进行科学的论证，避免立法上的盲目性和随意性。另外，现代社会是以科学技术迅速发展为主要特征的社会，大量的因立法技术不足而无法正确解决的问题被摆到立法者面前，要求立法者给予调整。而这些立法方法、策略和技巧，不仅是一种经验的积累，也是学习与掌握最新技术并将其运用到立法中的能力，而立法助理制度也可以有效地解决这一需求。①

三、新时代立法人才培养

（一）新时代立法人才的培养目标

习近平总书记指出：推进法治专门队伍革命化、正规化、专业化、职业化。确保做到忠于党、忠于人民、忠于法律。② 法治队伍的革命化、正规化、职业化、专业化建设需要提高职业素养和专业水平就尤为重要。对标总书记讲话精神，新时代法治人才培养也要朝着这一方面前进。习近平总书记在考察中国政法大学时明确提出了"立德树人、德法兼修"的法治人才培养目标，为新时代法治人才的培养指明了具体的方向与思路。做到了德法兼修，法治人才才能够在成为法治队伍中的一员后，做到职业素养和专业水平的并重。德法兼修，也应当是新时代立法人才的培养目标。

"德法兼修"的"德"至少包括以下三重内涵，一是为全社会所认同的一般道德，例如孝敬长辈、诚实守信、宽容待人等品质。人们在社会生活中往往会扮演着不同的角色，同时也会被赋予不同的伦理道德，但是社会共同体成员这一身份具有本位性，立法人才首先是以国家和社会成员的身份而存在，这也就决定了立法人才的道德培养要与社会一般道德相呼应，唯有如此，立法人才方能为社会共同体其他成员所认可。二是法律职业的道德。法律职业一般是指受过专业法律教育、具有专门法律知识和职业伦理道德修养，其所属机构具有较强独立性而从事以法律工作为生涯的社会活动。③ 法律职业道德则是法律职业共同体在长期的实践工作中所形成的，符合法律职业工作特点且为职业共同体所普遍认可并予以遵循的行业共识。法律具体职业的不同可能导致职业道德的差异，但其主要内容

---

① 秦前红：《关于建立我国立法助理制度的探讨》，载《法学论坛》2004 年第 6 期。

② 习近平：《加快建设社会主义法治国家》（2014 年 10 月 23 日），载习近平：《论坚持全面依法治国》，中央文献出版社 2020 年版，第 115~116 页。

③ 范进学：《法律职业：概念、主体及其伦理》，载《山东社会科学》2000 年第 5 期。

包括忠诚于宪法和法律、保证法律公正、追寻法治正义等。三是社会主义法治道德。法律规则往往是价值选择的产物，而不是中立的物理技术。法学教育要深入研究和解决好为谁教、教什么、教给谁、怎么教的问题。社会主义法学教育培养的法治人才最终是要为中国特色社会主义法治建设而服务的，这也就决定了中国特色社会主义法学教育必然要塑造具备良好社会主义法治道德的人才。具体而言，社会主义法治道德包括坚持党的领导，坚持中国特色社会主义法治道路，坚持中国特色社会主义法治理论等方面。以上三种不同层面的道德展现了新时代对立法人才的不同维度的要求，也是当代法学教育所要追求的立法人才培养目标。而"德法兼修"的法包括两个方面：一是表现为夯实的立法理论知识，立法人才的养成离不开坚实的法学理论作为基础支撑，这就要求立法能够熟悉掌握立法学学科乃至其他部门法学科知识，夯实法学基础，不断提高自我学科知识的广度和深度。二是表现为基本的法律实践技能，新时代高素质的立法人才不仅应当熟练掌握法学学科的基础理论知识，还应当达到"知"与"行"的统一，做到学以致用，避免陷入法律教条主义的窠臼。

（二）法学教育中的立法人才培养

长期以来，高等院校法学教育大多秉持以司法为中心的法学教育观，以培养司法人才为导向①，对立法人才及新型法律服务业所需人才培养几乎处于空白地带。② 因此需要从高等教育活动服务于社会现实需求出发，明确以教研资政作为地方立法理论研究与日常教学的目标指向，在结合日常教学工作规律与地方立法过程规律的基础上合理设置教学专题，通过地方立法学课程"寓研于教"的实施助推教学、科研、育人和资政回应地方立法现实需求有效性的提升。

1. 地方立法学"寓研于教"的目标指向：教研资政

立法实务工作目前深受人员配置不足、立法实践经验匮乏、立法专业知识薄弱、立法培训平台缺乏等的困扰。③ 高校开展资政实践育人，既具有建言献策的历史传统优势，也具有育人阵地优势，还具有跨学科综合研究的优势。④ 在当下高校培养立法人才的现实语境中，应当讲求将重心置于教学的"寓研于教"，将立法理论研究工作、立法理论研究成果带入立法的课程教学过程，将科研能力培养与课程教学相结合，鼓励学生参与科研项目的教学模式。

---

① 邓世豹：《超越司法中心主义——面向全面实施依法治国的法治人才培养》，载《法学评论》2016 年第 4 期。
② 郜占川：《新时代卓越法治人才培养之道与术》，载《政法论坛》2019 年第 2 期。
③ 徐凤英：《设区的市地方立法能力建设探究》，载《政法论丛》2017 年第 4 期。
④ 何云峰、高志强、王卓：《地方农业院校"咨政实践育人"模式构建研究》，载《中国高等教育》2020 年第 Z2 期。

其一，需求导向：地方立法工作的外脑支撑需求。地方立法工作实际开展过程中，为了破解立法人才队伍不足和立法能力欠缺等困局，不少研究者提出多种措施予以解决。从需求侧角度，实践中出现了"引入外脑支持"与"厚植内生动力"两种认可度较高的方案。前者如建立专家库、聘请立法顾问、邀请专家学者参加法规草案修改论证等方式；①后者又如推进人大常委的专业化、尝试推行立法助理制度等。② 然而，外脑支撑来源的"智囊团"在地方立法领域尚未步入理想状态。目前，国内地方立法研究领域的研究者以高等院校教师为主体，数量粗具规模但研究力量较分散。③ 在此背景下，一方面需要肩负地方立法教学与科研任务的既有研究者积极参与地方立法活动，另一方面亦需要从专业化的科研资政之外寻求补充性的方案。

其二，基础条件：地方立法科研资政的前期积淀。从社会科学的学科提供者的自觉性而言，地方立法学的人文社会科学属性决定了围绕地方立法所展开的相关教学、研究的功用适宜定位在"资政育人"④。在专业性地方立法研究人员不足的情形下，科研资政虽具备了自觉性，但略显乏力。不过教学作为高校教育活动的重心，亦可生成资政成果。实际上，地方立法领域的科研与教学具备一致性，二者是共生互补的关系。教师良性持续地从事地方立法相关科研工作，可以促进高水平师资队伍建设，最终将良性互动的成果反映到人才培养成果之中。在地方立法领域的教学与科研良性互动中，不仅仅是研究成果可以起到资政作用，教学成果尤其是融入了实践性教学、研究性教学的"寓研于教"下产生的地方立法学教学成果亦可直接或者间接地产生资政效应。

其三，实践功用：供给侧与需求侧相一致的理念。从短时段来看地方立法工作需要高校提供外部智力支撑，从长时段来看地方立法工作需要高校持续输出高素质创新型地方立法人才。地方立法专业人才培养中，课堂教学应该与地方立法实务需求和理论研究紧密结合。"寓研于教"作为研究性教学、实践性教学共同的进路，要求高校教师不断提升自身教科研能力，能够促成地方立法领域研究队伍整体素质的提升；同时要求教师在教学工作中注意指导学生不断获取专业前沿知识、进行探究性学习、养成自主学习的习惯，重视培养学生的职业意识和职业能力，正是结合需求侧状况对供给侧作出变革的一个回应。

2. 地方立法学"寓研于教"的实施策略：阶段分合

高校承载着地方立法人才培养的功能，主要通过层次性的法学课程教学具体落实。在

---

① 焦盛荣：《推进地方立法科学化民主化特色化的遵循和机制》，载《甘肃社会科学》2020 年第 5 期。

② 李林：《全面深化改革应当加强立法能力建设》，载《探索与争鸣》2017 年第 8 期。

③ 汪全胜、杨文惠：《我国地方立法研究领域的演进与发展——基于 1998—2018 年的文献计量分析》，载《北京邮电大学学报（社会科学版）》2019 年第 5 期。

④ 苏成爱：《历史等社会科学的功用应是"资政育人"——兼论发布重要文献不宜使用"咨政育人"》，载《学术界》2017 年第 4 期。

法学课程设置上，国内存在着核心课程与非核心课程之分。然而无论法学核心课程如何设置，地方立法学乃至立法学皆未被纳入核心课程体系。就纳入了法学核心课程体系的学科教育而言，通常由大学本科阶段先行讲授基础性入门知识，而后在相关二级学科方向的硕士研究生和博士研究生培养中完成向高层次法治人才培养的过渡。[①] 然而，地方立法人才的培养工作并不完全符合此种规律，在未被纳入法学核心课程的情境下高等院校师生可以投入地方立法学研究、教学的时间较为有限。由此，决定了地方立法学"寓研于教"的实施有限的时间分配给需求度较高、转化率较强的点线面上，以期激发师生持续推进地方立法理论研究、参与地方立法实务工作的积极性。

其一，研判地方立法过程的阶段需求。在教研资政的语境中，地方立法学的教研成果得以成功转化为公共政策、法律法规，亦能实现教研成果的社会效益。然而，目前地方立法学相关的教研成果转化成功率不甚理想。提升地方立法教研成果的转化率，前提条件之一即是合理分析地方立法过程的外部智力需求生成的可能阶段。在地方立法决策、立项、规划、起草前调研、草案文本起草、立法中论证、利害关系人听证、正式立法程序、立法后评估、立法后解释与修改、立法清理等不同的环节中，均需要加以仔细研判。

其二，适恰设定地方立法学教学侧重。地方立法学"寓研于教"的实施，需要在合理分析地方立法过程的阶段需求规律的基础上，加强与地方立法实务部门的对接。一方面，可以确定研究课题的问题来源；另一方面，可以判断地方立法学教学工作推进的中心如何设置。比如，在当前委托第三方起草立法成为一种趋势的情境中，高校教师在分析本地区立法规划或者立法计划的基础上，可以组织学生围绕纳入了规划的特定立法项目展开模拟教学，重点就其中的立法调研、草案文本设计、立法中论证、正式立法程序等设计分组教学内容。通过模拟立法的教学推进，融入基础性地方立法理论知识，提炼可供研究的问题点，引导学生从实务成果与理论成果两个方面着力。

其三，地方立法教研成果整合性输出。地方立法学"寓研于教"将重心置于教学，实务方面的相应成果主要通过模拟立法起草教学形式展开，成果的具体输出可以结合模拟立法教学所采用的不同形式作不同处理。模拟立法过程的中心选用，以法案文本模拟起草为宜，其能够最大限度地串联起地方立法过程中的其他环节的理论知识，贯彻个案全过程教学法的理念。相对于传统案例教学法，个案全过程教学法具有跨部门法知识和多种法律技能的整体性训练、案例分析和跟踪的多元视角和个案全过程的具体处理环节的最大限度还原等价值。[②] 具体展开过程中法案文本模拟起草可以划分为粗放式参与和精细式参与两种：其一，粗放式参与。组织学生组建地方立法模拟科研小组，不同小组选择地方立法过程中的特定环节围绕法案文本起草需要展开各自的工作，按照地方立法过程的推进顺序展

①　刘坤轮：《我国法学专业核心课程的流变及最新调整》，载《中国法学教育研究》2019 年第 2 期。

②　陈和芳：《个案全过程教学法的价值逻辑与机制完善》，载《黑龙江高教研究》2021 年第 4 期。

开各小组的成果汇报并在教师的指导下予以修改，最终形成一个特定立法项目的完整性模拟立法报告。此种类型下偏重地方立法理论知识的系统性传授。其二，精细化参与。所有教学班学生均参加模拟立法，每人负责一至二条然后集合协调。此种方式中，每个学生负责的条文较为固定，可以结合所掌握的素材在理论研讨层面深挖，在输出应用性成果的同时输出理论研究成果，并可与毕业论文设计结合。每个学生独立地推进着地方立法过程中的各个环节，全方位调动已学习的部门法知识斟酌、打磨具体条文表述。此种类型下，能够较好促成学生的研究能力，但是研究成果阶段性转化难度较高。

3. 地方立法学"寓研于教"的践行技术：专题教学

地方立法学"寓研于教"属于加强地方立法特色学科建设之举。加强地方立法特色学科建设有利于培育地方立法人才，有利于服务地方发展，有利于继续深化改革。[1] 与相对成熟的法学学科的课程建设相比，目前"地方立法学"开设的时间短、节次少。在此情境中欲在"寓研于教"理念指引下融合实践性教学、研究性教学，适宜采取的践行技术即是专题教学。

其一，建立"寓研于教"的实践教学平台。在地方立法学专业师资队伍尚不齐备，高等院校法学教研人员地方立法知识储备程度不一的情境中，高等院校落实地方立法学"寓教于研"，应当首先基于学校之间、院系之间、专业之间的合作研究与地方立法机关协同建立实践教学平台。在学校内部成立跨学校、跨院系、跨专业的教科研平台，促进各专业的交叉融合，协同创新人才培养模式。高等院校可与地方政府、科研院所和律所等合作进行教科研平台建设，实现资源共享，共同培养既有专业知识，又有研究能力的创新人才。实践教学平台搭建后，可以吸纳有志于且有地方立法理论知识储备或实务经验的教研人员与实务工作者进入指导学生；选拔优秀学生组成动态的地方立法研究学团，以上一年度的优秀参与者作为下一年度的助研助教，保证教学、科研的连续性；在实践教学平台与科研中心运行良好的基础上，教师团队可以组织参与课堂教学的学生成立课题组，进行探究性学习，丰富教科研活动内容助力教研资政效能的提升。

其二，利用平台对接地方立法机关当前需求。在目前各地地方立法研究中心、地方立法咨询基地和立法联络点等逐步建立的趋势下，模拟立法逐步在高等院校法学教育中推广开来。模拟立法更能使学生在教学过程中自主创新，纳入模拟立法的对象可以包括已经实施多年的地方性法规、单行条例、地方政府规章等；亦可考虑未来几年内难以出台，但又迟早会出台的地方性法规、地方政府规章等；还可考虑已纳入立法规划、立法计划的地方性法规、单行条例、地方政府规章等。实践是理论的源泉，研究的问题意识生成于实务争议之中，地方立法学教学的多元趣味亦需具体的立法例加以支撑。

---

[1] 彭小丁、王荣周：《地方高校地方立法特色学科建设初探——以惠州学院为例》，载《惠州学院学报》2021 年第 2 期。

其三，结合教研队伍研究优势设定教学专题。展开教学专题设定，需要学生能够及时接收学科前沿的热点、亮点。在此过程中，应当结合学生的专业特点及老师自己的科研方向，引导学生去阅读、观察、讨论和思考，指导学生的科研课题。同时，围绕地方立法机关的需求加强重点领域的研究，促进教学、科研水平的提升。在具体的教学专题设定过程中，结合实践教学平台内各教师的研究专长组建教学团队。在此基础上，提供一定的专题供学生选择。在特定教师所擅长的专题领域内，在教师的有效引导下一个好的研究性问题能激发学生的兴趣，能挑战学生的高层次思维，能促使学生将多方面的知识融会贯通。

其四，结合教学专题筛选科研成果融入课堂。在当前的法科学生群体中，有志于从事地方立法理论研究的整体学生数量并不可观。多数高校在法律硕士中招收地方立法实务方向的学生。相应的课程设置亦偏向技能培养，此种培养倾向造成的一个结果是学生科研基础相对薄弱，畏惧参与科研项目。为了以点带面培养学生的地方立法理论研究热情，需要在一定程度上依托体系性的教材，但更应侧重选择科研论文融入教学。考虑到未来可生成的教研成果，吸纳师生参与地方立法相关的项目，本着服务区域法治建设的宗旨以科研项目带动教学，增加相关实践内容，深入研究设计成果转化。

【延伸探讨】

香港高等法院于 2017 年 7 月 14 日就时任行政长官和特区政府提请的司法复核案作出判决，裁定罗冠聪、梁国雄、刘小丽及姚松炎 4 名立法会议员的宣誓没有法律效力，其议员资格被取消。4 名立法会议员于 2016 年 10 月 12 日在新一届立法会议员就职宣誓时，增加开场白和结束词，用不正常语速读出誓词，故意提高语调及高喊口号，擅自更改宣誓形式和增加誓词内容。香港特区时任行政长官和特区政府于 2016 年 12 月 2 日入禀香港高等法院，指控 4 人宣誓时的行为违反有关规定，属拒绝宣誓，要求法庭裁定其宣誓无效及颁布法令取消其议员资格。香港高等法院于 12 月 14 日下午开庭聆讯，原诉法庭法官区庆祥就司法复核案作出判决。判词认为，依据全国人大常委会关于香港基本法第一百零四条作出的解释，以及《宣誓及声明条例》的条文及参考相关案例，候任立法会议员在上任前，必须按法律规定的形式和内容恰当、有效地作出立法会誓言，作出誓言须准确、完整、庄重，并真诚相信及严格遵守誓言，不得读出任何与订明誓言用字不相符的言辞语句。宣誓人若在宣誓时擅自改变誓言的形式、内容及宣誓的方式，即属触犯《香港特别行政区基本法》第一百零四条，被视为宣誓不合法、无效，在法律上自动丧失就任或上任立法会议员的资格。香港社会各界人士肯定高等法院的判决，认为判决彰显了香港的法治精神，让社会认识到了立法会的庄严，起到了拨乱反正的作用。香港特区政务司司长张建宗表示，判决清楚确认了立法会议员在宣誓时的法律规定，将在认真研究后依法跟进。

问题提示：

1. 立法会议员的身份属性如何认定？立法议员应当具备何种伦理？

2. 本案中香港立法会议员的行为有无违反职业伦理？

【课后阅读】

［1］王琦、张晓凤：《习近平法治思想中的法学教育理论》，载《海南大学学报（人文社会科学版）》2021 年第 5 期。

［2］黄文艺：《论习近平法治思想中的法治工作队伍建设理论》，载《法学》2021 年第 3 期。

［3］梁平：《新时代"德法兼修"法治人才培养——基于习近平法治思想的时代意蕴》，载《湖北社会科学》2021 年第 2 期。

［4］宋方青：《立法能力的内涵、构成与提升——以人大立法为视角》，载《中外法学》2021 年第 1 期。

［5］杨宗科：《习近平德法兼修高素质法治人才培养思想的科学内涵》，载《法学》2021 年第 1 期。

［6］刘志坚：《立法能力：概念厘清和原理论要》，载《甘肃社会科学》2020 年第 4 期。

［7］彭超：《论立法的职业化》，载《理论月刊》2019 年第 11 期。

［8］董娟、赵威：《从法律人才到法治人才：法律硕士培养目标的新转变》，载《学位与研究生教育》2019 年第 5 期。

［9］高颖：《立法专业化背景下公众法治认知的壁垒及其消解路径》，载《宁波大学学报（人文科学版）》2018 年第 4 期。

［10］徐显明、黄进、潘剑锋、韩大元、申卫星：《改革开放四十年的中国法学教育》，载《中国法律评论》2018 年第 3 期。

［11］程雁雷：《创新德法兼修高素质法律人才培养模式的探索与实践》，载《中国法学教育研究》2017 年第 3 期。

［12］宋远升：《法学教授的立法角色突破：历史、技术与制度》，载《武汉科技大学学报（社会科学版）》2017 年第 1 期。

［13］葛洪义：《一步之遥：面朝共同体的我国法律职业》，载《法学》2016 年第 5 期。

［14］王理万：《立法官僚化：理解中国立法过程的新视角》，载《中国法律评论》2016 年第 2 期。

［15］赵明：《论立法者》，载《山东警察学院学报》2013 年第 4 期。

［16］卢群星：《隐性立法者：中国立法工作者的作用及其正当性难题》，载《浙江大学学报（人文社会科学版）》2013 年第 2 期。

［17］李勇军、陈松涛：《试论我国立法的专业化和大众化》，载《江南大学学报（人文社会科学版）》2012 年第 4 期。

［18］胡弘弘、谭中平：《法律硕士（法学）研究生的培养目标与定位》，载《中国高教研究》2011 年第 11 期。

［19］白龙、周林刚：《立法官僚的兴起与封闭——以 1979 年~2010 年全国人大立法为中心的考察》，载《文化纵横》2011 年第 3 期。

［20］赵颖坤：《专任化与专业化：权力机关立法主体职业化的可能路径》，载《福建论坛（人文社会科学版）》2008 年第 5 期。

［21］俞荣根、刘霜：《立法助理制度述论》，载《法学杂志》2007 年第 2 期。

［22］张文显、卢学英：《法律职业共同体引论》，载《法制与社会发展》2002 年第 6 期。

［23］林来梵、丁祖年、路江通：《法律助理与立法职业化》，载《浙江人大》2002 年第 5 期。

后　　记

全面依法治国是中国式现代化的内在要求和重要保障。作为全面推进依法治国基本方略中的关键一环，立法通过总结社会规律形成法律规范，进而指引执法、司法、守法；而执法、司法、守法过程中产生的社会需求又通过立法获得表达与实现。立法既是法治建设的开篇，也是法治建设的归宿。在中国式现代化建设过程中，对立法的数量与质量、立法人才的培养与储备提出了新指引、新使命、新要求。在此背景下，探讨如何强化立法理论与实务结合教学、培养立法人才、提高立法质量，具有重大意义。

为顺应这一时代趋势，又恰逢贯彻党的二十大精神开局之年与《立法法》修正实施之际，在中南财经政法大学的支持下，我们适时推出这本立法学教材，既是回应立法工作的时代所需，也是对多年参与立法教学、研究与实务经历的一份"总结"。

在教材编写过程中，我们积极贯彻党的二十大精神，吸纳《立法法》的最新内容，总结全国人大常委会立法工作会议和立法规划要点，力求在结构上做到布局合理，在内容上通过大量引入实务案例，以简明精准的方式，让读者身临其境般学习立法理论与实务知识。

本书的出版应该感谢中南财经政法大学的帮助，也感谢编写组成员的大力支持，具体分工如下：

胡弘弘，中南财经政法大学法学院教授、博士生导师，全书的结构和内容审订、序言、专题五；

江登琴，中南财经政法大学法学院宪法学与行政法学系主任、副教授、硕士生导师，专题一；

王秀才，湖北经济学院法学院讲师、硕士生导师，专题二；

靳海婷，湖北大学法学院讲师、硕士生导师，专题三；

陈新，中南财经政法大学法学院宪法教研室主任、副教授、硕士生导师，专题四；

张德淼，中南财经政法大学法学院教授、博士生导师，专题六；

王丹，中南财经政法大学法学院讲师、硕士生导师，专题七；

周智博，天津财经大学法学院讲师，专题八；

郭丽萍，广西警察学院法学院副院长、副研究员，专题九；

阿力木·沙塔尔，新疆大学法学院副教授、硕士生导师，专题十。

最后，本教材由胡弘弘负责全书的统稿与定稿工作。还要感谢在本教材编写过程中给予帮助的各位领导、同事与出版社工作人员。

胡弘弘

2023 年 10 月 10 日